家法伺候

——献给所有正为家庭、婚姻、子女、财产烦恼的你

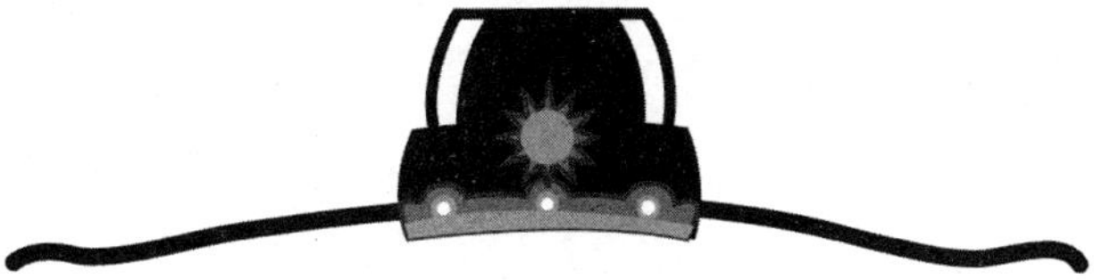

家法伺候

——献给所有正为家庭、婚姻、子女、财产烦恼的你

徐宪江 编著

黑龙江教育出版社

前　言

中国文化其实是“家文化”，比如说企业家、文学家、军事家等，都脱离不开一个“家”字。有家就有亲情、友情、爱情。在友情、爱情和亲情三种情感之间，人们可能最容易忽视亲情，因为友情和爱情需要小心谨慎呵护，需要缝缝补补才能维持下去，然而，因为亲情就在身边，我们理所当然地认为它不会走远，从出生的那一天起，亲情就与生俱来。

地荒天老，亲情不老。

但随着生活节奏的加快，每个穿梭于职场和杯盏之间的都市人留给家人的时间都越来越少。越来越繁忙的工作压力以及不断上升的个人需求，使得我们把自己和家里隔绝在两个不同的环境里，彼此互不打扰。

在这个信息通讯高度发达的时代，我们面对家人，更多的却是沉默、失语和沟通障碍。我们习惯用“我很忙”或者“在加班”来搪塞每日一顿的晚饭时光。在中国人的传统观念里，爱家，就要给家人最多最好的物质和保障，这让中国人的爱陷入到一个误区——情感交流和内在沟通严重匮乏，同时也让我们离家人渐行渐远。

现在家庭的问题很多，而所有问题的根源在于不知道怎样处理家庭里的问题，甚至总是去找别人的缺点，总认为自己是正确的，别人再怎么说也没有用。这样就导致沟通困难，从而形成积怨，久了就爆发出极大的矛盾。

懂法后，本来认为自己很有理、很仗义的一方，就会觉得原来自己是错的，是不应该的，气也就消了，矛盾也就自动化解了。

在倡导“法治”的时代，每个人都需要知法、懂法，进而守法、用法，它不但关乎自己的利益，也关乎他人的权益，更是“和谐社会”、“幸福”得以实现的重要保障。

这本书主要价值如下：

一、读者一定能看得懂

本书选的都是日常生活中我们见到的案例，甚至在我们自己身上就发生过。所以很亲切、很现实，读者一看就懂，一看就明白。

二、读者一定能用得上

这本书囊括了一个家庭生活中可能遇到的最主要的法律问题。如婚姻家庭、人身权、继承、债务纠纷、房屋买卖、物业纠纷等生活中常见的法律问题。从这个意义上讲，本书是一本实用手册，当你的生活中遇到法律问题，你只需查看相关案例及法律条文，照方抓药即可。

目　录

第一章

结婚前，别昏头！

结婚是人生大事，也是人生最美妙的事情之一。婚姻和随之建立起来的家庭，是我们社会稳定的基石。两个相爱的人，互相牵手，勇敢地走入围城，对两个人来说都是意义非凡的大事！

我们用尽所有能想到的赞美之词，恐怕也难以概括尽结婚这件神圣的大事对于一个人的意义。

然而，并非所有的结婚都是步入幸福生活的开始，如果婚前有些问题你不去考虑清楚的话，那么，婚后这些问题会一直困扰着你，影响着你的生活，结婚也意味着你将要结束单身生活进入受约束的生活。一旦把握不好婚姻，那么恐怕你不得不遗憾地与“离婚”发生某些关系了。

要经营一段婚姻并不那么容易，婚姻其实不仅仅是两个人的事，还是两个家庭更甚至于两个家族的事。你的伴侣对你好，并不一定意味着这段婚姻就是幸福的。有时候，很多不可预知的因素会影响甚至破坏你的家庭和幸福。比如对方的父母以及亲属们对你的态度如何？是根本拒绝还是勉强接受，抑或是有条件的接受？“结婚是我们两个人的事，谁也不能阻止我们的爱情！”这是现代社会近几年来流行的一句口号，也是很多年轻人对待感情的心理基础，而且从法理和逻辑上来说，也确实不能说这句话有什么错。然而，现实永远比想象要复杂得多。尤其中国还是一个有着悠久历史和古老文化传统的国家，很多的风俗习惯和几千年来的家庭观念还是有着根深蒂固的地位的，这种从西方国家引进的外来概念，在中国远远没有落地生根，成为社会文化的主流。越是年龄较大的人，对传统越坚持，这种坚持与现在的年轻人崇尚的个人自由观念有时候是格格不入的，由此引发的诸多家庭冲突甚至是悲剧故事几乎每天都在上演。

所以，年轻的伴侣们，当你们即将步入婚姻的殿堂时，请你好好思考一下：我和他究竟合不合适成为夫妻呢？我们真的为成立一个家庭做好准备了吗？他（她）的父母对我的印象如何？他（她）的家庭环境是否是我能接受的？

伴侣的有些缺点我婚后能容忍吗？我们的经济基础能够支撑我们经营这段婚姻吗？

千万不要小看了这些问题，生活中难免有这样那样的小纠纷和小摩擦，两个相爱的人并不是一点矛盾没有，只是在热恋期间双方都视而不见，或者是爱屋及乌罢了。然而，热恋是激情式的，婚姻却不可能天天充满激情，而是平淡的，温情的，以责任感为基础的。当激情渐渐降温，露出的就是生活本质的另一面，其中有平淡、有琐碎、有矛盾、有无奈。

很多年轻人结婚前并没有多想，但是真到了结婚的时候或者结婚以后，会突然发现自己面对的问题一下子多了起来，有些问题是自己根本无力解决的。于是纠纷、摩擦等随之而来，最后闹得反目成仇甚至对簿公堂。因此，年轻人如果在婚前多了解相关的知识，尤其是这些事在法律方面的规定，是不是要更好一些呢？

结婚前，请你想清楚！

传统订婚礼节，遭遇现代尴尬

过去中国人的婚姻多由父母包办，大都是父母从小就给订了婚，有的还指腹为婚，即孩子还未出生，双方父母就为他们确立婚姻关系。经过几千年的流传，今天中国很多地方尤其是农村仍然保留着结婚前先订婚的风俗习惯。订婚前要请媒人到女家去求婚。订婚时，由男方给女方一些财物作“订礼”，结婚时女方也要带给男家很多财物，叫“陪嫁”。

彩礼，也有的地方称为聘礼、纳彩等，是我们几千年来的一种婚嫁风俗。在我国广大农村，婚前举行订婚仪式，并按乡俗男女双方有订婚物品或一定数额礼金往来的现象仍然比较普遍。彩礼的多少，随当地情况、当事人的经济状况等各方面因素而定。在不少地方，许多生活本不富裕的家庭，为了给付彩礼而举债，造成极其沉重的经济负担。

实际上，按照《婚姻法》的规定，男女要求结婚，只要双方完全自愿，符合婚姻法关于结婚的规定，就可以到婚姻登记机关申请结婚登记，不必经过订婚的手续，法律上也没有规定订婚为结婚的必要手续。至于是不是需要订婚，这纯属男女双方自己的事情，如果男女双方在恋爱过程中，作为一种婚约——自愿订婚，是完全可以的。但是，父母或其他人不能包办订婚。

订婚以后，如果一方不愿结婚，要求解除婚约，只要告诉对方就行了，不需要取得对方的同意，也不需要经过法院或其他机关来解决。任何一方均不能以订婚为理由，强迫另一方同自己结婚。因为这种婚约的解除，同经过法律手续正式结婚后又提出离婚，是不同性质的两回事。法律既不要求这样的手续，当然也不加以保护，所以婚约是不具有法律效力的。

也正因如此，导致了传统观念与现代法治的冲突，随着婚约与婚姻的发生，定亲礼与婚姻财产纠纷案在我们的生活中频频出现。

订婚了，一方可以反悔吗？

2009 年 4 月，同在浙江温州打工的张心洁与李亦楠经人介绍相亲成功。于是，两人回到了李亦楠云南的老家，进行了“订婚仪式”。男方给女方送去了彩礼，并约定在 2011 年 5 月 1 日正式结婚。2011 年 4 月，张心洁听老乡说李亦楠曾经犯过罪而悔婚。李亦楠认为既然两人已经订了婚，张心洁就不能悔婚，否则就要赔偿李家的损失。张心洁认为他们只是订婚，又不是结婚，其有权反悔。李亦楠和张心洁谁说的有道理呢？

分析：

订婚是指男女双方以将来结婚为目的而作的事先约定，也称为婚约。按照近现代各国婚姻立法的通例，婚约成立后，一方不履行的，另一方不得请求法院强制其履行，即婚约具有不可诉性。同时，如果在婚约中就不缔结婚姻的情形约定违约金的，该约定无效。我国《婚姻法》对婚约或订婚并无规定，根据我国相关立法政策，对待婚约的基本态度是：订婚不是结婚的必经程序，当事人可以自愿订立婚约，但婚约不具有法律效力。这种婚约，只是当事人以将来结婚为目的而达成的具有道德约束力的协议。双方均要求解除婚约的，双方可以协议解除；一方要求解除婚约的，可以单方解除，无须征得对方的同意，且无须经过法律程序。一方不履行婚约的，对方不能通过诉讼程序要求其履行。

本案中，张心洁可以自行解除婚约，不负任何法律责任，李亦楠无权要求其必须履行婚约。

相关法条：

《有关婚姻法施行的若干问题与解答》（1950 年 6 月 26 日，原中央人民政府法制委员会）订婚不是结婚的必要手续，任何包办强迫的订婚，一律无效。男女自愿订婚者，听其订婚。订婚的最低年龄，男为 19 周岁，女为 17 周岁。一方自愿取消订婚者，得通知对方取消之。

《有关婚姻问题的解答》（1953 年 3 月 19 日，原中央人民政府法制委员会）订婚不是结婚的必要手续。男女自愿订婚者，听其订婚，但别人不得强迫包办。

退婚后，可以要求对方返还彩礼吗？

小梅与大海在大学期间相识并确立了恋爱关系，毕业后两人在同一所城市找到了工作并准备结婚，结婚前小梅的父母按照家乡的习俗向大海家索要了一份彩礼。可是在临近结婚的时候二人因各种琐事不断的争吵，最后两人决定分手，并分别通知了各自的家人。大海的家人得知此事后便要求小梅及其家人返还其送给的彩礼。小梅的家人称按照自己家乡的习俗是不返还彩礼的。为此大海将小梅告上了法庭。问大海及其家人要求返还彩礼的请求合理吗？

分析：

根据我国最高人民法院关于婚姻法的司法解释规定，如果婚姻当事人一方给付了另一方彩礼，在有以下情况下当事人要求返还彩礼的，人民法院应予支持：（1）双方没有办理登记结婚手续的；（2）虽然办理了结婚登记手续但确实没在一起生活的；（3）婚前给付彩礼导致给付人生活困难的。本案中，大海应小梅家人的要求在结婚前给付了彩礼，事后两人因感情不和而分手。小梅的家人以其家乡的习俗而拒绝返还彩礼显然是不合理的，因为我国法律明确规定，在双方没有办理结婚登记手续时，给付彩礼的一方当事人要求另一方退还时，人民法院应予支持。由此可见，大海及家人要求小梅返还彩礼，不仅是合理的，还是合法的。

相关法条：

《最高人民法院关于适用〈中华人民共和国婚姻法〉若干问题的解释（二）》

第十条　当事人请求返还按照习俗给付的彩礼的，如果查明属于以下情形，人民法院应当予以支持：

（一）双方未办理结婚登记手续的；

（二）双方办理结婚登记手续但确未共同生活的；

（三）婚前给付并导致给付人生活困难的。

适用前款第（二）、（三）项的规定，应当以双方离婚为条件。

婚姻登记是一道分水岭

中国有句古话：“男大当婚，女大当嫁。”就是说人到了一定的年龄，男子要娶妻，女子要嫁人。在当时的社会，男子到了年龄不结婚就是不孝，女子不嫁人就会被说闲话。“不孝有三，无后乃大。”如果不结婚，当然无“后”。所以，在当时的社会，对于男女来说，结婚是头等大事。

到了现代社会，人们对婚姻都很讲究缘分，同时，也很注重婚姻的形式和内容。俗话说“恋爱跟着感觉走，婚姻由纸来捆绑”，婚姻登记在现代社会是婚姻生效的必经程序。因此，一对恋人要想成为夫妻，不仅要举办婚礼，还要到婚姻登记机关进行登记，那么究竟什么是婚姻登记呢？婚姻登记需要什么程序呢？婚姻登记后有什么效力呢？

婚姻登记包括结婚登记和离婚登记。在我国，结婚登记是成立合法婚姻关系的法定程序。结婚登记是指申请结婚的男女双方必须亲自到婚姻登记机关依法办理结婚登记，获准登记，婚姻关系才能够成立。符合条件的当事人要到民政部门按法定程序进行登记才能取得结婚证。当一对新人笑意盈盈地从婚姻登记人员手中接过枣红色烫金《结婚证》的那一刻，在得到法律认可的同时，也意味着双方从此走入人生的另一个阶段，彼此之间不仅仅是爱人关系，还要承担许多义务和责任。

在民间，人们通常把婚礼作为结婚最重要的形式，人们往往认为举办了婚礼就代表男女双方结婚了，至于领没领取结婚证并不重要，甚至有的人根本不领结婚证举办一场婚礼就结婚了。这样的做法不仅不符合法律的要求，也是对自己极不负责任的表现。不领结婚证，婚姻关系就不会受到法律的承认和保护，给自己在日后婚姻生活和继承等方面埋下了隐患。当然，也有一些人是为了规避法定结婚程序而不进行结婚登记，如男女一方或双方不到法定结婚年龄。在我国很多农村地区或者少数民族地区，男女青年结婚都比较早，甚至有的未成年就结婚了，这种情况下缔结婚姻都不受到法律的保护，建议在双方当事人都达到法定结婚年龄后到当地民政部门补办结婚登记。

举行了婚礼但没有办理登记的婚姻有效吗？

农村姑娘蔡某与同村小伙子金某从小青梅竹马，长大后两人更是情投意合，2010 年 5 月，在双方家长的主持下，两人举行了结婚典礼。婚礼当天村子里有许多亲朋好友前来到贺。婚后两人过得十分幸福，在村子人的眼里，他们不仅是合法的夫妻，还是一对恩爱的夫妻。结婚后一年，蔡某怀上了孩子，于是两人高兴地来到相关的政府部门办理计划生育证，当工作人员进行相关的证件审核时才得知她们结婚时并没有进行结婚登记。在我国结婚一定要办理登记手续吗？

分析：

我国传统的结婚形式是举行婚礼，但法律对结婚是否一定要举行婚礼未做规定。目前在我国结婚实行的是登记制度，进行登记是使婚姻合法有效的必经程序。我国《婚姻登记条例》第四条第一款规定："内地居民结婚，男女双方应当共同到一方当事人常住户口所在地的婚姻登记机关办理结婚登记。"此外，我国《婚姻法》规定："要求结婚的男女双方必须亲自到婚姻登记机关进行结婚登记。符合本法规定的，予以登记，发给结婚证。取得结婚证，即确立夫妻关系。未办理结婚登记的，应当补办登记。"因此，结婚必须依法办理结婚登记，不能以是否举行仪式作为婚姻成立的标志，更不能以仪式代替登记。

本案中蔡某与金某的婚姻不符合我国的法律规定，事实上他们的婚姻是得不到法律的认可的，两人需到相关的部门补办登记，只有这样他们的婚姻才会受到法律的承认与保护。由此可见，在我国结婚必须办理结婚登记手续。

相关法条：

《中华人民共和国婚姻法》

第八条　要求结婚的男女双方必须亲自到婚姻登记机关进行结婚登记。符合本法规定的，予以登记，发给结婚证。取得结婚证，即确立夫妻关系。未办理结婚登记的，应当补办登记。

《婚姻登记条例》

第四条第一款　内地居民结婚，男女双方应当共同到一方当事人常住户口所在地的婚姻登记机关办理结婚登记。

结婚时不满法定婚龄的当事人在达到法定婚龄后，能否请求法院宣告婚姻无效？

王芳与孙宇的家乡所在地有早婚的风俗，男孩 20 岁、女孩十八九岁结婚是很常见的事情。王芳高中毕业后就在家人的主持下与孙宇步入了婚姻的殿堂，当时王芳年仅19岁。婚后两人生活得并不幸福，性情暴躁的孙宇常常会因一些小事对王芳进行打骂。起初王芳一直忍受着，希望通过家人的劝解孙宇的脾气能有所改变，可是婚后两年孙宇却丝毫没有改变，实在忍无可忍的王芳向法院提起诉讼，以结婚时未达到法定年龄为由请求法院宣告婚姻无效。

分析：

根据我国《婚姻法》的规定："结婚年龄，男不得早于二十二周岁，女不得早于二十周岁。晚婚晚育应予鼓励。"此外本法第十条规定："有下列情形之一的，婚姻无效：（一）重婚的；（二）有禁止结婚的亲属关系的；（三）婚前患有医学上认为不应当结婚的疾病，婚后尚未治愈的；（四）未到法定婚龄的。"

本案中王芳与孙宇结婚时，王芳未达到法定的结婚年龄，按照我国法律的规定未达到法定年龄的婚姻是无效的。我国最高人民法院关于适用《中华人民共和国婚姻法》若干问题的解释（一）规定："当事人依据婚姻法第十条规定向人民法院申请宣告婚姻无效的，申请时，法定的无效婚姻情形已经消失的，人民法院不予支持。"由此可见，王芳主张婚姻无效是不会得到法院的支持的。因为虽然王芳结婚时未达到法定的年龄，但是当她申请婚姻无效时，她已经达到法定婚龄即导致婚姻无效的事由已经消失。

相关法条：

《中华人民共和国婚姻法》

第六条　结婚年龄，男不得早于二十二周岁，女不得早于二十周岁。晚婚晚育应予鼓励。

第十条　有下列情形之一的，婚姻无效：

（一）重婚的；

（二）有禁止结婚的亲属关系的；

（三）婚前患有医学上认为不应当结婚的疾病，婚后尚未治愈的；

（四）未到法定婚龄的。

《最高人民法院关于适用〈中华人民共和国婚姻法〉若干问题的解释（一）（婚姻法解释一）》

第八条　当事人依据婚姻法第十条规定向人民法院申请宣告婚姻无效的，申请时，法定的无效婚姻情形已经消失的，人民法院不予支持。

男女双方婚姻被判决无效后是否可以向法院提出上诉？

孙某与李某是表兄妹，二人不顾家庭的反对而登记结婚。两人在一起共同生活三年后，孙某与另一个女子产生了感情，于是向法院提出了对李某的离婚诉讼。法院通过调查了解，得知二人是表兄妹关系，于是判决宣告婚姻无效。李某对此不服，可以上诉吗？

分析：

我国《婚姻法》明确规定直系血亲和三代内的旁系血亲禁止结婚，即使结婚了也属于无效婚姻。人民法院受理离婚案件后，经审查确属无效婚姻的，应当将婚姻无效的情形告知当事人，并依法作出宣告婚姻无效的判决。

本案中，孙某与李某是表兄妹，属于禁止结婚的亲属关系，法院作出判决认定其婚姻无效是正确的。根据《最高人民法院关于适用〈中华人民共和国婚姻法〉若干问题的解释（二）》的相关规定："人民法院审理宣告婚姻无效案件，对婚姻效力的审理不适用调解，应当依法作出判决；人民法院有关婚姻效力的判决一经作出即发生法律效力。"也就是说，当事人对此不得上诉。但是，如果当事人对财产分割与子女抚养问题的判决不服的，可以上诉。

相关法条：

《中华人民共和国婚姻法》

第十条　有下列情形之一的，婚姻无效：

（一）重婚的；

（二）有禁止结婚的亲属关系的；

（三）婚前患有医学上认为不应当结婚的疾病，婚后尚未治愈的；

（四）未到法定婚龄的。

《最高人民法院关于适用〈中华人民共和国婚姻法〉若干问题的解释（二）》

第三条　人民法院受理离婚案件后，经审查确属无效婚姻的，应当将婚姻无效的情形告知当事人，并依法作出宣告婚姻无效的判决。

《最高人民法院关于适用〈中华人民共和国婚姻法〉若干问题的解释（一）》

第九条　人民法院审理宣告婚姻无效案件，对婚姻效力的审理不适用调解，应当依法作出判决；有关婚姻效力的判决一经作出，即发生法律效力。涉及财产分割和子女抚养的，可以调解。调解达成协议的，另行制作调解书。对财产分割和子女抚养问题的判决不服的，当事人可以上诉。

婚姻自由，亲娘老子也不得干涉

说起婚姻，中国以及世界的一些其他国家，在古代的婚姻制度都是封建宗法制度下的包办和买卖婚姻，婚姻是男女双方家族的事情，婚姻的成立和解除由家长决定。在这种以男子为中心的宗亲制度下，夫妻的关系是极不平等的，夫权至上，妻子附属于丈夫，没有独立的人格。婚姻和家庭充满了伦理和道德的约束，这造就了相对稳定的婚姻关系，女子要从一而终的要求培养了爱情的专一和忠诚的传统，封建社会以父权为中心的家庭制度决定了当时的男女青年没有婚姻自由，必须听从“父母之命，媒妁之言”。

随着时代的发展，人类社会向着更加民主的方向发展，现代社会讲究男女平等，婚姻自由，并以法律的形式确定下来，亲娘老子也不得干涉，否则要受到法律的制裁。

婚姻自由是我国《婚姻法》的一项基本原则，也是我国法律赋予公民的一项基本权利。这一原则的基本含义是：婚姻当事人有权按照法律的规定自主决定自己的婚姻问题，不受任何人的强迫与干涉。它包括结婚自由和离婚自由，二者的互相结合构成婚姻自由的完整内容。结婚必须是男女双方平等自愿自主地结合，不应带有任何胁迫、要挟、恐吓与欺诈，任何人包括父母都不得干涉。作为结婚自由的补充，离婚自由是婚姻自由的重要方面。从法律上讲，在夫妻感情确已破裂的情况下，夫妻双方都有权提出离婚，他人不得干涉。不论是结婚自由，还是离婚自由，要看男女双方是否存在感情，婚姻自由是为了婚姻当事人双方的幸福与社会的稳定，禁止强迫与非法干涉。

然而，在现实生活中，尤其在一些老少边穷的地方，仍然存在买卖、包办婚姻、借婚姻索取财物的情况。面对这些干涉婚姻自由的行为，我们要充分运用法律武器，维护自己的婚姻自由权利。如果父母逼迫子女与他人结婚，子女有权拒绝；如果是受胁迫而与对方结婚的，可以向登记机关或法院申请撤销；如果婚姻自由被他人侵犯，可以要求侵权人承担侵犯婚姻自主权的责任。

被父母逼迫嫁给他人，这样的婚姻有效吗？

为了得到一笔财礼，小晶的父母以死相逼，要求她嫁给乡长的儿子齐某，小晶无奈之下与齐某办理了结婚登记。婚后，小晶经常被齐某打骂，二人生活并不幸福。过了一年，小晶感觉实在不能与齐某共同生活，她该怎么办呢？

分析：

我国《婚姻法》规定："实行婚姻自由、一夫一妻、男女平等的婚姻制度。保护妇女、儿童和老人的合法权益。"此外本法第三条第一款规定："禁止包办、买卖婚姻和其他干涉婚姻自由的行为。禁止借婚姻索取财物。"

本案中小晶与齐某之间的婚姻是一种典型的包办婚姻而非无效婚姻。根据我国《婚姻法》的规定，包办、买卖婚姻、其他干涉婚姻自由的行为以及借婚姻索取财物都是被禁止的行为。我国最高人民法院《关于贯彻执行民事政策法律若干问题的意见》规定，父母或他人违背男女双方或一方意愿的强迫包办婚姻和索取财物为目的，违反男女双方或一方意愿而强迫结合的买卖婚姻，一方要求离婚的，如果婚后双方没有建立起感情，应准予离婚。本案中，小晶在父母的强迫下与齐某登记结婚，而且她与齐某之间也没有任何感情，因此，她可以向人民法院要求与齐某离婚。

相关法条：

《中华人民共和国婚姻法》

第二条　实行婚姻自由、一夫一妻、男女平等的婚姻制度。保护妇女、儿童和老人的合法权益。

第三条第一款　禁止包办、买卖婚姻和其他干涉婚姻自由的行为。禁止借婚姻索取财物。

第十条　有下列情形之一的，婚姻无效：

（一）重婚的；

（二）有禁止结婚的亲属关系的；

（三）婚前患有医学上认为不应当结婚的疾病，婚后尚未治愈的；

（四）未到法定婚龄的。

《最高人民法院关于执行民事政策法律若干问题的意见》

第一条　父母或他人违背男女双方或一方意愿的强迫包办婚姻和索取财物

为目的，违反男女双方或一方意愿而强迫结合的买卖婚姻，一方要求离婚的，如果婚后双方没有建立起感情，应准予离婚；如果结婚多年，生有子女，夫妻间已建立了一定感情，应根据夫妻关系的现状和发展前途进行调解，调解无效的，可判决离婚或不准离婚。

被威胁而与他人结婚，婚姻关系可以撤销吗？

毕某与女朋友严某交往多年，正当毕某以为两人即将结婚并已经开始着手准备婚礼时，严某突然告诉毕某，自己不想与他结婚并提出分手。毕某闻听此言，声称如果严某不与他结婚，他就杀死严某后自杀。严某无奈之下答应了与毕某结婚。婚后半年，严某感到实在无法与毕某共同生活，向请求法院撤销婚姻。法院会支持严某的诉讼请求吗？

分析：

我国《婚姻法》规定：“因胁迫结婚的，受胁迫的一方可以向婚姻登记机关或人民法院请求撤销该婚姻。受胁迫的一方撤销婚姻的请求，应当自结婚登记之日起一年内提出。被非法限制人身自由的当事人请求撤销婚姻的，应当自恢复人身自由之日起一年内提出。”《最高人民法院关于适用〈中华人民共和国婚姻法〉若干问题的解释（一）》第十条规定：“婚姻法第十一条所称的“胁迫”，是指行为人以给另一方当事人或者其近亲属的生命、身体健康、名誉、财产等方面造成损害为要挟，迫使另一方当事人违背真实意愿结婚的情况。”

本案中，毕某称如果严某不与其结婚他就会杀死严某而后自杀，严某被迫与其结婚属于我国法律规定的因胁迫而结婚的情形。符合我国婚姻法规定婚姻撤销的法定情节，并且严某又是在结婚 1 年内提出的申请，因此人民法院应当依法宣判撤销婚姻。

相关法条：

《中华人民共和国婚姻法》

第十一条　因胁迫结婚的，受胁迫的一方可以向婚姻登记机关或人民法院请求撤销该婚姻。受胁迫的一方撤销婚姻的请求，应当自结婚登记之日起一年内提出。被非法限制人身自由的当事人请求撤销婚姻的，应当自恢复人身自由之日起一年内提出。

《最高人民法院关于适用〈中华人民共和国婚姻法〉若干问题的解释（一）》

第十条　婚姻法第十一条所称的“胁迫”，是指行为人以给另一方当事人或者其近亲属的生命、身体健康、名誉、财产等方面造成损害为要挟，迫使另一方当事人违背真实意愿结婚的情况。

婚姻自由权被他人侵犯，被侵权人可以请求侵权人承担责任吗？

苏某家境贫寒，高中毕业后就到社会上打工挣钱，积攒一些积蓄后他经过复读重新返回学校上大学，24岁上大学三年级，比同班同学都大。苏某与同班同学张某（21岁）谈恋爱，并在校外私自租房同居，张某怀孕后二人商量结婚。班级辅导员将此情况告之了校领导，校领导称他们严重违反了学校的规章制度，不允许他们结婚，并要给他们留校察看的处罚。苏某二人认为校领导的做法侵犯了自己的婚姻自主权，他们可以要求学校承担侵权责任吗？

分析：

我国《婚姻法》规定：“实行婚姻自由、一夫一妻、男女平等的婚姻制度。保护妇女、儿童和老人的合法权益。”此外，我国《侵权法》中规定侵犯婚姻自由是要承担法律责任的。

在本案中，苏某和张某达到结婚的年龄就可以结婚，《婚姻法》第六条规定：“结婚年龄，男不得早于二十二周岁，女不得早于二十周岁。晚婚晚育应予鼓励。”显然二人已经符合《婚姻法》所规定的年龄和条件，是可以进行结婚登记。我国新的《普通高校学生管理规定》对在校大学生结婚没有做禁止性规定，学校领导禁止苏某二人结婚应当认定为侵犯二人婚姻自主权的行为，苏某和张某可以要求学校承担侵权责任。

相关法条：

《中华人民共和国侵权责任法》

第二条　侵害民事权益，应当依照本法承担侵权责任。

本法所称民事权益，包括生命权、健康权、姓名权、名誉权、荣誉权、肖像权、隐私权、婚姻自主权、监护权、所有权、用益物权、担保物权、著作权、专利权、商标专用权、发现权、股权、继承权等人身、财产权益。

《中华人民共和国婚姻法》

第二条　实行婚姻自由、一夫一妻、男女平等的婚姻制度。保护妇女、儿童和老人的合法权益。

第三条　禁止包办、买卖婚姻和其他干涉婚姻自由的行为。禁止借婚姻索取财物。

第六条　结婚年龄，男不得早于二十二周岁，女不得早于二十周岁。晚婚晚育应予鼓励。

公公与儿媳可以结婚吗？

某男甲与某女乙结婚后不久，甲就死于一场交通事故，乙此后一直寡居。甲的母亲去世很早，甲的父亲也一直没有再娶。甲死后，乙为了照顾独居的公公，就搬去与公公同住。随着了解的日渐加深，公公与儿媳决定结婚。他们可以结婚吗？

分析：

我国《婚姻法》中确实没有对属于继父母与继子女、公公与儿媳等关系的公民之间是否可以结婚的问题的相关规定。在我国《最高人民法院中南分院函复同意〈关于公公与媳妇、继母与儿子等可否结婚问题的复函〉》中对此问题的态度首先是持否定态度的，但如果二人坚决结婚，在未造成不好的影响的情况下也是不予禁止的。在以自由平等为基本原则的《婚姻法》中，也没有明确地禁止这种关系的公民结婚的民事行为，但也没有明确地肯定，因此，在本案中如果当事人坚持结婚，在当地又不会引起什么骚乱，则公公和儿媳是可以结婚的。

相关法条：

《最高人民法院中南分院函复同意〈关于公公与媳妇、继母与儿子等可否结婚问题的复函〉》

关于没有婚姻关系存在的“公公与媳妇”、“继母与儿子”、“叔母与侄”、“女婿与岳母”、“养子与养母”、“养女与养父”等可否结婚，婚姻法对于这些人之间虽无禁止结婚的明文规定，为了照顾群众影响，以及防止群众思想不通，因而引起意外事件的发生，最好尽量说服他们不要结婚；但如果双方态度坚决，经说服无效时，为免发生意外，当地政府也可斟酌具体情况适当处理（如劝令他们迁居等）。对于这些个别特殊问题，你院并嘱所属法院可多根据实际情况就地加以具体处理。特别是要照顾群众的影响。一般不需作统一的规定。该司法解释是建国后对此问题的唯一处理意见，其中关于拟制直系血亲的结婚问题，已由后来颁布的收养法作了明确的规定，但对于其他直系姻亲间的结婚问题，该司法解释至今仍然应该适用。而旁系姻亲，只要他们之间没有禁止结婚的血缘关系，则应准予结婚。

养父与养女结婚，法律是否允许？

张玉 13 岁时父母双亡，变成孤儿的她一时无人依靠。同村年近中旬的王某夫妇一直没能生育自己的孩子，遂想将张玉收养。半年后经过法定程序张玉成为了王某夫妇的女儿，一家三口过着幸福的生活。可是好景不长，没过几年张玉的养母因患了不治之症而离开了人世，自此张玉与养父王某相依为命。养父王某也一直没有另娶妻子，当张玉慢慢长大成人后对养父却产生了爱慕之情。遂某日张玉对养父王某说要与其结婚，面对如此变故王某不知如何是好。在法律上养父王某与养女张玉结婚合法吗？

分析：

我国《婚姻法》规定："国家保护合法的收养关系。养父母和养子女间的权利和义务，适用本法对父母子女关系的有关规定。养子女和生父母间的权利和义务，因收养关系的成立而消除。"此外根据本法第七条的规定，有下列情形之一的，禁止结婚：第一，直系血亲和三代以内的旁系血亲；第二，患有医学上认为不应当结婚的疾病。

本案中王某与张玉已经形成了收养关系，并且收养符合法律的规定，所以张玉与养父王某之间已经形成了法律上的拟制血亲关系，这种血亲关系虽然不是基于自然血缘关系而产生，但是法律赋予其与自然血亲关系同等效力。《收养法》规定，养父母与养子女间的权利义务，适用本法对父母子女关系的有关规定。据此，养女张玉与养父王某结婚是法律所禁止的。

法条链接：

《中华人民共和国婚姻法》

第七条　有下列情形之一的，禁止结婚：

（一）直系血亲和三代以内的旁系血亲；

（二）患有医学上认为不应当结婚的疾病。

第二十六条　国家保护合法的收养关系。养父母和养子女间的权利和义务，适用本法对父母子女关系的有关规定。养子女和生父母间的权利和义务，因收养关系的成立而消除。

《中华人民共和国收养法》

第二十三条　自收养关系成立之日起，养父母与养子女间的权利义务关系，适用法律关于父母子女关系的规定；养子女与养父母的近亲属间的权利义务关系，适用法律关于子女与父母的近亲属关系的规定。

养子女与生父母及其他近亲属间的权利义务关系，因收养关系的成立而消除。

婚前性行为，后果不好说！

在道德传统根深蒂固的中国，“婚前性行为”一直是难以启齿的话题，也不容许发生。随着时代的发展，婚前性行为已经不再是人们避而不谈的问题，社会环境对这种行为也越来越宽容，因为这种现象在中国的当今社会，尤其是最近这些年里，已经变得比较普遍，人们对婚前性行为越来越多地表现出无奈。

人们对婚前性行为的看法也产生了根本的变化，由开始的坚决反对到默认，甚至还有些性解放的人们提倡婚前性行为，他们认为性是爱的一部分，婚前性行为可以验证情侣间的性生活是否和谐，可以避免以后因此发生感情问题。对于这种行为支持与否是价值观的问题，我们暂且不做评价，但是对于婚前性行为引起的后果，我们却不得不重视。

男女双方发生婚前性行为，由于双方都没有经验，很可能因为该行为而引起不良后果，如不注意卫生而感染疾病、意外怀孕等。这其中最严重的后果就是意外怀孕了，通过对有婚前性行为的人群的调查，大部分人最担心的就是意外怀孕的问题。意外怀孕让很多女生承受身心的巨大压力，一般怀孕后有三种选择：第一种选择是“奉子女之命”结婚，但通常这是很坏的选择。

第二种选择是保留孩子而不结婚，同样的，这也会给女方造成很大的精神压力，毕竟在中国这个传统的国度，未婚生子会有很大的舆论压力。另一方面讲，对孩子来说没有一个好的家庭环境，对他的成长是很不利的。第三种选择是堕胎，这是最常见的选择。但是，堕胎却对女孩的身体健康构成严重的威胁，尤其是偷偷地在私家医院或小医院进行，或在人流后没有得到充分休息，对女孩的身体损伤都是不可估量的。

当今社会，很多人未婚同居是为了试婚，为结婚做准备，可是真正的生活在了一起，却发现了许多问题，这样，很多试婚的人最终没能走到一起。那么，未婚同居分手后双方财产怎么处理？如果双方协商不成，向法院起诉，法院会受理吗？当事人之间是否可以要求赔偿呢？如果生育子女，是否可以要求对方结婚？同居生育的子女会不会受到歧视？下面我们通过案例来探究一下这些问题。

男女未婚同居，分手后财产怎样处理？

秦先生与江女士来自不同的城市，他们在广东打工时相识并互生好感。二人在相处一段时间后，在未结婚的情况下就一起生活，其实在外人眼里他们已是夫妻。但是事隔两年后，江女士以性格不合为由提出与秦先生分手，要与秦先生结束同居关系，秦先生对此也表示同意。随后两人就相关的事情做了处理并不存在争议，可是在分财产时却起了争执。那么同居关系的男女，分居后财产要怎样处理？

分析：

我国《最高人民法院关于适用〈中华人民共和国婚姻法〉若干问题的解释二》规定：“当事人起诉请求解除同居关系的，人民法院不予受理。但当事人请求解除的同居关系，属于婚姻法第三条、第三十二条、第四十六条规定的“有配偶者与他人同居”的，人民法院应当受理并依法予以解除。当事人因同居期间财产分割或者子女抚养纠纷提起诉讼的，人民法院应当受理。”由此可见，《婚姻法》司法解释对男女未婚同居分手后产生财产分割问题的作有专门规定。如果两人经过协商对财产的分割达成协议的，按照协议处理。如果产生了争议，可以向法院提起诉讼，请求法院依法做出判决。

本案中秦先生与江女士的关系不属于我国法律所保护的婚姻关系，而是我国法律所规定的同居关系。二人对于同居关系的解除并不存在争议，只是对于财产的分割产生争议，在此情况下如果两人达成协议则按协议处理，如果没有达成协议可以向人民法院提起诉讼。

相关法条：

《最高人民法院关于适用〈中华人民共和国婚姻法〉若干问题的解释二》

第一条　当事人起诉请求解除同居关系的，人民法院不予受理。但当事人请求解除的同居关系，属于婚姻法第三条、第三十二条、第四十六条规定的“有配偶者与他人同居”的，人民法院应当受理并依法予以解除。当事人因同居期间财产分割或者子女抚养纠纷提起诉讼的，人民法院应当受理。

男女未婚同居产生矛盾，一方诉至法院的，人民法院应当受理吗？

2009年张敏与王满相识并在未婚情况下同居，在外人眼里他们已是一对幸福的夫妻。在同居的第二年张敏生下了一个女儿，女儿的降生并没有使这个家庭变得更加幸福。就在女儿出生后不久，张敏与王满因一些家庭琐事经常争吵，最后二人决定分手。可是对于孩子应由谁来抚养二人产生了争议，因为双方都想抚养孩子，最后二人就此问题闹到了法庭。问法院会不会受理二人的诉讼？

分析：

我国《最高人民法院关于适用〈中华人民共和国婚姻法〉若干问题的解

释（二）》中第一条规定：“当事人起诉请求解除同居关系的，人民法院不予受理。但当事人请求解除的同居关系，属于婚姻法第三条、第三十二条、第四十六条规定的“有配偶者与他人同居”的，人民法院应当受理并依法予以解除。当事人因同居期间财产分割或者子女抚养纠纷提起诉讼的，人民法院应当受理。”

据此，可以得知法院是会受理因分割同居期间财产或子女抚养纠纷而提起的诉讼的。当然，国家之所以这样做不是从法律上肯定非婚同居的正当性，而是为了维护当事人的人身及财产权益。也就是说，未婚同居没有办理婚姻登记的，后来发生纠纷时也可以运用法律手段维护自身的权益。

本案中张敏与王满的关系属于我国法律所规定的同居关系，对于二人分手的问题我国法律未作规定，但是对于分手后的财产的分割及子女的抚养问题，我国法律做了明文的规定。二人针对孩子的抚养问题诉至法院，属于法院的受理范围，所以法院会受理二人因孩子抚养而产生的纠纷。

相关法条：

《最高人民法院关于适用〈中华人民共和国婚姻法〉若干问题的解释（二）》

第一条　当事人起诉请求解除同居关系的，人民法院不予受理。但当事人请求解除的同居关系，属于婚姻法第三条、第三十二条、第四十六条规定的“有配偶者与他人同居”的，人民法院应当受理并依法予以解除。当事人因同居期间财产分割或者子女抚养纠纷提起诉讼的，人民法院应当受理。

遭对方性勒索怎么办？

刘某（女）与赵某（男）经人介绍认识，并在认识后不久二人走进了婚姻的殿堂。可是婚后刘某过得并不幸福，赵某性格古怪、性情暴躁，经常晚上在外喝得酩酊大醉，回到家中对刘某进行殴打，更为无法可忍的是刘某还经常遭到赵某的性勒索。对于赵某的殴打刘某还可以向人诉苦，可是对于性勒索刘某不知道如何是好。

分析：

家庭暴力是指行为人以殴打、捆绑、残害、强行限制人身自由或者其他手段，给其家庭成员的身体、精神等方面造成一定伤害后果的行为。持续性、经常性的家庭暴力，构成虐待。根据我国《婚姻法》第三条规定，禁止家庭暴力。《婚姻法》第三十二条还规定："男女一方要求离婚的，可由有关部门进行调解或直接向人民法院提出离婚诉讼。人民法院审理离婚案件，应当进行调解；如感情确已破裂，调解无效，应准予离婚。有下列情形之一，调解无效的，应准予离婚：……（二）实施家庭暴力或虐待、遗弃家庭成员的……"

本案中针对赵某对刘某的性勒索的行为可以按照家庭暴力来处理，刘某不仅可以提起离婚诉讼，还可以要求公安机关对其进行行政处罚。

法条链接：

《中华人民共和国婚姻法》

第三条　禁止包办、买卖婚姻和其他干涉婚姻自由的行为。禁止借婚姻索取财物。

禁止重婚。禁止有配偶者与他人同居。禁止家庭暴力。禁止家庭成员间的虐待和遗弃。

第三十二条　男女一方要求离婚的，可由有关部门进行调解或直接向人民法院提出离婚诉讼。

人民法院审理离婚案件，应当进行调解；如感情确已破裂，调解无效，应准予离婚。

有下列情形之一，调解无效的，应准予离婚：

……

（二）实施家庭暴力或虐待、遗弃家庭成员的；

……

第四十三条 实施家庭暴力或虐待家庭成员，受害人有权提出请求，居民委员会、村民委员会以及所在单位应当予以劝阻、调解。

对正在实施的家庭暴力，受害人有权提出请求，居民委员会、村民委员会应当予以劝阻；公安机关应当予以制止。

实施家庭暴力或虐待家庭成员，受害人提出请求的，公安机关应当依照治安管理处罚的法律规定予以行政处罚。

非婚生子女的合法权益有哪些？

李超与张敏结婚多年并生有一儿一女，因工作原因李某需要常年在外地工作，并由此认识了当地的赵丽，两人互生好感。赵丽在与李超未结婚的情况下为其生下一子。则这一非婚生子女享有哪些权益？

分析：

在我国非婚生子女是指没有婚姻关系的男女所生的子女，包括男女双方未婚所生的子女或者已有婚姻关系的男或者女与婚姻关系以外的第三人发生性行为致孕所生的子女。根据我国《婚姻法》的规定，非婚生子女享有与婚生子女同等的权利，任何人不得加以危害和歧视。非婚生子女的生父，应负担子女必要的生活费和教育费的一部或全部，直至子女能独立生活为止。该法第二十一条还规定："父母对子女有抚养教育的义务；子女对父母有赡养扶助的义务。父母不履行抚养义务时，未成年的或不能独立生活的子女，有要求父母付给抚养费的权利。"第二十二条规定："子女可以随父姓，也可以随母姓。"此外根据我国《继承法》的规定，非婚生子女对父母的财产享有继承权。

在本案中赵丽所生之子属于李超的非婚生子女，其享有与李超的婚生子女一样的权益。有权要求从父姓或从母姓；有权要求生父或生母给付生活费、受教育费；有权要求继承生父或生母的遗产。

法条链接：

《中华人民共和国婚姻法》

第二十一条　父母对子女有抚养教育的义务；子女对父母有赡养扶助的义务。

父母不履行抚养义务时，未成年的或不能独立生活的子女，有要求父母付给抚养费的权利。

……

第二十二条　子女可以随父姓，可以随母姓。

第二十四条　夫妻有相互继承遗产的权利。

父母和子女有相互继承遗产的权利。

第二十五条　非婚生子女享有与婚生子女同等的权利，任何人不得加以危害和歧视。

不直接抚养非婚生子女的生父或生母，应当负担子女的生活费和教育费，直至子女能独立生活为止。

《中华人民共和国继承法》

第十条　遗产按照下列顺序继承：

第一顺序：配偶、子女、父母。

第二顺序：兄弟姐妹、祖父母、外祖父母。

继承开始后，由第一顺序继承人继承，第二顺序继承人不继承。没有第一顺序继承人继承的，由第二顺序继承人继承。

本法所说的子女，包括婚生子女、非婚生子女、养子女和有扶养关系的继子女。

……

有婚前性行为就能要求对方结婚吗？

郭雨与陈勇是大学期间的恋人，毕业后两人一起来到陈勇家所在的城市找工作。两人的感情很好，陈勇对郭宇照顾得也非常周到，两人慢慢地就吃住在一起了。郭雨的家人知道后就要求两人办理结婚登记，可是陈勇及他的家人认为陈勇现在正是事业的起步阶段不应着急结婚，遂拒绝了郭雨家人提出的结婚要求。可是郭雨的家人称两人已经发生了性关系所以必须结婚，在法律上郭雨的家人有权提出这样的要求吗？

分析：

本案中的郭雨与陈勇自由恋爱，并自愿发生性关系，两人都属于完全民事行为能力人，只要是两人自愿的行为，法律是不会追究二人的法律责任的。但是郭雨的家人以两人发生性关系为由要求陈勇与郭雨结婚有违我国婚姻法的相关规定，《婚姻法》第五条规定：“结婚必须男女双方完全自愿，不许任何一方对他方加以强迫或任何第三者加以干涉。”该法第三条第一款还规定：“禁止包办、买卖婚姻和其他干涉婚姻自由的行为。禁止借婚姻索取财物。”从我国的法律规定来看只有在双方当事人达到法定年龄，并在自愿的前提下方可结婚，其他任何人士不得干预。所以本案中只要陈勇不是出于自愿，郭雨的父母是不能以两人发生性关系为由要求二人结婚的。

法条链接：

《中华人民共和国婚姻法》

第二条　实行婚姻自由、一夫一妻、男女平等的婚姻制度。

保护妇女、儿童和老人的合法权益。

实行计划生育。

第三条　禁止包办、买卖婚姻和其他干涉婚姻自由的行为。禁止借婚姻索取财物。

禁止重婚。禁止有配偶者与他人同居。禁止家庭暴力。禁止家庭成员间的虐待和遗弃。

第五条　结婚必须男女双方完全自愿，不许任何一方对他方加以强迫或任何第三者加以干涉。

有婚前性行为可以要求赔偿精神损失吗？

魏某（女）与孟某（男）经人介绍确立了恋爱关系，相处一段时间后，两人都感觉对方人品不错。可是就在两人准备结婚时魏某发现孟某一直与前女友有联系，两人因此大吵了一架并决定分手。魏某称其已与孟某发生了性关系，孟某需要赔偿自己的精神损失。有婚前性行为可以要求赔偿精神损失吗？

分析：

我国《最高人民法院关于确定民事侵权精神损害赔偿责任若干问题的解释》规定："自然人因下列人格权利遭受非法侵害，向人民法院起诉请求赔偿精神损害的，人民法院应当依法予以受理：（一）生命权、健康权、身体权；（二）姓名权、肖像权、名誉权、荣誉权；（三）人格尊严权、人身自由权。违反社会公共利益、社会公德侵害他人隐私或者其他人格利益，受害人以侵权为由向人民法院起诉请求赔偿精神损害的，人民法院应当依法予以受理。"

本案中并不存在侵权行为，因为魏某与孟某发生性关系是出于自愿，所以也就不存在精神损害赔偿问题。

法条链接：

《最高人民法院关于确定民事侵权精神损害赔偿责任若干问题的解释》

第一条　自然人因下列人格权利遭受非法侵害，向人民法院起诉请求赔偿精神损害的，人民法院应当依法予以受理：（一）生命权、健康权、身体权；（二）姓名权、肖像权、名誉权、荣誉权；（三）人格尊严权、人身自由权。

违反社会公共利益、社会公德侵害他人隐私或者其他人格利益，受害人以侵权为由向人民法院起诉请求赔偿精神损害的，人民法院应当依法予以受理。

如何给非婚生子女正名？

李梅与王涛从小青梅竹马，长大后两人更是彼此相爱。但是双方家长对两人的亲事都非常的反对，迫于家人的阻碍两人不得不分手。分手后王涛与家人介绍的孙某结了婚并生有一子。当时已经怀有王涛的孩子的李梅离开了家乡，在一个陌生的城市生活了下来，并生下了王涛之女李颖。王涛一直不知道自己还有一个女儿，在时隔15年之后，王涛得知了真相并想认回自己的女儿，那么王涛应该怎么做呢？

分析：

我国《婚姻法》第二十五条规定："非婚生子女享有与婚生子女同等的权利，任何人不得加以危害和歧视。不直接抚养非婚生子女的生父或生母，应当负担子女的生活费和教育费，直至子女能独立生活为止。"第二十一条规定："父母对子女有抚养教育的义务；子女对父母有赡养扶助的义务。父母不履行抚养义务时，未成年的或不能独立生活的子女，有要求父母付给抚养费的权利。"

本案中李颖系王涛的非婚生子女，非婚生子女是指没有婚姻关系的男女所生的子女，包括男女双方未婚所生的子女，或者已有婚姻关系的男或者女与婚姻关系以外的第三人发生性行为致孕所生的子女。根据法律的规定，王涛对李颖享有的权利和履行的义务与婚生子女一样。目前我国法律关于非婚生子女的认定并没有明确的规定，大多数的做法是：（1）户籍登记，这就是人们通常说的去派出所上户口，在户籍册中载明其生身父母。（2）父母在社会上公开承认。（3）父母就非婚生子女的身份去公证处做公证证明等。

法条链接：

《中华人民共和国婚姻法》

第二十一条　父母对子女有抚养教育的义务；子女对父母有赡养扶助的义务。

父母不履行抚养义务时，未成年的或不能独立生活的子女，有要求父母付给抚养费的权利。

…

第二十五条　非婚生子女享有与婚生子女同等的权利，任何人不得加以危害和歧视。

不直接抚养非婚生子女的生父或生母，应当负担子女的生活费和教育费，直至子女能独立生活为止。

婚前公证，你做了吗?

社会在发展，时代在变化，在许多西方国家，婚前财产公证已经是司空见惯的情况，也是结婚前的必经程序。然而，对大多数传统的中国人来说，这仍然是一个新鲜的话题。

婚前财产公证就是婚前财产约定协议公证的简称，指公证机关对将要结婚的男女双方就各自婚前财产和债务的范围、权利的归属问题所达成的协议的真实性、合法性给予证明的活动。婚前财产公证有两种形式：一种是未婚夫妻在结婚登记前达成协议，办理公证；另一种是夫妻双方在婚姻关系存续期间达成协议，办理公证。办理婚前财产公证时，当事人应当向住所地或协议签订地的公证处提出申请。

在工业化和城市化不断加快的进程中，我国的婚姻制度发生了很大的变化。人们对婚姻的传统概念正在面临着追求个性、自由的新世纪价值观的挑战。

结婚率下降，离婚率上升，使得财产纠纷也越来越多。离婚案件中财产纠纷案大都是夫妻双方没有就财产约定问题达成协议。人们的思想越来越实际，自我保护意识也越来越强，所以有效防止这些纠纷的最好方法就是婚前夫妻财产公证。

然而，对于婚前公证，也有许多反对的声音。他们认为最珍贵的东西是夫妻的感情，感情是无价之宝，它跟幸福一样，本不需要也无法公证，而那些所谓财产，在爱面前，应该是不值一提的。婚前财产公证，公证了私有财产，却淡漠了夫妻的感情。婚姻本是神圣的，是爱维系着婚姻，而不是财产。因此，他们拒绝婚前财产公证。

无论你对婚前公证持什么态度，了解一下婚前公证总是有益而无害的，下面我们一起看一下婚前公证过程中的一些问题。

婚前协议只有公证才有效吗?

方佳与赵刚两人婚前合资买了一套住房并登记在赵刚的名下。为了防止日后两人关系发生变故产生财产纠纷，两人写了一份婚前财产协议即表明这套房子是两人在婚前共同出资购买的，并且写明了各方的出资金额。婚后两人的生活不是很幸福，一起生活两年后，二人决定离婚。在财产分割上，赵刚主张这套住房属于他个人所有，因为登记在他的名下，而婚前两人写的婚前协议没有经过公证机关的公证，所以不具有效力。那么，婚前协议只有公证才有效吗?

分析：

我国《合同法》规定：“依法成立的合同，对当事人具有法律约束力。当事人应当按照约定履行自己的义务，不得擅自变更或者解除合同。依法成立的合同，受法律保护。”第四十四条规定：“依法成立的合同，自成立时生效。法律、行政法规规定应当办理批准、登记等手续生效的，依照其规定。”

本案中方佳与赵刚所订立的婚前财产协议符合我国合同法中有关规定，所以自合同成立时生效。公证只是增强了证明力，而不是协议生效的要件。《公证法》第三十六条也规定：“经公证的民事法律行为、有法律意义的事实和文书，应当作为认定事实的根据，但有相反证据足以推翻该项公证的除外。”

法条链接：

《中华人民共和国合同法》

第八条　依法成立的合同，对当事人具有法律约束力。当事人应当按照约定履行自己的义务，不得擅自变更或者解除合同。依法成立的合同，受法律保护。

第四十四条　依法成立的合同，自成立时生效。法律、行政法规规定应当办理批准、登记等手续生效的，依照其规定。

《中华人民共和国公证法》

第三十六条　经公证的民事法律行为、有法律意义的事实和文书，应当作为认定事实的根据，但有相反证据足以推翻该项公证的除外。

第二章

甜蜜夫妻，也防秋后算账

经由初识、相恋到热恋，两个相爱的年轻人克服了重重困难，终于走向了婚姻的殿堂，建立起了一个新的小家庭。此时的小两口，显然是世界上最幸福的人，他们恩恩爱爱、如胶似漆，把对方放在自己的心窝里。

但是生活中不光有感性，还有理性。结婚后的两口子，每天要面对柴米油盐这样的生活琐事，还有房子、车子、票子、孩子等生活压力，以及激情退去之后双方性格上的不合拍之处逐渐显露出来的不适应，都可能导致婚姻质量下降，严重的就可能引发家庭危机。

当然，夫妻之间，总有这样那样的问题，没有任何一个家庭是绝对顺利的。一个稳定的家庭，往往是夫妻双方互相容忍、互相改善的结果。夫妻就像两只鸟，共同栖身在婚姻的巢里，这个巢穴需要双方付出多少爱才能换来，只有当事人最清楚其中的酸甜苦辣。还是那句老话：一日夫妻百日恩。百日的恩情足以使两颗心变成一个整体，一朝分离，便是永久的心灵疤痕。那份暗疾，是会让人疼一辈子的。

对爱人的背叛，许多人不能原谅，究其原因往往是他们太爱自己了，太在乎自己的感受了，受不得一点委屈。其实，情感错误并不一定就是洪水猛兽、十恶不赦，当它不期而至的时候，冷静一点，从容一点，别动不动就拿离婚说事儿，那实在是一种不自信的逃避。

当然，也不是说遇到对方出现感情背叛，就一律要原谅或睁只眼闭只眼，还是要区别对待的，对方究竟是一时冲动的无心之失，还是骨子里就是这样的人，这是必须区分清楚的。你可以原谅另一半的一不小心，但却绝对不要姑息他（她）的肆意妄为。

至于夫妻离婚最经常使用的理由——“性格不合”，其中也有很多可以商榷之处。有些夫妻确实是性格严重不合，双方根本对立，无法调和。这是与生俱来的，当事人很难改变自己，此时离婚只能成为唯一选项。但是有些家庭中的夫妻矛盾并非他们口中所说的那样尖锐对立，不少矛盾完全可以通过沟通协商来解决，毕竟夫妻在结婚前还是有一定程度的了解的，既然婚前能容忍对方的一些问题，婚后为什么就难以容忍了呢？

婚姻忠诚，这样也行?

我国奴隶社会和封建社会就有对夫妻忠实义务的要求，当然由于那时是夫权社会，忠实义务主要是针对妻子的，如七出中有一条是“淫”。几千年的封建伦理道德对于现代人们的行为标准起着一定的潜移默化的作用。人们始终把夫妻之间的忠诚看做是一种既定的规则。然而近些年二奶横行、小三泛滥，导致人们对夫妻间的忠诚及信任出现了危机；现在有很多夫妻签订忠诚协议，以保护自己的合法权益与家庭的和谐。

忠诚协议俗称夫妻保证协议，主要是指贞操义务 ，即专一的夫妻性生活义务，目的在于促使夫妻双方要彼此忠诚。我国的《婚姻法》对此也有规定，夫妻应当互相忠实，互相尊重。可见忠诚协议的签订是有法律依据的。但对现实中夫妻签订的忠诚协议具体内容应给予足够的关注，才能依法作出有效或无效的评价。有效的部分在于财产的约定，夫妻对于婚姻存续期间的个人或共有的财产可以在夫妻之间作出各种约定，这属于婚内财产约定的范畴，一般是合法的。而无效部分主要出现在身份关系的约定上及法律义务的承担上，如结婚后就不能提出离婚等。对夫妻忠诚协议效力的认定，既要符合夫妻财产制的约定，还要不妨碍夫妻任何一方相关合法权利的行使。

（1）夫妻之间签订的“忠贞协议”有法律效力吗?

（2）丈夫是否有权强迫妻子发生性行为?

夫妻之间签订的“忠贞协议”有法律效力吗？

郭女士与汤先生经人介绍相识，相处一段时间后两人决定结婚。在结婚前两人签了一份“忠贞协议”，约定如果婚后任何一方出现婚外情，都要向对方赔偿人民币10万元。婚后的第5年，郭女士发现丈夫私自以他人的名义在郊外买了另一套房子，并且常常以加班、出差为由不回家，而事实上是与另一女子同居。于是郭女士向法院提出与丈夫离婚，并要求丈夫根据婚前签订“忠贞协议”赔偿她10万元钱。郭女士的请求会得到法院的支持吗？

分析：

我国《婚姻法》规定，夫妻应当互相忠实，互相尊重；一方在婚姻关系存续期间与他人同居导致离婚的，无过错一方，可以要求对方承担一定的赔偿责任。此外本法第四十六条规定：“有下列情形之一，导致离婚的，无过错方有权请求损害赔偿：（一）重婚的；（二）有配偶者与他人同居的；（三）实施家庭暴力的；（四）虐待、遗弃家庭成员的。”

本案中，郭女士与汤先生作为完全民事行为能力人，在婚前自愿签订了“忠贞协议”，且该协议不违背法律，不损害公序良俗，因此应当认为其合法有效。汤先生因跟别的女人同居而违反了“忠贞协议”中有关条款的规定，就应该按照协议上约定的赔偿数额承担赔偿责任。

相关法条：

《中华人民共和国婚姻法》

第四条　夫妻应当互相忠实，互相尊重；家庭成员间应当敬老爱幼，互相帮助，维护平等、和睦、文明的婚姻家庭关系。

第四十六条　有下列情形之一，导致离婚的，无过错方有权请求损害赔偿：

（一）重婚的；

（二）有配偶者与他人同居的；

（三）实施家庭暴力的；

（四）虐待、遗弃家庭成员的。

《中华人民共和国合同法》

第七条　当事人订立、履行合同，应当遵守法律、行政法规，尊重社会公德不得扰乱社会经济秩序，损害社会公共利益。

第八条　依法成立的合同，对当事人具有法律约束力。当事人应当按照约定履行自己的义务，不得擅自变更或者解除合同。

依法成立的合同，受法律保护。

丈夫是否有权强迫妻子发生性行为？

铁某因丈夫白某游手好闲、不思进取而欲与其离婚，白某不同意，于是铁某搬回娘家居住。一天，白某借口以家中有急事将铁某骗回家中，苦苦哀求其不要离婚，并要求与其发生性行为。后来二人发生厮打，铁某多处受伤，最后终因身单力薄而让白某得逞。铁某可以向公安机关报案控告白某强奸吗？

分析：

本案中铁某遭遇的情况应当属于“婚内强奸”问题，而我国刑法中并没有关于婚内强奸的规定。从表面上看，白某违背铁某的意愿使用强迫手段与之发生性行为，符合强奸罪的特征，但由于他们之间夫妻关系的存在，其性行为是受到法律保护的。夫妻双方对发生性行为没有达成统一意见时，一方因使用强迫手段而被认定为强奸于法无据。因此，铁某无法要求司法机关追究王某的“强奸罪”。但是铁某可以遭受到家庭暴力为由提出离婚，并因身体遭受的伤害而请求赔偿甚至追究王某的刑事责任。如果白某的行为尚不够刑事处罚，铁某可以请求公安机关依《治安管理处罚法》的规定，对白某进行处罚。

相关法条：

《中华人民共和国刑法》

第二百三十四条第一款　故意伤害他人身体的，处三年以下有期徒刑、拘役或者管制。

第二百三十六条第一款　以暴力、胁迫或者其他手段强奸妇女的，处三年以上十年以下有期徒刑。

最高人民法院关于适用《中华人民共和国婚姻法》若干问题的解释（一）（婚姻法解释一）

第一条　婚姻法第三条、第三十二条、第四十三条、第四十五条、第四十六条所称的“家庭暴力”，是指行为人以殴打、捆绑、残害、强行限制人身自由或者其他手段，给其家庭成员的身体、精神等方面造成一定伤害后果的行为。持续性、经常性的家庭暴力，构成虐待。

《中华人民共和国婚姻法》

第四十六条　有下列情形之一，导致离婚的，无过错方有权请求损害赔偿：

（一）重婚的；

（二）有配偶者与他人同居的；

（三）实施家庭暴力的；

（四）虐待、遗弃家庭成员的。

《中华人民共和国治安管理处罚法》

第四十三条第一款　殴打他人的，或者故意伤害他人身体的，处五日以上十日以下拘留，并处二百元以上五百元以下罚款；情节较轻的，处五日以下拘留或者五百元以下罚款。

夫妻之间的权利大战

在家庭成员之间，丈夫和妻子，老人和儿童之间都存在着各种权利义务关系。中国自古有“男主外，女主内”的安排，西方亦有“父权制”的说法。总的来说，在传统社会，夫妻间的权利义务问题基本上没有争议，因为家庭中秩序井然，并无太多模糊空间。然而近代以来，传统的家庭秩序遭到瓦解，新的秩序还没有确立，夫妻关系、权力模式建构成为一个需要夫妻双方共同参与、共同努力去“做”、去“完成”的工作。人与人之间，乃至夫妻双方，经常会发生权利之战，甚至需要“逐鹿中原”以确定“霸权”。尽管是亲密的夫妻，彼此也会为了权利发生矛盾纠纷，甚至有的因此而反目。那么，已婚的你对夫妻之间的权利义务了解多少呢？你有没有遇到类似的困惑呢？

我国现行《婚姻法》中明确规定了夫妻之间的权利义务，即：夫妻有互相忠实的义务，夫妻有各自使用自己姓名的权利，夫妻双方都有参加生产、工作、学习和社会活动的自由、夫妻双方有平等的婚姻住所决定权，夫妻双方都有实行计划生育的义务，夫妻之间有相互扶养的权利和义务等。夫妻一方权利的行使需要另一方义务的履行为前提，如果对方不履行义务，那么另一方权利则无法行使了。

妻子有权拒绝丈夫的生育要求吗?

童某与黄某已结婚多年，婚后两人过得很幸福，童某的父母一直希望他们夫妻二人能尽快为自己生下孙子或孙女，并多次对他们提起过此事。可是妻子黄某一直不想生孩子。开始的时候丈夫童某没有放在心上，以为过几年黄某自己想通了就会要孩子，可是又过了多年，两人都已三十好几了黄某还是坚持不肯生育，童某多次与其谈及此事但黄某还是坚持自己的意见，根本不理会童某的想法。童某想知道妻子不肯生育是否侵犯了自己的生育权，她有权拒绝自己的生育要求吗?

分析：

我国《婚姻法》规定，按照我国法律的规定，夫妻在家庭中地位平等。生育是夫妻双方的事情，必须要有夫妻双方的意志和共同的参与，在实行计划生育的前提下，妊娠或中止妊娠由双方协商一致解决。但由于妇女自身的生理特点，妇女在我国处于弱势群体，以及妇女在生育中肩负着更加重要的作用，因此我国《妇女权益保障法》明确规定，女性享有生育自由和不生育的自由。对妇女给予特别的照顾，并对其享有的某些权利给予特殊的规定。

在本案中童某与黄某一样享有生育的权利。夫妻双方应该就生育问题进行协商。黄某的行为并没有侵犯童某的生育权，童某并不能强迫自己的妻子生育，因为生育是双方的事情。当遇到本案中的问题时即当夫妻双方就生育问题达不成一致意见时，应进行友好的协商。如果通过协商实在无法达成一致意见，当事人可以选择离婚的途径解决。

相关法条：

《中华人民共和国婚姻法》

第十三条　夫妻在家庭中地位平等。

《中华人民共和国妇女权益保障法》

第五十一条第一款　妇女有按照国家有关规定生育子女的权利，也有不生育的自由。

妻子宣扬丈夫性无能，是否侵犯隐私权？

贾某婚后与丈夫性生活很不和谐，在与“闺中密友”聊天时忍不住抱怨，并开玩笑说自己的丈夫陈某“那方面很不中用”。没想到贾某的“闺密”将此事又传给了其他人。没过多久，熟人差不多都知道陈某性无能。陈某感觉受到了伤害，要求与贾某离婚，同时以隐私权被侵犯为由要求贾某赔偿损失。贾某同意离婚，但觉得她是在与朋友说自己的事，没有侵犯陈某的隐私权。贾某侵犯了丈夫的隐私权吗？

分析：

隐私是公民生活中最为隐秘的地方，是当事人不愿意告诉别人或者不愿意公开的个人信息。而性生活是个人私事中最为核心的部分，是公民最大的隐私。我国最高人民法院《关于贯彻执行中华人民共和国民法通则若干问题的意见》规定，以书面、口头等形式宣扬他人的隐私，或者捏造事实公然丑化他人人格，以及用侮辱、诽谤等方式损害他人名誉，造成一定影响的，应当认定为侵害公民名誉权的行为。

本案中，贾某在跟朋友聊天时，透露丈夫陈某性无能的事实，此项隐私应为贾某与陈某所共同享有，贾某在宣扬自己隐私的同时，也宣扬了陈某的隐私，从而使得周围的人都知道了陈某性无能的事实，给陈某造成精神上的痛苦，侵犯了陈某的名誉权。我国最高人民法院《关于确定民事侵权精神损害赔偿责任若干问题的解释》规定，违反社会公共利益、社会公德侵害他人隐私或者其他人格利益，受害人以侵权为由向人民法院起诉请求赔偿精神损害的，人民法院应当依法予以受理。贾某向别人揭露陈某的隐私，宣扬他性无能的行为有违社会公德，并给他的身心造成了一定的影响，理应承担赔偿责任。

相关法条：

最高人民法院《关于确定民事侵权精神损害赔偿责任若干问题的解释》

第一条第二款　违反社会公共利益、社会公德侵害他人隐私或者其他人格利益，受害人以侵权为由向人民法院起诉请求赔偿精神损害的，人民法院应当依法予以受理。

最高人民法院《关于贯彻执行中华人民共和国民法通则若干问题的意见》

第一百四十条第一款　以书面、口头等形式宣扬他人的隐私，或者捏造事实公然丑化他人人格，以及用侮辱、诽谤等方式损害他人名誉，造成一定影响的，应当认定为侵害公民名誉权的行为。

丈夫能强迫妻子不要工作、在家赋闲吗?

高某是一个年轻有为的企业家，其妻子周某也是一位怀有抱负的职业女性。结婚后不久高某要求妻子周某不要出去工作，专心在家看孩子、料理家务，这样他才能一门心思发展自己的事业。而周某认为高某过于自私，不肯放弃自己的工作坚持要发展自己的职业道路，称自己工作也能照顾好家里的事情，况且现在男女平等，男主外女主内的生活方式已不是当下的主流。双方为此发生争执。高某可以要求妻子在家做“全职太太”吗?

分析：

我国《婚姻法》规定：“夫妻在家庭中地位平等。”此外本法第十五条规定：“夫妻双方都有参加生产、工作、学习和社会活动的自由，一方不得对他方加以限制或干涉。”

在本案中，妻子周某与高某在家庭中的地位平等，对于家庭中的事务应该由二人共同承担，特别是在当今，妇女已不像过去那样主要依靠丈夫养家，现在大多数女性都积极参与到工作中，而不是仅仅留在家中相夫教子。在我国每个人都有追求自己事业的权利。我国《宪法》第四十二条规定：“中华人民共和国公民有劳动的权利和义务。”劳动是每一位公民的权利。每一位公民都不能侵犯其他公民的劳动权，不能限制或干涉他人参加工作的权利。如果高某强迫妻子放弃工作专心在家里看孩子、料理家务，就会侵犯妻子周某的这些权利。所以，在本案中高某不能要求妻子放弃自己的工作而在家中做全职太太，因为法律规定妻子周某享有工作的权利。

相关法条：

《中华人民共和国宪法》

第四十二条　中华人民共和国公民有劳动的权利和义务。

国家通过各种途径，创造劳动就业条件，加强劳动保护，改善劳动条件，并在发展生产的基础上，提高劳动报酬和福利待遇。

劳动是一切有劳动能力的公民的光荣职责。国有企业和城乡集体经济组织的劳动者都应当以国家主人翁的态度对待自己的劳动。国家提倡社会主义劳动竞赛，奖励劳动模范和先进工作者。国家提倡公民从事义务劳动。

国家对就业前的公民进行必要的劳动就业训练。

《中华人民共和国婚姻法》

第十三条　夫妻在家庭中地位平等。

第十五条　夫妻双方都有参加生产、工作、学习和社会活动的自由，一方不得对他方加以限制或干涉。

婆媳婆媳，一对天敌

在这个世界上有一种几乎是所有女人都想维护好而又很难处理好的人际

关系，这就是婆媳关系。婆媳关系自古以来就很复杂。改革开放以来，妇女的地位不断升高，婆媳之间的矛盾也随之而升级。常言道：“家家有本难念的经”，其中一本就是“婆媳经”。那么究竟为什么婆媳关系这么难处呢？

首先，婆媳关系既不是婚姻关系，也不是血缘联系，而是以上面两种关系为中介结成的特殊关系，也就是《婚姻法》中所说的姻亲关系，这种关系既没有亲子关系的稳定性，也没有婚姻关系的密切性。

其次，由于都想拥有经济支配权而产生矛盾。婆婆们虽然年纪大了，却不想放弃在家庭中的经济支配权，不能接受完全由媳妇掌握家庭经济大权的事实。媳妇们很多也不肯让步，由此产生矛盾。

另外，由于婆婆和媳妇生活的年代不同，人生观、价值观必然不同，所以，两代人之间必然存在着矛盾和摩擦。如果这些矛盾和摩擦处理得好了，那么婆婆和媳妇各自“爱屋及乌”，其乐融融；如果处理得不好，双方除了吵闹就是冷暴力，给家庭生活带来很大的矛盾，其中受夹板气的是对双方都很重要的男人。

婆媳之间出现冷暴力怎么办？

小丽与丈夫小张结婚后一直与公婆同住，由于两代人之间的性格和处事方式的差异，小丽与婆婆关系始终不好，她们相互之间对彼此总是看不顺眼。在家里，常常是你做你的，我干我的，相互给彼此冷眼，还经常冷嘲热讽的挤兑对方。甚至有好几次，小丽和小张都是因为婆媳关系吵架，小丽也多次因为此事生气回娘家，甚至说要和小张离婚。丈夫小张夹在中间很是为难，他觉得妻子和母亲都不能得罪，他真不知道该如何是好。

分析：

在我国的法律体系中关于维护家庭关系的法律法规有很多，比如《婚姻法》、《妇女儿童权益保障法》、《老年人权益保护法》等。其中，《婚姻法》

中规定，家庭成员间应当敬老爱幼，互相帮助，维护平等、和睦、文明的婚姻家庭关系。男女双方结为夫妇后，对方的父母便成为自己法律关系上的父母。子女理应赡养、孝敬自己的父母，而父母理应在生活上帮助、关怀自己的子女。家庭关系的稳定是保障社会和谐的重要因素。

本案中，作为儿媳的小丽应该多多体谅年迈的婆婆，尊重婆婆的生活方式，婆婆也应该多多体谅儿媳，理解年轻人的处事方式。婆媳之间遇到矛盾的时候要及时沟通，而不是采取冷暴力的方式处理问题和矛盾，否则两人之间的分歧就会越积越深，家庭生活就会不和谐，长此以往，不仅婆媳关系受到影响，夫妻关系也会受到影响，甚至导致最后的离婚，使得家庭支离破碎。

相关法条：

《中华人民共和国婚姻法》

第四条　夫妻应当互相忠实，互相尊重；家庭成员间应当敬老爱幼，互相帮助，维护平等、和睦、文明的婚姻家庭关系。

不想和婆婆同住，触犯法律吗？

小美和小军恋爱多年，两人觉得是时候结婚了，于是开始筹备组建属于两人的小家。他们两人婚前就很多问题达成了共识，其中就包括婚后不与双方父母同住，以免两代人因为生活方式和习惯的不同带来不必要的分歧和矛盾。当小美和小军把他们的决定告诉小军的妈妈的时候，遭到了他妈妈的强烈反对。小军的妈妈认为这都是儿媳在背后怂恿自己儿子的结果，她认为儿子儿媳婚后必须要跟公公婆婆同住，相互之间也好有个照应，这是理所当然、天经地义的事情，否则就触犯了法律。如果儿子儿媳在婚后执意要搬出去住，他就去法院告他们不赡养老人、遗弃老人。小美和小军很是无奈，他们想知道：难道婚后不和老人同住还犯法吗？

分析：

我国的法律虽然对家庭关系作出了规定，但并没有强行规定子女在婚后必须要和父母同住，成年子女有选择如何生活的自由和权利，作为家长理应给予支持和理解。婚后是否与父母同住，子女可以和父母商量，这取决于两代人之间的生活理念是否一致，有些年轻人觉得自己的生活方式与父母不同，为了避免不必要的争吵，选择与父母分开住。一些客观环境也影响着人们的决定，很多年轻人因为没有自己的住房而选择与父母同住，也有很多年轻人有自己的住房，而选择独立生活。无论子女婚后是否与自己的父母同住，都不会改变双方在法律上的关系，即使是不与父母同住，婚后子女也依然要孝敬、赡养父母。不与父母同住也不意味着是对父母的遗弃，如果父母在生活上不能自理，子女就要考虑与父母同住，以便更好的照顾父母。

本案中，小美和小军决定婚后不与父母同住，并不触犯任何法律。小美和小军应该与父母好好沟通，跟他们讲明他们这样做的原因，让父母给予他们充分的理解和支持，并且让父母放心，即使是婚后不与父母同住，也一样会好好地孝敬他们，常回来看望他们。

相关法条：

《中华人民共和国婚姻法》

第二十一条　父母对子女有抚养教育的义务；子女对父母有赡养扶助的义务。

父母不履行抚养义务时，未成年的或不能独立生活的子女，有要求父母付给抚养费的权利。

子女不履行赡养义务时，无劳动能力的或生活困难的父母，有要求子女付给赡养费的权利。

禁止溺婴、弃婴和其他残害婴儿的行为。

婆媳之间签订协议没有第三方受法律保护吗?

楠楠的婆婆是个思想封建的家庭妇女，一向重男轻女，一心想要个大孙子好传宗接代，可是她的大儿子和二儿子婚后先后生的都是女孩。楠楠的婆婆很是生气，对孙女很是不待见，她把所有的希望都到放到了小儿媳楠楠身上。而楠楠夫妻俩觉得还年轻不着急生孩子，婆婆见事情不妙，找到儿媳楠楠，逼迫楠楠跟她签订协定。协议写明：楠楠必须在一年之内怀孕，并且必须给她生个孙子，楠楠夫妻的婚内共同财产交由婆婆管理直到楠楠生下男孩为止。两人签订协议时没有第三方在场，楠楠觉得很委屈又不知道这一协议是否受到法律保护。

分析：

根据我国民事法律的规定，协议是双方在自愿、平等、协商一致的基础上达成的共识，协议的内容必须不能违反法律的强制性规定，也不能违反社会公德。协议的有效与否，并不取决于有无第三方在场见证，只要协议的内容不违反法律的规定就可以。根据《婚姻法》的规定，夫妻的婚后共同财产由夫妻双方共同所有，而婚姻财产协定的双方是夫妻二人，根据协议的相对性，协议只规范夫妻双方，不必然对第三方产生法律效益。由此可见，婆媳之间是不能就夫妻之间的财产签订协议的。夫妻婚姻生活自由，不受别人的干涉，夫妻之间有自由的财产处理权和生育权，家长不应该无故干涉。

本案中楠楠的婆婆因为重男轻女，干预儿子儿媳的正常婚姻生活是对别人婚姻自由的侵犯，她胁迫楠楠签订的协议从形式和内容上都是不合法的，即使有第三方在场见证，也不合法，该协议不受法律的保护。当然，儿媳和婆婆作为独立的民事主体是可以签订民事协议的，但是必须符合法律的规定，内容应该合法，而不是签订一些违反法律强制规定的事项，此外还要做到自愿平等。

相关法条：

《中华人民共和国民法通则》

第四条 民事活动应当遵循自愿、公平、等价有偿、诚实信用的原则。

《中华人民共和国合同法》

第三条 合同当事人的法律地位平等，一方不得将自己的意志强加给另一方。

第七条 当事人订立、履行合同，应当遵守法律、行政法规，尊重社会公德，不得乱社会经济秩序，损害社会公共利益。

婆婆不让儿媳妇带孩子回娘家怎么办？

小王与丈夫小齐结婚 5 年，现有一个可爱的 3 岁儿子。平日里由于小齐夫妇工作繁忙，没有太多时间照看孩子，儿子从出生后，就跟着爷爷奶奶生活。小王的婆婆认为孩子的外公外婆也有义务帮忙照顾孩子，可是他们却从没有帮忙带过孩子，所以两亲家相处得并不和谐，小齐夫妇夹在中间很是为难。每到周末的时候儿媳妇小王都想带孩子回娘家看看，但是婆婆却极力阻止，她说孩子是她们老齐家的，她们家没份养。外公外婆想外孙心切，几次催促女儿把外孙带过来，小王真不知道怎么办。

分析：

根据《民法通则》的规定父母是未成年子女的法定监护人，监护人依法履行监护的权利，受到法律保护，他人无权干涉。根据《婚姻法》的规定，父母对子女有抚养教育的权利和义务，只要父母对孩子的监护教育是合法合理，有利于孩子健康成长的，即使是公公婆婆也没有权力干涉子女对下一代人的监护教育。此外，孩子不只是属于男方家庭的，孩子和外公外婆的关系和与爷爷奶奶的关系是一样的，公公婆婆没有权利阻止孩子到外婆家，也不能无故阻止外公外婆看望外孙。这样不仅影响两个家庭的和睦相处，更影响到孩子的健康发展。

本案中，婆婆不应该阻止儿媳带孩子回娘家，小王夫妇应该极力说服婆婆，让她明白她并没有权利这么做。应该让孩子跟自己的外公外婆沟通，让孩子懂得孝敬长辈，给孩子树立榜样。

相关法条：

《中华人民共和国婚姻法》

第二十三条　父母有保护和教育未成年子女的权利和义务。在未成年子女对国家、集体或他人造成损害时，父母有承担民事责任的义务。

《中华人民共和国民法通则》

第十六条第一款　未成年人的父母是未成年人的监护人。

第十八条第二款　监护人依法履行监护的权利，受法律保护。

丈夫意外去世，婆婆能继承多少遗产？

甲乙系夫妻，无子女。甲乙在结婚后用双方的存款购买了一套三居室的住房，并且在房产证上写了甲乙两个人的名字。后丈夫甲在一次车祸中不幸去世，妻子乙想自己处置这套房产，但是甲的母亲丙要求该房产分配给她一半。甲的父亲已经在10年前去世，婆婆丙继承遗产的要求是否合理？她又能分得多少甲的遗产？

分析：

我国《继承法》第十条规定遗产按照下列顺序继承：第一顺序：配偶、子女、父母。第二顺序：兄弟姐妹、祖父母、外祖父母。也就是说配偶和父母是同一顺序的继承人，具有平等的继承权。《婚姻法》第十七条还规定：“夫妻在婚姻关系存续期间所得的下列财产，归夫妻共同所有：（一）工资、奖金；（二）生产、经营的收益；（三）知识产权的收益；（四）继承或赠与所得的财产，但本法第十八条第三项规定的除外；（五）其他应当归共同所有的财产。夫妻对共同所有的财产，有平等的处理权。”由此可见，夫妻一方死亡的，先涉及夫妻共同财产的分割问题。即在分配遗产时要先从夫妻共同财产中分出属于另一方在共同财产中的一半财产，剩下的部分才能根据《婚姻法》和《继承法》规定作为遗产由法定继承人继承。

本案中，甲乙在婚后用两人的存款购买了一处房产，该房产属于甲乙夫妻的共同财产，甲和乙各拥有该房产一半的份额。甲死亡后，房产的一半份额为其遗产。根据我国《继承法》和《婚姻法》的规定，妻子乙有权继承甲的遗产，而婆婆丙作为甲的母亲也有权继承甲的遗产。在具体继承份额上，妻子应和婆婆丙平分甲的遗产，最终妻子乙将获得房产份额的四分之三，而婆婆丙将获得房产份额的四分之一。

相关法条：

《中华人民共和国继承法》

第十条 遗产按照下列顺序继承：

第一顺序：配偶、子女、父母。

第二顺序：兄弟姐妹、祖父母、外祖父母。

继承开始后，由第一顺序继承人继承，第二顺序继承人不继承。没有第一顺序继承人继承的，由第二顺序继承人继承。

《中华人民共和国婚姻法》

第十七条 夫妻在婚姻关系存续期间所得的下列财产，归夫妻共同所有：

（一）工资、奖金；

（二）生产、经营的收益；

（三）知识产权的收益；

（四）继承或赠与所得的财产，但本法第十八条第三项规定的除外；

（五）其他应当归共同所有的财产。

夫妻对共同所有的财产，有平等的处理权。

第二十四条　夫妻有相互继承遗产的权利。

父母和子女有相互继承遗产的权利。

“二奶”，一个回避不了的话题

在封建社会，我国实行一夫一妻多妾制，只要经济条件允许，都可以纳妾，妾下面还有通房丫头。我国封建社会，妇女没有社会地位，夫为妻纲，妇女的一切只能服从和依赖于丈夫，即使丈夫死了也不准改嫁，必须从一而终。而男子却可以三妻四妾，如皇帝有三宫六院，一般的达官贵人亦都妻妾成群。这种不合理的婚姻制度千百年来不知上演了多少人间悲剧；正因如此，新中国成立后，赋予妇女与男子同等的权利，实行一夫一妻制。

然而随着人民生活水平的提高，不知是祖先“饱暖思淫欲”遗训的应验，还是受西方风气的侵染，“二奶”作为一个具有特殊含义的名词出现了，甚至有的地方出现了“二奶村”。我国现在《婚姻法》明文规定一夫一妻制，权贵们就暗地包二奶。二奶们养尊处优，是某些权贵们消遣的私人花园。

包二奶对包养和被包养者而言也许是件好事，毕竟是各取所需，你情我愿。但二奶现象仍旧受到了很多人的谴责。二奶现象的社会危害也是显而易见的，比如容易导致社会不公，比如违背了社会公德，再比如，容易导致官员走向腐败。二奶现象违背了《婚姻法》关于“一夫一妻，夫妻相互忠诚”的规定。这类现象都无一例外地违背了社会公德。至少目前为止，社会公德对这类现象仍处于谴责状态。对于党员及国家公职人员而言，这类现象都无一例外地违背了党纪和行政纪律。

我国《婚姻法》规定我国实行婚姻自由、一夫一妻、男女平等的婚姻制度；有配偶者与他人同居，导致离婚的，无过错方有权请求损害赔偿。我国《民法通则》和《继承法》也明确规定了继承的顺序和范围，一般情况下，二奶是不可以继承遗产的。

"包二奶"犯法吗？

甲乙夫妻结婚已经10年并生有一子，虽然常常因日常生活琐事而争吵，但是二人的婚姻关系还是很稳定，生活得也比较幸福。可是最近丈夫常常不回家，对妻子也变得有些冷淡。经过调查妻子发现丈夫与一在校女大学生有不正常的男女关系，丈夫甚至将该女生包养起来。妻子对此非常生气，于是报了警。丈夫包养情人的行为是违法的吗？会受到制裁吗？

分析：

我国《婚姻法》规定，在我国实行一夫一妻制，禁止重婚。禁止有配偶者与他人同居。通常，"包二奶"是指有配偶的男性通过提供金钱等物质和利益，供养婚外异性并与之较为长期地保持两性关系的行为。"包二奶"不是一个法学概念，而是一个社会词语，因此对其认定是十分复杂的，法律上对此也没有明确的规定。比较相近的规定是禁止重婚，否则以重婚罪论处。但"包二奶"与重婚是不一样的，重婚的构成要件是两次确实的婚姻关系存在，"包二奶"并没有两次确实的婚期，显然，"包二奶"的认定要模糊得多。所以在现阶段，我们只能对"包二奶"的行为在道德上进行谴责。

为此对于本案中对于丈夫包养情人的行为，法律是不能给予制裁的，只有当其行为构成重婚时，法律才会进行惩罚。我国《刑法》规定，有配偶而重婚的，或者明知他人有配偶而与之结婚的，处二年以下有期徒刑或者拘役。

相关法条：

《中华人民共和国婚姻法》

第二条　实行婚姻自由、一夫一妻、男女平等的婚姻制度。保护妇女、儿童和老人的合法权益。实行计划生育。

第三条　禁止包办、买卖婚姻和其他干涉婚姻自由的行为。禁止借婚姻索取财物。禁止重婚。禁止有配偶者与他人同居。禁止家庭暴力。禁止家庭成员间的虐待和遗弃。

《中华人民共和国刑法》

第二百五十八条　有配偶而重婚的，或者明知他人有配偶而与之结婚的，处二年以下有期徒刑或者拘役。

男方“包二奶”，女方可以要求撤销婚姻吗?

郭某（女）与陈某（男）已经结婚多年，婚后两人的感情一直不是很好，常常会因一些小事而争吵。近半年来陈某因各种原因很少回家，郭某感觉陈某变化很大，经调查，妻子发现丈夫陈某在外面包养情人，郭某对陈某此种行为不能容忍，便向所属法院提请撤销婚姻的诉求，法院会支持该诉讼请求吗?

分析：

根据我国《婚姻法》的规定，因胁迫结婚的，受胁迫的一方可以向婚姻登记机关或人民法院请求撤销该婚姻。受胁迫的一方撤销婚姻的请求，应当自结婚登记之日起一年内提出。被非法限制人身自由的当事人请求撤销婚姻的，应当自恢复人身自由之日起一年内提出。此外，在我国通过法律途径解除婚姻有两种情形：一是离婚，一是撤销婚姻。离婚是合法婚姻关系的解除，而撤销婚姻则是对违法婚姻的否定。通过我国法律的规定来看可撤销婚姻的情况只有一种，就是夫妻一方是在受到胁迫的情况下结婚的，在结婚后向法院提请撤销婚姻的诉求，法院会予以支持的。除此之外，都不属于可撤销婚姻的范畴。本案中，甲乙两人在结婚时，不存在胁迫与被胁迫的情节，因此，法院是不会支持妻子撤销婚姻的诉求的。

相关法条：

《中华人民共和国婚姻法》

第十一条　因胁迫结婚的，受胁迫的一方可以向婚姻登记机关或人民法院请求撤销该婚姻。受胁迫的一方撤销婚姻的请求，应当自结婚登记之日起一年内提出。被非法限制人身自由的当事人请求撤销婚姻的，应当自恢复人身自由之日起一年内提出。

最高人民法院关于适用《中华人民共和国婚姻法》若干问题的解释（一）（婚姻法解释一）

第十条　婚姻法第十一条所称的“胁迫”，是指行为人以给另一方当事人或者其近亲属的生命、身体健康、名誉、财产等方面造成损害为要挟，迫使另一方当事人违背真实意愿结婚的情况。因受胁迫而请求撤销婚姻的，只能是受胁迫一方的婚姻关系当事人本人。

妻子偷拍丈夫与情人在一起的照片是否侵犯隐私权？

何某发现丈夫金某有外遇，为了找到有利于自己的证据，雇佣了自称是私人侦探的马某跟踪金某并搜集金某婚外情的资料。马某通过对金某的跟踪，偷拍到金某与一名年轻女子发生性行为的照片。何某拿到这些照片后决定到法院起诉要求离婚，并请求损害赔偿。在法庭上当何某出示这些证据时，金某宣称自己的隐私权受到了侵犯，要求何某承担责任。同时向法院提出，何某取得的证据是偷拍的，其来源不合法，因此不能作为有效证据。何某的行为侵犯了金某的隐私权吗？

分析：

我国《婚姻法》第三条第二款中规定："禁止有配偶者与他人同居。"此外本法第四条规定："夫妻应当互相忠实，互相尊重；家庭成员间应当敬老爱幼，互相帮助，维护平等、和睦、文明的婚姻家庭关系。"由此可见，金某与他人发生婚外情的做法是不正确的。

我国法律保护公民的隐私权，但其前提是该隐私内容应当是合法的。因为我国法律只保护合法利益，并不保护非法利益。因此，如果某一个内容或情况虽然为他人个人所有，并不愿他人知晓，但其实质上违反了法律规定，则并不能构成法律中所保护的隐私，隐私所有人也不能主张隐私权。

本案中，金某有配偶而与他人同居，违反了法律的规定，同时也是对夫妻互相忠实义务的背弃。而何某雇人跟踪金某及其情妇，并偷拍他们的行为属于维护自身合法权益的行为，并不构成对他们隐私权的侵犯。

相关法条：

《中华人民共和国婚姻法》

第二条　实行婚姻自由、一夫一妻、男女平等的婚姻制度。保护妇女、儿童和老人的合法权益。实行计划生育。

第三条　禁止包办、买卖婚姻和其他干涉婚姻自由的行为。禁止借婚姻索取财物。

禁止重婚。禁止有配偶者与他人同居。禁止家庭暴力。禁止家庭成员间的虐待和遗弃。

第四条　夫妻应当互相忠实，互相尊重；家庭成员间应当敬老爱幼，互相帮助，维护平等、和睦、文明的婚姻家庭关系。

妻子发现丈夫包养情妇，可以要求离婚吗？

蒋女士与严先生结婚多年，最近蒋女士发现丈夫严先生经常夜不归宿，经跟踪发现原来丈夫在外面包养了一个情妇，并为其在本市的某小区购买了一处住宅。在蒋女士的多次询问下严先生始终都不肯承认。盛怒之下蒋女士向严先生提出离婚，可是严先生却不同意。于是蒋女士向法院提起离婚诉讼，并要求严先生赔偿她一定的损失。法院会支持蒋女士的诉讼请求吗？

分析：

我国《婚姻法》第三十二条明确规定："男女一方要求离婚的，可由有关部门进行调解或直接向人民法院提出离婚诉讼。人民法院审理离婚案件，应当进行调解；如感情确已破裂，调解无效，应准予离婚。有下列情形之一，调解无效的，应准予离婚：（一）重婚或有配偶者与他人同居的。……"此外本法还规定："有下列情形之一，导致离婚的，无过错方有权请求损害赔偿：（一）重婚的；（二）有配偶者与他人同居的；（三）实施家庭暴力的；（四）虐待、遗弃家庭成员的。"因此在上述情况下无过错方请求离婚的，有权要求对方给予赔偿。本案中严先生在有配偶的情况下而与他人同居，是我国法律所不允许的，蒋女士可以据此向法院提起离婚诉讼，并且可以主张严先生进行损害赔偿。

相关法条：

《中华人民共和国婚姻法》

第三十二条　男女一方要求离婚的，可由有关部门进行调解或直接向人民法院提出离婚诉讼。

人民法院审理离婚案件，应当进行调解；如感情确已破裂，调解无效，应准予离婚。有下列情形之一，调解无效的，应准予离婚：

（一）重婚或有配偶者与他人同居的；

（二）实施家庭暴力或虐待、遗弃家庭成员的；

（三）有赌博、吸毒等恶习屡教不改的；

（四）因感情不和分居满二年的；

（五）其他导致夫妻感情破裂的情形。

第四十六条　有下列情形之一，导致离婚的，无过错方有权请求损害赔偿：

（一）重婚的；

（二）有配偶者与他人同居的；

（三）实施家庭暴力的；

（四）虐待、遗弃家庭成员的。

丈夫收到法院一审离婚判决书，可否立即与“小三”结婚？

丈夫王某与妻子张某结婚10年，由于双方性格不合，经常吵架。但两人为了孩子能健康成长，就一直忍耐着，维系着婚姻关系。后来，妻子张某发现丈夫王某有了外遇，经常夜不归宿。王某还甚至不顾及妻子和孩子的感受，经常带着他的情人出入各种公共场所。张某于是下定决心要与丈夫离婚。2012年3月1日，法院判决张某与王某离婚，并下达离婚判决书。谁知王某扬言3月3日是好日子要和情人去登记领证。刚收到法院的离婚判决就可以立即再婚吗？

分析：

根据《婚姻法》的规定，公民婚姻自由，这其中就包括结婚、离婚和再婚的自由，他人无权干涉。对于婚姻关系确已破裂的，并由一方向法院提起诉讼的，法院在调解后可以判决离婚。在离婚判决生效后，离婚双方可以选择再婚。此外，根据《民事诉讼法》的规定，我国的民事制度采取两审终审制，也就是说诉讼当事人对法院的一审判决不服的，可以在一审判决之后上诉二审法院，过了上诉期没有上诉的案件一审判决才会生效，否则经过二审判决才会生效。根据《民事诉讼法》第一百四十七条的规定，当事人不服地方人民法院第一审判决的，有权在判决书送达之日起十五日内向上一级人民法院提起上诉。十五天为上诉期，在这十五天里法院判决并没有生效。

本案中，一审法院于3月1日判决王某与张某离婚，只有经过15天的上诉期后离婚判决才会生效，所以在这十五天内妻子张某是可以上诉的，王某无权在上诉期内再婚，所以他不能在3月3日就和情人去登记领证。在这里需要说明的是，离婚案件上诉时，只能就子女抚养或者是财产问题进行上诉，而不能就离婚认定进行上诉。

相关法条：

《中华人民共和国民事诉讼法》

第一百四十七条　当事人不服地方人民法院第一审判决的，有权在判决书送达之日起十五日内向上一级人民法院提起上诉。

当事人不服地方人民法院第一审裁定的，有权在裁定书送达之日起十日内向上一级人民法院提起上诉。

《中华人民共和国婚姻法》

第三十二条　男女一方要求离婚的，可由有关部门进行调解或直接向人民法院提出离婚诉讼。人民法院审理离婚案件，应当进行调解；如感情确已破裂，调解无效，应准予离婚。

丈夫与他人同居，妻子可以采取什么措施维护权利？

柴女士与丈夫李先生在两个不同的城市工作。一次她利用出差的机会到丈夫工作的城市看望丈夫时，却意外发现丈夫已与另一个女子同居。柴女士气愤伤心之余，却不知道自己应该怎么办。

分析：

本案中，李先生属于有配偶者与他人同居的情形。根据法律的规定，面对此种情形，柴女士可以选择如下途径维护自己的权利：（1）请求离婚。有配偶者与他人同居是严重破坏一夫一妻制原则的违法行为，也是人民法院裁判准予离婚的法定理由，受害方可以据此向人民法院请求离婚。(2)请求赔偿。根据法律规定，因有配偶者与他人同居而导致离婚，无过错方可以向过错方请求损害赔偿。（3）请求解除同居关系。根据最高人民法院关于婚姻法的司法解释的规定，有配偶者与他人同居，当事人请求解除同居关系时，人民法院应当受理并依法予以解除。（4）请求追究行政责任。柴女士可以请求公安机关介入对李先生非法与他人姘居的行为进行行政制裁。

相关法条：

《中华人民共和国婚姻法》

第三条第二款　禁止重婚。禁止有配偶者与他人同居。禁止家庭暴力。禁止家庭成员间的虐待和遗弃。

第三十二条　男女一方要求离婚的，可由有关部门进行调解或直接向人民法院提出离婚诉讼。

人民法院审理离婚案件，应当进行调解；如感情确已破裂，调解无效，应准予离婚。有下列情形之一，调解无效的，应准予离婚：

（一）重婚或有配偶者与他人同居的；

（二）实施家庭暴力或虐待、遗弃家庭成员的；

（三）有赌博、吸毒等恶习屡教不改的；

（四）因感情不和分居满二年的；

（五）其他导致夫妻感情破裂的情形。

一方被宣告失踪，另一方提出离婚诉讼的，应准予离婚。

第四十六条　有下列情形之一，导致离婚的，无过错方有权请求损害赔偿：

（一）重婚的；

（二）有配偶者与他人同居的；

（三）实施家庭暴力的；

（四）虐待、遗弃家庭成员的。

《最高人民法院关于适用〈中华人民共和国婚姻法〉若干问题的解释(二)》

第一条第一款　当事人起诉请求解除同居关系的，人民法院不予受理。但当事人请求解除的同居关系，属于婚姻法第三条、第三十二条、第四十六条规定的“有配偶者与他人同居”的，人民法院应当受理并依法予以解除。

最高人民法院、最高人民检察院、公安部《关于重婚案件管辖问题的通知》

三、公安机关发现有配偶者与他人非法姘居的，应当则令其立即结束非法姘居，并拒绝悔过，屡教不改的，可交由其所在单位给予行政处分，或者由公安机关酌情予以治安处罚；情节恶劣的，交由劳动教养机关予以教养。

因丈夫有外遇而导致婚姻终结，妻子可以主张精神损害赔偿吗？

王女士与赵先生分别是两个公司的员工，2008 年因两公司的生意往来，二人相识并互生好感。在家人及朋友们的祝福下，两人于 2009 年走入了婚姻的殿堂，婚后两人生活得很幸福并于婚后第二年生下了一子。可是自从有了孩子之后，王女士发现丈夫赵先生经常以工作繁忙为借口不回家。王女士通过丈夫的同事得知，丈夫张先生与其单位新来的一位女同事产生了婚外恋。王女士一怒之下将丈夫告上了法庭，要求与丈夫离婚并且向其主张精神损害赔偿。

分析：

我国《婚姻法》第四十六条明确规定：“有下列情形之一，导致离婚的，无过错方有权请求损害赔偿：(一)重婚的；(二)有配偶者与他人同居的；(三)实施家庭暴力的；(四)虐待、遗弃家庭成员的。”此外《最高人民法院关于适用〈中华人民共和国婚姻法〉若干问题的解释（二）》第二十七条也规定：“当事人在婚姻登记机关办理离婚登记手续后，以婚姻法第四十六条规定为由向人民法院提出损害赔偿请求的，人民法院应当受理。但当事人在协议离婚时已经明确表示放弃该项请求，或者在办理离婚登记手续一年后提出的，不予支持。”据此可以得知，离婚后因上述原因无过错方向有过错一方提出精神损害赔偿是合理合法的。需要注意的是：当事人在协议离婚时已经明确表示放弃该项请求，或者在办理离婚登记手续一年后提出的，法院对该请求不再予以支持。

本案中张先生与王女士离婚是因张先生发生了婚外情，根据我国的法律规定，因此种原因而离婚的无过错方有权请求损害赔偿。王女士在提起离婚诉讼的同时就提出了精神损害赔偿的要求，没有超出法律所规定的时间。因此王女士的精神损害赔偿会得到法院的认可。

相关法条：

《中华人民共和国婚姻法》

第四十六条　有下列情形之一，导致离婚的，无过错方有权请求损害赔偿：（一）重婚的；（二）有配偶者与他人同居的；（三）实施家庭暴力的；（四）虐待、遗弃家庭成员的。

《最高人民法院关于适用〈中华人民共和国婚姻法〉若干问题的解释（二）》

第二十七条　当事人在婚姻登记机关办理离婚登记手续后，以婚姻法第四十六条规定为由向人民法院提出损害赔偿请求的，人民法院应当受理。但当事人在协议离婚时已经明确表示放弃该项请求，或者在办理离婚登记手续一年后提出的，不予支持。

先想尽办法，再说离婚的事

有人做过一些非正式的统计，离婚后的女人再婚，新家庭比前家庭幸福的，连50%都不到，很多人都后悔之前的鲁莽与冲动，还是感觉第一段婚姻更纯粹、更温情。但是自己已经没有心情和精力再折腾了，只能是过一天算一天！

因此，过日子的女人，若不是山穷水尽了，是不会轻易离婚的，前面柳暗花明的“村子”太少了。

也有过不少这样的案例，经过耐心地做工作，夫妻双方终于心平气和地坐到一起，摆事实，讲道理，一点一点回忆过去的美好时光，最终两个人冰释前嫌，原谅了对方的种种不是，并约定：以后无论哪一方犯错误，对方都不得用离婚两个字作为威胁！

当然，如果真走到了离婚这一步，一切矛盾还是依靠法律解决为好，咱们毕竟处在法治社会。

双方达成离婚协议后应当如何办理离婚手续？

金女士与陈先生是夫妻，二人因性格不合而决定离婚，并就财产分割、子女抚养问题达成协议。但是他们不知道此时是应该向法院提起离婚诉讼还是可以直接到婚姻登记机关办理离婚手续。

分析：

我国法律规定，诉讼并不是离婚的必经途径。男女双方自愿离婚的并就子女抚养及财产分割问题达成协议的，双方可以带上本人的户口簿、身份证、本人的结婚证以及双方当事人共同签署的离婚协议书直接到婚姻登记机关申请离婚。婚姻登记机关会对男女的离婚申请经过审查认为符合登记离婚条件，当场发给双方《离婚证》，注销结婚证。男女双方在取得《离婚证》后，夫妻关系彻底解除，没有任何的关系，但双方仍是孩子的父母，一方负责抚养孩子，另一方就应当按期支付一定数额的抚养费。

本案中金女士与陈先生就财产分割、子女抚养等离婚的相关事项达成了协议，所以二人可以直接到婚姻登记机关办理离婚手续。

相关法条：

《中华人民共和国婚姻法》

第三十一条　男女双方自愿离婚的，准予离婚。双方必须到婚姻登记机关申请离婚。婚姻登记机关查明双方确实是自愿并对子女和财产问题已有适当处理时，发给离婚证。

《婚姻登记管理条例》

第十条第一款　内地居民自愿离婚的，男女双方应当共同到一方当事人常住户口所在地的婚姻登记机关办理离婚登记。

第十一条　办理离婚登记的内地居民应当出具下列证件和证明材料：

(一) 本人的户口簿、身份证；

(二) 本人的结婚证；

(三) 双方当事人共同签署的离婚协议书。

……

离婚协议书应当载明双方当事人自愿离婚的意思表示以及对子女抚养、财产及债务处理等事项协商一致的意见。

第十三条　婚姻登记机关应当对离婚登记当事人出具的证件、证明材料进行审查并询问相关情况。对当事人确属自愿离婚，并已对子女抚养、财产、债务等问题达成一致处理意见的，应当当场予以登记，发给离婚证。

符合哪些情形，法院会判决离婚？

高某与柳某结婚多年，结婚后高某就经常在外酗酒要到很晚才回家，并且酒醉回到家后还总是打骂妻子柳某。柳某起初还是默默忍受并对丈夫百般迁就，认为丈夫会在自己及家人的苦心劝解下而有所改变。可是多年过去高某不但没有改变反而变本加厉。柳某不堪忍受遂要求与高某离婚，但高某不同意离婚，于是柳某到法院起诉请求离婚。针对这种情况法院会判决离婚吗？

分析：

在我国，夫妻离婚的当事人就离婚问题达成一致的可以直接到婚姻登记机关办理离婚登记，如果当事人就离婚问题没有达成一致的，则可向法院提起诉讼。我国《婚姻法》第三十二条规定了人民法院准予离婚的法定情形，其中包括：重婚或者有配偶者与他人同居的；实施家庭暴力或者虐待、遗弃家庭成员的；有赌博、吸毒等恶习屡教不改的；因为感情不和分居满二年的；其他导致夫妻感情确已破裂的情形以及一方被宣告失踪的。

本案中，高某与柳某就是否离婚没有达成一致，柳某可以向法院提起离婚诉讼。在本案中，丈夫高某经常在醉酒后殴打妻子柳某，这种行为可以被认定为我国婚姻法中所规定的实施家庭暴力，属于准予离婚的法定情形，所以当人民法院经调解无效时，应当判决离婚。这是符合我国法律规定的。即柳某的离婚诉讼请求会得到法院的认可。

相关法条：

《中华人民共和国婚姻法》

第三十二条　男女一方要求离婚的，可由有关部门进行调解或直接向人民法院提出离婚诉讼。

人民法院审理离婚案件，应当进行调解；如感情确已破裂，调解无效，应准予离婚。

有下列情形之一，调解无效的，应准予离婚：

（一）重婚或有配偶者与他人同居的；

（二）实施家庭暴力或虐待、遗弃家庭成员的；

（三）有赌博、吸毒等恶习屡教不改的；

（四）因感情不和分居满二年的；

（五）其他导致夫妻感情破裂的情形。

一方被宣告失踪，另一方提出离婚诉讼的，应准予离婚。

在离婚诉讼中，如何确定“夫妻感情确已破裂”？

张女士要与丈夫陈先生离婚，陈先生不愿离婚，二人诉至法院。张女士称与陈先生没有感情，二人属于感情确已破裂，法院应准予离婚。而陈先生则坚持二人之间还存在深厚的感情，不肯离婚。什么样才算“夫妻感情确已破裂”呢？

分析：

如何认定夫妻感情确已破裂，是诉讼离婚适用法律的关键。在司法实践中，认定夫妻感情是否确已破裂，应从婚姻基础、婚后感情、离婚原因、夫妻关系的现状和有无和好的可能等方面综合分析。如果确定夫妻感情确已破裂，经调解无效，人民法院应做出准予离婚的判决。具体哪些情况视为夫妻感情确已破裂，请参看下面相关法条部分，我们在此不再赘述。

相关法条：

《中华人民共和国婚姻法》

第三十二条第二款　人民法院审理离婚案件，应当进行调解；如感情确已破裂，调解无效，应准予离婚。

《关于人民法院审理离婚案件如何认定夫妻感情确已破裂的若干具体意

见》

人民法院审理离婚案件，准予或不准离婚应以夫妻感情是否破裂作为区分的界限。判断夫妻感情是否确已破裂，应当从婚姻基础、婚后感情、离婚原因、夫妻关系的现状和有无和好的可能等方面综合分析。根据婚姻法的有关规定和审判实践经验，凡属下列情形之一的，视为夫妻感情确已破裂。一方坚决要求离婚，经调解无效，可依法判决准予离婚。

1. 一方患有法定禁止结婚疾病的，或一方有生理缺陷，或其他原因不能发生性行为，且难以治愈的。

2. 婚前缺乏了解，草率结婚，婚后未建立起夫妻感情，难以共同生活的。

3. 婚前隐瞒了精神病，婚后经治不愈，或者婚前知道对方患有精神病而与其结婚，或一方在夫妻共同生活期间患精神病，久治不愈的。

4. 一方欺骗对方，或者在结婚登记时弄虚作假，骗取《结婚证》的。

5. 双方办理结婚登记后，未同居生活，无和好可能的。

6. 包办、买卖婚姻、婚后一方随即提出离婚，或者虽共同生活多年，但确未建立起夫妻感情的。

7. 因感情不和分居已满三年，确无和好可能的，或者经人民法院判决不准离婚后又分居满一年，互不履行夫妻义务的。

8. 一方与他人通奸、非法同居，经教育仍无悔改表现，无过错一方起诉离婚，或者过错方起诉离婚，对方不同意离婚，经批评教育，处分，或在人民法院判决不准离婚后，过错方又起诉离婚，确无和好可能的。

9. 一方重婚，对方提出离婚的。

10. 一方好逸恶劳、有赌博等恶习，不履行家庭义务、屡教不改，夫妻难以共同生活的。

11. 一方被依法判处长期徒刑，或其违法、犯罪行为严重伤害夫妻感情的。

12. 一方下落不明满二年，对方起诉离婚，经公告查找确无下落的。

13. 受对方的虐待、遗弃，或者受对方亲属虐待，或虐待对方亲属，经教育不改，另一方不谅解的。

14. 因其他原因导致夫妻感情确已破裂的。

夫妻只要分居满两年人民法院就会准予离婚吗？

祖先生因工作关系而与妻子赵女士两地分居已达两年之久，只有在公共节假日时两人才有机会小聚。长时间的分居使得两人的感情变得冷淡。最近，赵女士与本单位马某产生了感情，遂提出与丈夫祖某离婚，可是祖某不同意。她听人说，夫妻分居满两年即可确定属于“夫妻感情确已破裂”，法院会判决离婚。于是，赵女士向法院提起了离婚的诉讼的诉讼请求，法院会根据“夫妻感情破裂”判决祖先生与赵女士离婚吗？

分析：

根据我国《婚姻法》第三十二条规定，夫妻因感情不和分居满两年提出离婚的，人民法院应当进行调解；如感情确已破裂，调解无效，应准予离婚。但应当注意的是：本条法律规定中的夫妻分居满两年的原因应当是双方感情不和即二人因感情不和分居满两年的，而不应是因为工作、学习、户口、住房紧张等其他原因。在本案中祖先生与赵女士分居的原因并非感情不和而是工作原因，人民法院不能以此作为判断“感情确已破裂”的依据。也就是说，分居满两年不是离婚的绝对条件，不是说只要分居两年就是“夫妻感情确已破裂”，就一定准许离婚。退一步讲，即便是因为感情不和而分居两年，但仍然有和好的可能，夫妻感情没有完全破裂，人民法院也可以判决不准离婚。所以本案中法院是不会依据赵女士提出的两人已分居2年而认定两人的感情破裂而判决两人离婚的。

相关法条：

《中华人民共和国婚姻法》

第三十二条　男女一方要求离婚的，可由有关部门进行调解或直接向人民法院提出离婚诉讼。

人民法院审理离婚案件，应当进行调解；如感情确已破裂，调解无效，应准予离婚。

有下列情形之一，调解无效的，应准予离婚：

（一）重婚或有配偶者与他人同居的；

（二）实施家庭暴力或虐待、遗弃家庭成员的；

（三）有赌博、吸毒等恶习屡教不改的；

（四）因感情不和分居满二年的；

（五）其他导致夫妻感情破裂的情形。

一方被宣告失踪，另一方提出离婚诉讼的，应准予离婚。

女方怀孕期间是否有权向人民法院起诉要求离婚？

刘云大学毕业后在家人的介绍下认识了耿浩，二人相处一段时间后就在家人的操办下结了婚。婚后二人相处融洽，刘云感觉非常幸福。婚后第二年刘云怀孕了，耿浩及家人都非常高兴。刘云停止了工作在家安心养胎，某日刘云接到了一位陌生人的电话，这个陌生人是耿浩的前女友，她在电话里告诉了刘云，其与她丈夫一直保持着恋人的关系。事后刘云经调查确有此事，经过深思熟虑后刘云提出了离婚。问怀孕期间的刘云能否提起离婚诉讼？

分析：

我国《婚姻法》第三十四条明确规定：“女方在怀孕期间、分娩后一年内或中止妊娠后六个月内，男方不得提出离婚。女方提出离婚的，或人民法院认为确有必要受理男方离婚请求的，不在此限。”由此可见，在妇女怀孕期间，男方无特殊理由，不得提出离婚，而女方则没有限制条件，只要提出请求，人民法院均应受理。国家之所以作出这样的规定即女方在怀孕期间提出离婚的，人民法院应当受理，主要是出于对妇女权益的保护。

本案中耿浩在婚姻期间搞婚外情，严重伤害了妻子刘云，在此情况下如果提起离婚诉讼法院会考虑到刘云怀孕的情况。但是刘云坚持要离婚，法院也会依法受理其诉讼请求。

相关法条：

《中华人民共和国婚姻法》

第三十四条　女方在怀孕期间、分娩后一年内或中止妊娠后六个月内，男方不得提出离婚。女方提出离婚的，或人民法院认为确有必要受理男方离婚请求的，不在此限。

在女方怀孕期间，男方可以提出离婚吗？

范女士与刘先生结婚不久，婚后两人的感情很好。并且范女士对待刘先生的父母非常孝顺，一家人过得非常幸福。在结婚快一年的时候范女士怀上了小宝宝。可是在妻子范女士怀孕的期间，她的性情发生了很大的变化，她常常会对丈夫刘先生无理取闹，甚至常常会因情绪失控而对公公婆婆大喊大叫。时间久了刘先生实在不堪忍受妻子的行为，遂向人民法院提起离婚诉讼。刘先生的诉讼请求会得到法院的认可吗？即法院会判决准予离婚吗？

分析：

我国《婚姻法》规定："在女方怀孕期间、分娩后一年以内以及中止妊娠后六个月以内，男方不得提出离婚。女方提出离婚的，或人民法院认为确有必要受理男方离婚请求的，不在此限。"同时，只有当夫妻关系出现了我国《婚姻法》第三十二条规定的情形时，法院才会判决离婚。现实生活中，有很多女性在怀孕期间都会有情绪波动，甚至性情大变，这是正常的生理及心理反应，男方应多些耐心与呵护，不应因此提出离婚。

本案中，范女士的无理取闹并非出于本意，在一定程度上是因生理反应造成的。刘先生及其家人在范女士怀孕期间应该多多给予关怀和理解。法院是不会判决刘先生与范女士离婚的。

相关法条：

《中华人民共和国婚姻法》

第三十四条　女方在怀孕期间、分娩后一年内或中止妊娠后六个月内，男方不得提出离婚。女方提出离婚的，或人民法院认为确有必要受理男方离婚请求的，不在此限。

第三十二条　男女一方要求离婚的，可由有关部门进行调解或直接向人民法院提出离婚诉讼。

人民法院审理离婚案件，应当进行调解；如感情确已破裂，调解无效，应准予离婚。有下列情形之一，调解无效的，应准予离婚：

（一）重婚或有配偶者与他人同居的；

（二）实施家庭暴力或虐待、遗弃家庭成员的；

（三）有赌博、吸毒等恶习屡教不改的；

（四）因感情不和分居满二年的；

（五）其他导致夫妻感情破裂的情形。

一方被宣告失踪，另一方提出离婚诉讼的，应准予离婚。

妻子怀的孩子是他人的，丈夫在此期间能否提出离婚？

卢女士生下一子后不久，丈夫孙某便怀疑这个孩子是卢某与他人所生。后经 DNA 检测证实这个孩子确实不是孙某之子。在丈夫孙先生的追问之下，卢女士承认该子是她与同事因产生婚外恋所生。孙先生得知实情后非常气愤，盛怒之下他提出要与卢女士离婚。卢女士不同意离婚，她说按照法律规定，女方分娩后一年内男方是不得提出离婚的，如果孙先生要离婚也得等一年以后。卢女士的说法正确吗？

分析：

我国《婚姻法》规定："女方在怀孕期间、分娩后一年内或中止妊娠后六个月内，男方不得提出离婚。女方提出离婚的，或人民法院认为确有必要受理男方离婚请求的，不在此限。"原则上在女方怀孕期间、分娩后一年内或中止妊娠后六个月内男方不得提出离婚，但是法律还做了特殊情况下的例外规定，即"人民法院认为确有必要受理男方离婚请求的，不在此限"。也就是说，如果确有特殊情况，人民法院会受理男方的离婚请求。在司法实践中，如果存在以下几种情况，男方就可以在妻子怀孕期间提出离婚：（1）女方结婚后重婚或有配偶者与他人同居的，包括与他人发生性关系而导致怀孕的。（2）女方怀孕期间，分娩后一年内或中止妊娠后六个月内，男方的生命受到女方的威胁或者合法的权益遭到女方严重侵害的。（3）女方对婴儿有虐待、遗弃行为的。

本案中，因为卢某是因为婚外性行为而导致怀孕，自身有重大过错。此种情况属于法律所规定的"人民法院认为确有必要受理男方离婚请求的，不在此限"，她的丈夫孙某在此期间提出离婚，人民法院可以视情形予以受理，如调解无效，可准予离婚。

相关法条：

《中华人民共和国婚姻法》

第三十四条　女方在怀孕期间、分娩后一年内或中止妊娠后六个月内，男方不得提出离婚。女方提出离婚的，或人民法院认为确有必要受理男方离婚请求的，不在此限。

夫妻一方下落不明，另一方能否起诉离婚？

甲男与乙女是某渔村的村民，二人达到法定的结婚年龄时就在双方家长的操办下结了婚。婚后二人生活得非常拮据，日常的生活靠甲男为人打工挣来的有限工钱来支撑。为了改变生活现状，甲男决定与村里的渔民一起出海打渔，如果运气好一次出海就能赚到很多钱。可是甲男出海捕鱼一去不返，乙女的生活由此陷入了困境，于是乙女便想再婚。那么此种情况下，乙女可以直接向法院提出离婚请求吗？

分析：

我国《婚姻法》规定，一方被宣告失踪，另一方提出离婚诉讼的，应准予离婚。此外我国《最高人民法院关于适用〈中华人民共和国民事诉讼法〉若干问题的意见》第一百五十一条对此类问题有进一步的规定："夫妻一方下落不明，另一方诉至人民法院，只要求离婚，不申请宣告下落不明人失踪或死亡的案件，人民法院应当受理，对下落不明人用公告送达诉讼文书。"据此可知，如果夫妻一方下落不明，另一方有权不向法院申请宣告死亡或者失踪，而只起诉要求离婚。

具体到本案中，甲男出海打渔一去不返，下落不明，而乙女的生活陷入了困境，在此种情况下，乙女可不经宣告失踪或死亡而直接向法院提起离婚诉讼。

相关法条：

《最高人民法院关于适用〈中华人民共和国民事诉讼法〉若干问题的意见》

一百五十一条　夫妻一方下落不明，另一方诉至人民法院，只要求离婚，不申请宣告下落不明人失踪或死亡的案件，人民法院应当受理，对下落不明人用公告送达诉讼文书。

《中华人民共和国婚姻法》

第三十二条　男女一方要求离婚的，可由有关部门进行调解或直接向人民法院提出离婚诉讼。

人民法院审理离婚案件，应当进行调解；如感情确已破裂，调解无效，应准予离婚。有下列情形之一，调解无效的，应准予离婚：

（一）重婚或有配偶者与他人同居的；

（二）实施家庭暴力或虐待、遗弃家庭成员的；

（三）有赌博、吸毒等恶习屡教不改的；

（四）因感情不和分居满二年的；

（五）其他导致夫妻感情破裂的情形。

一方被宣告失踪，另一方提出离婚诉讼的，应准予离婚。

夫妻双方因生育权问题引发的纠纷可以请求法院判决离婚吗？

甲（男）与乙（女）2007 年 9 月结婚，结婚五年妻子李女一直没有怀孕，直到 2011 年 5 月，乙终于怀上了身孕。而乙因生育小孩会导致将来生活压力过大，不愿意要小孩。冲动之下，她一个人来到医院，做了流产手术。甲得知后异常愤怒，几年来甲一直想要一个小孩，但是一直没有遂愿，没想到妻子终于怀孕但却瞒着自己打掉了孩子。于是甲到法院起诉要求离婚。法院判决会支持甲吗？

分析：

我国《婚姻法解释（三）》第九条规定：“夫以妻擅自终止妊娠侵犯其生育权为由请求损害赔偿的，人民法院不予支持；夫妻双方因是否生育发生纠纷，致使感情确已破裂，一方请求离婚的，人民法院经调解无效，应依照婚姻法第三十二条第三款第(五)项的规定处理。”我国《婚姻法》第三十二条第三款规定：“有下列情形之一，调解无效的，应准予离婚：……(五)其他导致夫妻感情破裂的情形。”夫妻双方均享有生育权，即任何一方均可以主张要孩子或者不要孩子。特别是对于女方，是否生小孩，可能对其身体健康造成直接影响。因此如果夫妻就此问题达不成一致，可能导致夫妻感情破裂。一方可以据此提出离婚。

本案中，甲乙夫妻因生育问题引起纠纷，如果双方的感情确已破裂，那么根据婚姻法的规定，双方在协商未达成一致意见的情况下，可以请求法院判决离婚。

相关法条：

《最高人民法院关于适用〈中华人民共和国婚姻法〉若干问题的解释（三）》

第九条　夫以妻擅自中止妊娠侵犯其生育权为由请求损害赔偿的，人民法院不予支持；夫妻双方因是否生育发生纠纷，致使感情确已破裂，一方请求离婚的，人民法院经调解无效，应依照婚姻法第三十二条第三款第（五）项的规定处理。

《中华人民共和国婚姻法》

第三十二条　男女一方要求离婚的，可由有关部门进行调解或直接向人民法院提出离婚诉讼。

人民法院审理离婚案件，应当进行调解；如感情确已破裂，调解无效，应准予离婚。

有下列情形之一，调解无效的，应准予离婚：

（一）重婚或有配偶者与他人同居的；

（二）实施家庭暴力或虐待、遗弃家庭成员的；

（三）有赌博、吸毒等恶习屡教不改的；

（四）因感情不和分居满二年的；

（五）其他导致夫妻感情破裂的情形。

一方被宣告失踪，另一方提出离婚诉讼的，应准予离婚。

法院不判离婚，是否可以频繁起诉？

2010 年 5 月，陈某因不堪忍受丈夫胡某的家庭暴力，将胡某告上法庭，请求判决离婚。法院受理后不久，陈某因丈夫的恳切道歉而原谅了他，遂撤回起诉。两个月后，陈某发现丈夫江山易改，本性难移，于是又向法院提起诉讼，请求离婚，法院判决不准予离婚。之后，在很短的期间，陈某频繁地提起离婚诉讼，这样的行为可以吗？

分析：

在一个较短的时期内，离婚纠纷的当事人不能频繁地起诉。目前，我国离婚率居高不下，婚姻关系整体呈现一种不稳定的状态。法院对处理离婚诉讼的态度是严谨的，从不视为儿戏。但是，司法实践中，离婚又和解，和解又离婚的现象也是有的。反反复复之间，法院的工作量更加繁重。为了杜绝此类事件的发生，我国《民事诉讼法》规定，判决不准离婚与调解和好的离婚案件，没有新情况、新理由，原告在6个月内又起诉的，不予受理。

本案中，陈某因胡某的家庭暴力可以向法庭提出离婚的诉讼请求，这也符合我国的法律规定。但是陈某的频繁的反复的起诉行为是法律所不提倡的。陈某和胡某的离婚纠纷反复提及，简直成为一场闹剧。法院可以依法不予受理。如果陈某实在无法与丈夫一起生活，就在法院判决6个月后，再提起诉讼，法院会受理的。

相关法条：

《中华人民共和国婚姻法》

第三十二条第三款　有下列情形之一，调解无效的，应准予离婚：

（一）重婚或有配偶者与他人同居的；

（二）实施家庭暴力或虐待、遗弃家庭成员的；

（三）有赌博、吸毒等恶习屡教不改的；

（四）因感情不和分居满二年的；

（五）其他导致夫妻感情破裂的情形。

《中华人民共和国民事诉讼法》

第一百一十一条　人民法院对符合本法第一百零八条的起诉，必须受理；

对下列起诉，分别情形，予以处理：

（七）判决不准离婚和调解和好的离婚案件，判决、调解维持收养关系的案件，没有新情况、新理由，原告在六个月内又起诉的，不予受理。

夫妻一方被判刑，另一方能否要求离婚？

丈夫陈某因贪污罪被判入狱，妻子韩某怕丈夫的事情影响到年幼的孩子，因此，向法院提出离婚诉讼请求，希望结束与丈夫陈某的婚姻关系。韩某可以这样做吗？

分析：

韩某这样做是可以的。根据我国《婚姻法》的相关司法解释的规定，夫妻一方被依法判处长期徒刑（一般指 5 年以上），或者违法、犯罪行为严重伤害夫妻感情的，视为夫妻感情确已破裂，一方坚决要求离婚的，经调解无效，可依法判决准予离婚。

本案中，丈夫被判入狱，如果韩某的确无法原谅丈夫的罪行，感到内心经受巨大的折磨，夫妻关系确实不能再维持下去了，法院会考虑情况，作出合法合理的判决。

相关法条：

《中华人民共和国婚姻法》

第三十二条（第二款） 人民法院审理离婚案件，应当进行调解；如感情确已破裂，调解无效，应准予离婚。

《最高人民法院关于人民法院审理离婚案件如何认定夫妻感情确已破裂的若干具体意见》

人民法院审理离婚案件，准予或不准离婚应以夫妻感情是否确已破裂作为区分的界限。判断夫妻感情是否确已破裂，应当从婚姻基础、婚后感情、离婚原因、夫妻关系的现状和有无和好的可能等方面综合分析。根据婚姻法的有关规定和审判实践经验，凡属下列情形之一的，视为夫妻感情确已破裂。一方坚决要求离婚，经调解无效，可依法判决准予离婚。

……

第十一条　一方被依法判处长期徒刑，或其违法，犯罪行为严重伤害夫妻感情的。

丈夫嗜赌如命，妻子是否可以以此为由向法院起诉离婚？

孙先生与谢女士结婚已有 10 年之久，除了因孙先生好赌博二人时有争吵外，二人感情还算融洽。可是十年来孙先生嗜赌如命，先后输掉了家里的存款、谢女士的嫁妆等家里面所有值钱的东西。妻子谢女士实在无法忍受，因此而要求与之离婚。丈夫孙先生便作出保证，发誓再也不赌，但是转天又去赌博。一气之下谢女士向法院提起了离婚诉讼，丈夫孙先生认为他和妻子之间是有感情的，不能因为赌博就认定他与妻子之间的感情破裂。那么妻子是否可以以丈夫嗜赌如命为由起诉离婚呢？

分析：

我国《婚姻法》第三十二条规定：“男女一方要求离婚的，可由有关部门进行调解或直接向人民法院提出离婚诉讼。人民法院审理离婚案件，应当进行调解；如感情确已破裂，调解无效，应准予离婚。有下列情形之一，调解无效的，应准予离婚：……(三) 有赌博、吸毒等恶习屡教不改的。”此外最高人民法院印发的《关于人民法院审理离婚案件如何认定夫妻感情确已破裂的若干具体意见》中明确规定：“根据婚姻法的有关规定和审判实践经验，凡属下列情形之一的，视为夫妻感情确已破裂。一方坚决要求离婚，经调解无效，可依法判决准予离婚。……10. 一方好逸恶劳、有赌博等恶习，不履行家庭义务、屡教不改，夫妻难以共同生活的。”

本案中孙先生有赌博习惯，屡教不改，属于夫妻感情确已破裂的情形，另一方以此为由向法院起诉要求离婚的，法院应先行调解，如果调解无效，应当依法判决准予离婚。

相关法条：

第三十二条　男女一方要求离婚的，可由有关部门进行调解或直接向人民法院提出离婚诉讼。

人民法院审理离婚案件，应当进行调解；如感情确已破裂，调解无效，应准予离婚。

有下列情形之一，调解无效的，应准予离婚：

（一）重婚或有配偶者与他人同居的；

（二）实施家庭暴力或虐待、遗弃家庭成员的；

（三）有赌博、吸毒等恶习屡教不改的；

（四）因感情不和分居满二年的；

（五）其他导致夫妻感情破裂的情形。

一方被宣告失踪，另一方提出离婚诉讼的，应准予离婚。

《关于人民法院审理离婚案件如何认定夫妻感情确已破裂的若干具体意见》

人民法院审理离婚案件，准予或不准离婚应以夫妻感情是否确已破裂作为区分的界限。判断夫妻感情是否确已破裂，应当从婚姻基础、婚后感情、离婚原因、夫妻关系的现状和有无和好的可能等方面综合分析。根据婚姻法的有关规定和审判实践经验，凡属下列情形之一的，视为夫妻感情确已破裂。一方坚决要求离婚，经调解无效，可依法判决准予离婚。

……

一方好逸恶劳、有赌博等恶习，不履行家庭义务，屡教不改，夫妻难以共同生活的。

……

妻子发现丈夫患有不能治愈的精神病，是否可以请求离婚？

冯女士与刘先生在同一个工作单位工作，经同事介绍相识。二人在相处一段时间后就举办了婚礼。婚后冯女士发现丈夫刘先生经常无缘无故地发脾气，而且发起脾气的刘先生就像变了一个人。起初冯女士对此没有放在心上，只是认为刘先生是一个脾气暴躁的人。可是时间长了，冯女士发现事情并非她想象得那样简单。经多次的询问刘先生向其承认其患有精神病，并一直对其隐瞒。得知事情真相后，冯女士非常愤怒。一气之下向法院提起了离婚诉讼。面对这种情况，女方可以请求离婚吗？

分析：

我国《婚姻法》规定，夫妻感情破裂的，法院经调解无效应准予离婚。本案中刘先生婚前隐瞒了其患有精神病的事实，这无疑对女方造成了重大的伤害，面对这种情况，我国最高人民法院印发的《关于人民法院审理离婚案件如何认定夫妻感情确已破裂的若干具体意见》中规定："根据婚姻法的有关规定和审判实践经验，凡属下列情形之一的，视为夫妻感情确已破裂。一方坚决要求离婚，经调解无效，可依法判决准予离婚。……3. 婚前隐瞒了精神病，婚后经治不愈，或者婚前知道对方患有精神病而与其结婚，或一方在夫妻共同生活期间患精神病，久治不愈的。"所以冯女士可以以感情破裂为由向法院提起离婚诉讼。

相关法条：

《中华人民共和国婚姻法》

第三十二条

……

人民法院审理离婚案件，应当进行调解；如感情确已破裂，调解无效，应准予离婚。

有下列情形之一，调解无效的，应准予离婚：

（一）重婚或有配偶者与他人同居的；

（二）实施家庭暴力或虐待、遗弃家庭成员的；

（三）有赌博、吸毒等恶习屡教不改的；

（四）因感情不和分居满二年的；

（五）其他导致夫妻感情破裂的情形。

……

《人民法院审理离婚案件如何认定夫妻感情确已破裂的若干具体意见》

人民法院审理离婚案件，准予或不准离婚应以夫妻感情是否确已破裂作为区分的界限。判断夫妻感情是否确已破裂，应当从婚姻基础、婚后感情、离婚原因、夫妻关系的现状和有无和好的可能等方面综合分析。根据婚姻法的有关规定和审判实践经验，凡属下列情形之一的，视为夫妻感情确已破裂。一方坚决要求离婚，经调解无效，可依法判决准予离婚。

……

3. 婚前隐瞒了精神病，婚后经治不愈，或者婚前知道对方患有精神病而与其结婚，或一方在夫妻共同生活期间患精神病，久治不愈的。

……

家庭暴力，这还不离等什么?

家庭暴力，指的是家庭成员内部发生的虐待行为，包括殴打、辱骂、恐吓等行为。其中丈夫殴打妻子是比较常见的，即家暴往往是一方（主要是男性）为了维护自己在家庭中的权威地位而实施的。家暴的后果显而易见，夫妻反目，家庭破裂，严重的更会闹出打伤打死人的悲剧。更糟糕的是，在这种家庭环境下成长起来的孩子的身心都承受着很大的创伤，长时间的耳濡目染会给孩子带来很不好的影响，甚至影响到一生的幸福。

家庭暴力不仅仅局限于人身暴力和性暴力，还包括精神、情感和经济方面以及与嫁妆等因素有关的暴力。世界妇女大会《行动纲领》指出：对妇女的家庭暴力是指“在家庭中发生的身心和性方面的暴力行为，包括殴打、对家中女孩的性虐待、与嫁妆有关的暴力、配偶强奸、切割女性生殖器官和对妇女有害的其他传统习俗、非配偶的暴力行为以及与剥削有关的暴力行为”。我国对家庭暴力做出了如下解释：婚姻法所称的家庭暴力，是指行为人“以殴打、捆绑、残害、强制限制人身自由或者其他手段，给其家庭成员的身体、精神等方面造成一定伤害后果的行为。持续性、经常性的家庭暴力，构成虐待”。我国对家庭暴力的界定只相当于《纲领》中的身体暴力。

家庭暴力，一般都不会被外人所知晓（所谓家丑不可外扬），但其实它的发生率可能远比我们想象的要高。大部分受害者为了他们的家庭和怕别人笑话而选择忍气吞声，或者因为恐惧而不敢声张，但是正是这种忍耐客观上纵容了施暴者，使他们更加肆无忌惮。所以，不要再忍耐了，忍耐不可能使他认识到错误，对于家庭暴力，一定要运用法律武器保护自己！

丈夫经常对妻子实施家庭暴力，妻子可以到人民法院起诉离婚吗？

黄颖与耿明是相邻两个村的村民。二人高中毕业后经家人的介绍相识。相处一段时间后就在双方家长的操办下结了婚。婚后黄颖过得并不幸福，丈夫耿明脾气非常暴躁，稍有不顺心的事就对黄颖进行打骂。黄颖多次试图跑回娘家都被耿明阻拦住了并威胁说如果她敢向娘家人诉苦就打断她的腿。忍无可忍的黄颖跑到了法院提起离婚诉讼。法院会支持黄颖的请求吗？

分析：

我国《婚姻法》第三十二条中规定："人民法院审理离婚案件，应当进行调解；如感情确已破裂，调解无效，应准予离婚。有下列情形之一，调解无效的，应准予离婚：……(二)实施家庭暴力或虐待、遗弃家庭成员的。"此外我国《最高人民法院关于适用〈中华人民共和国婚姻法〉若干问题的解释（一）》第一条的规定："婚姻法第三条、第三十二条、第四十三条、第四十五条、第四十六条所称的"家庭暴力"，是指行为人以殴打、捆绑、残害、强行限制人身自由或者其他手段，给其家庭成员的身体、精神等方面造成一定伤害后果的行为。持续性、经常性的家庭暴力，构成虐待。"

本案中耿明经常对黄颖进行殴打，是实施家庭暴力的行为。根据我国法律的规定，女方有权依法向人民法院起诉要求离婚，人民法院审理离婚案件，应当先进行调解，调解无效的，应当认定夫妻感情确已破裂，判决离婚。

相关法条：

《中华人民共和国婚姻法》

第三十二条　男女一方要求离婚的，可由有关部门进行调解或直接向人民法院提出离婚诉讼。

人民法院审理离婚案件，应当进行调解；如感情确已破裂，调解无效，应准予离婚。

有下列情形之一，调解无效的，应准予离婚：

……

（二）实施家庭暴力或虐待、遗弃家庭成员的；

……

《最高人民法院关于适用〈中华人民共和国婚姻法〉若干问题的解释(一)》

第一条　婚姻法第三条、第三十二条、第四十三条、第四十五条、第四十六条所称的“家庭暴力”，是指行为人以殴打、捆绑、残害、强行限制人身自由或者其他手段，给其家庭成员的身体、精神等方面造成一定伤害后果的行为。持续性、经常性的家庭暴力，构成虐待。

丈夫经常虐待妻子，妻子能否向法院起诉要求离婚的同时还要求损害赔偿？

张先生是一个心眼特别小而且脾气特别古怪的人，在工作单位中常常会与同事闹别扭。在工作中遇到不顺的事回到家中就把气撒在妻子王女士身上，对其进行打骂，有的时候还会把她绑起来连着几天不让她吃饭。起初王女士一直忍受，可是最近她已经怀上了孩子，但是丈夫王先生还像以前一样稍有不顺心的事就虐待她。对此妻子王女士实在无法忍受了就向法院提起了离婚诉讼，并要求丈夫张先生对自己进行损害赔偿。对于王女士提出的损害赔偿法院会予以支持吗？

分析：

我国《婚姻法》第四十六条明确规定：“有下列情形之一，导致离婚的，无过错方有权请求损害赔偿：(一)重婚的；(二)有配偶者与他人同居的；(三)实施家庭暴力的；(四)虐待、遗弃家庭成员的。”我们知道如果结婚后男方经常虐待女方，那么女方有权向法院起诉要求离婚。法律规定此种情形下，女方要求离婚的同时还可以要求男方给予损害赔偿。法律之所以这样规定是为了更好地保护女方的人身权益。

本案中张先生的行为已经构成了家庭暴力，对妻子王女士的身体和心理均造成了伤害。对此根据我国法律的规定张女士不仅有权提起离婚诉讼，还有权要求丈夫张先生进行损害赔偿。所以王女士损害赔偿的诉讼请求会得到法院的支持。

相关法条：

《中华人民共和国婚姻法》

第四十六条　有下列情形之一，导致离婚的，无过错方有权请求损害赔偿：

（一）重婚的；

（二）有配偶者与他人同居的；

（三）实施家庭暴力的；

（四）虐待、遗弃家庭成员的。

军婚家庭，特殊对待

保护军婚是我国的重要法律制度。军人职业的特点是高度的团体组织纪律性、特殊专业性与危险性，因此必须男女分离。加之军人多有戍边的义务，而在战时更是处于战地，长期两地分居是军婚的一般特征。在抽取了同居这一婚姻关系自然维持的基础以后，唯有在法律上自外在强行维系才能弥补军婚较普通婚姻欠缺的稳定性。军人多驻守边疆、海岛等艰苦闭塞之地，而配偶更可能身处美妙的花花世界，与“第三者”接触的机会更多等。因此，我国法律一直保护军婚。

抗日战争时期，为稳定军心、鼓励前方将士英勇杀敌，抗日根据地政权实行了一系列优待抗属和保护军婚的法令条例。从法制上保护军人将士婚姻、鼓励杀敌救国。新中国成立后，为巩固国防、保持部队的稳定，国家仍然采取保护军人婚姻的态度，先后颁布了第一、二、三部《婚姻法》和《军队贯彻实施〈中华人民共和国婚姻法〉若干问题的规定》等，从制度上保障军人利益。

现役军人的配偶能单方面要求离婚吗？

薛某是解放军某部少校军官，2010 年 8 月其与相恋很久的吴某走入了婚姻的殿堂。婚后不久，薛某调驻西藏。一年后，吴某打电话给薛某告知她要与薛某离婚。薛某不同意，吴某遂到法院起诉。法院会支持吴某的诉讼请求吗？

分析：

我国《婚姻法》明确规定，如果现役军人没有重大过错，其配偶要求离婚，须得军人同意。所谓“现役军人”是指具有军籍的，正在人民解放军或者人民武装警察部队服役的男女军人。所谓“离婚必须得到军人同意”，仅适用于非军人一方向现役军人一方提出离婚的情况。如果是现役军人一方向非军人一方提出离婚，或者是双方都是现役军人的离婚，应当按照一般的离婚案件处理。 此外，《最高人民法院关于适用〈中华人民共和国婚姻法〉若干问题的解释（一）》规定，婚姻法第三十三条所称的“军人一方有重大过错”，可以依据婚姻法第三十二条第三款前三项规定及军人有其他重大过错导致夫妻感情破裂的情形予以判断。“军人一方有重大过错”，主要包括以下内容：一是军人一方重婚或者与他人同居；二是军人一方实施家庭暴力或者虐待、遗弃家庭成员；三是军人一方有赌博、吸毒等恶习屡教不改。本案中，除非吴某有证据证明薛某有上述重大过错，否则法院不会支持其离婚请求。

相关法条：

《中华人民共和国婚姻法》

第三十三条　现役军人的配偶要求离婚，须得军人同意，但军人一方有重大过错的除外。

第三十二条第三款　有下列情形之一，调解无效的，应准予离婚：

（一）重婚或有配偶者与他人同居的；

（二）实施家庭暴力或虐待、遗弃家庭成员的；

（三）有赌博、吸毒等恶习屡教不改的；

……

《最高人民法院关于适用〈中华人民共和国婚姻法〉若干问题的解释(一)》

第二十三条　婚姻法第三十三条所称的“军人一方有重大过错”，可以依据婚姻法第三十二条第三款前三项规定及军人有其他重大过错导致夫妻感情破裂的情形予以判断。

第三章

未成年子女，由不得你说了算！

人们有了婚姻，也会有婚姻的结晶。那就是诞下自己的子女，即生儿育女，可能是一个，也可能是多个。他们感受着儿女从诞生到长大的经过。感受儿女的纯洁，感知儿女的天真，让儿女从小到大，接受启蒙教育。他们把父母的千恩百爱投入到儿女身上，用无限的爱意，倍加地呵护，无微不至地关爱，让自己的“心头之肉”健康地成长，学会吃喝，学会走路，学会言语，学会交流，学会沟通，直至长大，走进学校，走向独立。从幼儿园的载歌载舞、追逐、嬉戏、玩耍、打闹到学会与人和睦相处，共同品尝为人父母的滋味。儿女们在表扬声中长大，在教育中学会知识，在理解中学会为人处世。为人父母后，让儿女们走过幼儿园，走过小学，走过中学，走过大学，甚至拿下更高的硕士、博士研究生学位，直至儿女们开始步入自己的婚姻。这将是人生的一个滋味杂陈的征途，需要慢慢地品尝，需要慢慢地咀嚼，需要慢慢地消化。

孩子，是夫妻爱情的结晶，双方都对孩子倾注了许多心血和感情。父母总是希望能够为孩子做更多的事情，然而孩子作为一个独立的人，尽管心智发展还不成熟，但也有自己的需求和对各种事物的见解，有不同于成年人的观念和行为，对父母所说、所做的一切有积极或消极应对的能力。他们对父母不符合自己意愿或自身特点的要求、批评进行辩解、抵触是在极力争取行使决定自己事情的权力。

孩子不是私有物

父母常常把孩子当成私有财产，把孩子当成是自己生命的下一段延续。家长往往认为孩子是要继承父母的意愿，弥补父母生命中的遗憾的。因此，父母对孩子有非常多不合理的期望，于是父母管得太多，安排太多，甚至开始安排他的终身，这会使孩子失去一定的自由，产生逆反心理。

在现实生活中，父母离婚的事情太多了。离婚，对离婚的双方来说，是一种互相解脱；但对孩子来说，无疑是种近乎天空那样重要的东西破裂了。父母离异，使孩子不得不生活在一个不健全的家庭里，这已经给孩子心里投下一层厚厚的阴影，而一些感情走向破裂的夫妻，往往出于自己的某种需要，比如再婚，则更加重了对孩子的伤害。父母离婚后，孩子只能选择与一方共同生活，相对于家庭完整的孩子，已经少了父爱或者是母爱，然而，由于离婚的夫妻之间多存在着怨恨，他们往往会利用孩子来报复对方，有的离婚后抚养孩子的一方不让对方探视孩子，甚至有的家长在离婚后给孩子改名换姓，以此表示与对方决裂，因为在父母心中，孩子就是他们的私有财产。

离婚后，抚养孩子的一方阻挠对方探视孩子怎么办？

齐女士因发现丈夫高先生有外遇而与其离婚，6岁的儿子判归齐女士抚养。齐女士经常告诉儿子，爸爸是个坏蛋，以后都不要理爸爸，并千方百计地阻挠高先生探望儿子。高先生非常思念儿子，他应该怎么办呢？

分析：

我国《婚姻法》规定："离婚后，不直接抚养子女的父或母，有探望子女的权利，另一方有协助的义务。行使探望权利的方式、时间由当事人协议；协议不成时，由人民法院判决。父或母探望子女，不利于子女身心健康的，由人民法院依法中止探望的权利；中止的事由消失后，应当恢复探望的权利。"探视权是离婚后不直接抚养子女的父或母依法享有的一项权利，除了由人民法院依法中止探望权外，其他任何人、单位或组织都不能非法阻止探望权的行使。

本案中，齐女士阻挠高先生行使探视权的做法是不正确的，如果齐女士执意不肯让高先生行使探望权，高先生可以向法院申请强制执行，也就是对齐女士采取罚款、拘留等强制措施。

相关法条：

《中华人民共和国婚姻法》

第三十八条　离婚后，不直接抚养子女的父或母，有探望子女的权利，另一方有协助的义务。

行使探望权利的方式、时间由当事人协议；协议不成时，由人民法院判决。

父或母探望子女，不利于子女身心健康的，由人民法院依法中止探望的权利；中止的事由消失后，应当恢复探望的权利。

第四十八条　对拒不执行有关扶养费、抚养费、赡养费、财产分割、遗产继承、探望子女等判决或裁定的，由人民法院依法强制执行。有关个人和单位应负协助执行的责任。

《最高人民法院关于适用〈中华人民共和国婚姻法〉若干问题的解释(一)》

第三十二条　婚姻法第四十八条关于对拒不执行有关探望子女等判决和裁定的，由人民法院依法强制执行的规定，是指对拒不履行协助另一方行使探望权的有关个人和单位采取拘留、罚款等强制措施，不能对子女的人身、探望行为进行强制执行。

夫妻离婚后，一方能否不让另一方见孩子？

刘某和赵某离婚后，妻子赵某取得了孩子的抚养权。离婚后不久，赵某与朋友姜某互生好感，并且姜某对赵某的孩子非常好。于是赵某决定嫁给姜某。婚后为了能够让两岁的孩子与姜某建立更深厚的父子感情，赵某便千方百计地阻挠孩子的亲生父亲刘某探望孩子。为此二人多次发生争执。无奈之下刘某向法院提起了诉讼请求，法院会对刘某探望孩子的请求予以支持吗？

分析：

我国《婚姻法》规定，离婚后，不直接抚养子女的父或母，有探望子女的权利，另一方有协助的义务。行使探望权利的方式、时间由当事人协议；协议不成时，由人民法院判决。父或母探望子女，不利于子女身心健康的，由人民法院依法中止探望的权利；中止的事由消失后，应当恢复探望的权利。

本案中赵某不能阻止孩子的亲生父亲刘某见孩子。在我国法律的规定中，除了子女被其他人合法收养外，否则，父母与子女的关系不会改变。刘某与赵某离婚了，但是，刘某与孩子的父子关系不会随着婚姻关系的结束而结束。作为孩子的父亲，刘某当然有权探望孩子，这是法律赋予刘某的权利，任何人不能剥夺这个权利。如果刘某的探望给孩子带来不利的影响，赵某也需要向法院提出中止刘某探望的申请，不能私自阻挠刘某与孩子会面。

相关法条：

《中华人民共和国婚姻法》

第三十八条　离婚后，不直接抚养子女的父或母，有探望子女的权利，另一方有协助的义务。

行使探望权利的方式、时间由当事人协议；协议不成时，由人民法院判决。

父或母探望子女，不利于子女身心健康的，由人民法院依法中止探望的权利；中止的事由消失后，应当恢复探望的权利。

离婚后，抚养孩子一方有权给孩子改姓吗？

申某与丈夫蔡某结婚多年并生有一子，可是蔡某不务正业，游手好闲。申某忍无可忍遂向法院提起离婚诉讼。法院支持了申某的离婚诉讼请求并将孩子判给了她，由她来抚养。申某在与丈夫蔡某离婚后不久与余某再婚，在余某的一再要求下申某将孩子的姓氏由“蔡”改成了“余”，使孩子随了继父的姓。可是此事申某一直没有通知蔡某。蔡某在日后得知道此事后非常生气，于是找到申某要求将孩子的姓氏改过来，可是申某对蔡某的要求不加理睬。蔡某一气之下向法院提起诉讼，要求恢复孩子的姓氏。法院会支持蔡某的诉讼请求吗？

分析：

蔡某的诉求会得到法院的支持。我国《婚姻法》规定：“孩子既可以随父姓，也可以随母姓。”此外我国《最高人民法院关于人民法院审理离婚案件处理子女抚养问题的若干具体意见》第十九条规定：“父母不得因子女变更姓氏而拒付子女抚育费。父或母一方擅自将子女姓氏改为继母或继父姓氏而引起纠纷的，应责令恢复原姓氏。”

本案中申某未经前夫蔡某的同意而将其孩子的姓氏改成了继父的姓氏违反了我国的法律规定。我国允许孩子可以随父姓也可以随母姓，但是任何一方不能随意改变孩子的姓氏。在离婚后一方擅自将子女的姓氏改为继母或者继父的姓氏而引起纠纷时，应该让孩子恢复原姓，这是我国法律明文规定的。本案中，申某未经前夫同意擅自变更孩子的姓氏，在其前夫反对的情况下，应该让孩子恢复原姓。

相关法条：

《中华人民共和国婚姻法》

第二十二条 子女可以随父姓，可以随母姓。

《最高人民法院关于人民法院审理离婚案件处理子女抚养问题的若干具体意见》

第十九条 父母不得因子女变更姓氏而拒付子女抚育费。父或母一方擅自将子女姓氏改为继母或继父姓氏而引起纠纷的，应责令恢复原姓氏。

伤害，以爱的名义！

教育孩子，人们往往犯两种错误。一是过分溺爱，家长有一种“顶在头上怕摔，捧在手上怕冻，含在口里怕化”的心理，孩子想要什么就可以得到什么，想做什么总是有人帮忙，什么都是无所谓的状态，给孩子“唯我独尊”的家庭环境，致使相当一部分孩子形成自私、任性、懒惰、贪图享受的不良品行。孩子的要求一旦得不到满足，便要使性子、生闷气。俗话说“宠儿多不幸，娇儿难成才”，每个家长都应该具备科学的家教知识。另一种家长正好相反，他们知道溺爱会害了孩子，因此坚信“棍棒底下出人才”，对于孩子要求严苛，一旦犯错，就实行各种方式的体罚，希望通过这种方式杜绝孩子再犯错误。殊不知，一些经常受到体罚的孩子，慑于父母的压力，学会了“察言观色、见风使舵”的不良习惯。为了掩盖自己的过错，慢慢地学会了撒谎。

需要说明的一点是，孩子的任何问题都与他所成长和受教育的环境有关。所以，每一位父母在面对一个“问题孩子”的时候，都应该认真地自我检讨。父母在孩子的精神世界里除了是父母之外，还是老师，甚至是“兄长”、“姐妹”、“朋友”，多重关系不仅让孩子感觉受到了尊重，还能够体会到心与心的和谐交融。

众所周知，家庭是社会的小单元，是组成社会的最小元素，也是人们出生后最先接触到的环境，也是对人的成长影响最早、持续时间最长的地方。父母面对孩子的过错要有充分的心理准备。既要有爱心，又要有耐心，尊重孩子，理解孩子，充分赢得孩子的信任，与孩子之间形成良好的朋友关系。同时，要让孩子认识到所犯错误的危害和原因，给孩子申辩和阐明自己观念的机会。如此，孩子一旦认识到自己的错误便会顺从和接受父母的批评和帮助，也能体会到父母的关爱和家庭的温暖。

父母有权随意处分孩子的存款吗？

小娜 5 岁时父母离异，她与母亲一起生活，父亲每月给小娜一定的生活费，并将一笔 3 万元的存款以小娜的名义存入银行以备女儿急需。而母亲生活并不宽裕，因此不时的从小娜的账户中取一些钱周济生活。小娜非常喜欢钢琴，希望母亲能为自己购买一台。但是母亲实在不能拿出这笔钱，于是小娜的母亲找到其前夫希望由他来出这笔钱。当前夫得知自己给女儿存的 3 万元被挪作生活费时非常生气，要求其尽快归还给女儿的存款。小娜的母亲可以将小娜的存款支付生活费吗？

分析：

小娜的母亲无权随意处理小娜的存款。我国《民法通则》规定：“父母为未成年人的当然法定监护人。”未成年人的父母是未成年人的监护人，监护人应当履行监护职责，保护被监护人的人身、财产及其他合法权益，除了被监护人的利益外，不得处理被监护人的财产。本法第十八条规定：“监护人应当履行监护职责，保护被监护人的人身、财产及其他合法权益，除为被监护人的利益外，不得处理被监护人的财产。监护人依法履行监护的权利，受法律保护。”监护人不履行监护职责或者侵害被监护人的合法权益的，应当承担责任；给被监护人造成财产损失的，应当赔偿损失。人民法院可以根据有关人员或者有关单位的申请，撤销监护人的资格。

本案中，小娜父亲的法定监护人身份不受婚姻关系的影响，对小娜一样具有监护权。小娜的父亲给小娜的3万元钱是小娜的财产，其母亲只能代其保管而不能私自使用。小娜的母亲擅自支取小娜存款的行为是违反法律规定的，此行为不仅侵害了小娜的合法权益，也侵犯了前夫的监护权，所以她应该归还前夫为小娜准备的存款。

相关法条：

《中华人民共和国民法通则》

第十六条第一款　父母为未成年人的当然法定监护人。

第十八条　监护人应当履行监护职责，保护被监护人的人身、财产及其他合法权益，除为被监护人的利益外，不得处理被监护人的财产。

监护人依法履行监护的权利，受法律保护。

监护人不履行监护职责或者侵害被监护人的合法权益的，应当承担责任；给被监护人造成财产损失的，应当赔偿损失。人民法院可以根据有关人员或者有关单位的申请，撤销监护人的资格。

孩子不听话，家长可以罚跪吗？

小龙是家中的独子。由于父母工作忙，他从小跟着爷爷奶奶一起生活，平日里爷爷奶奶把他当做心肝宝贝一样宠着，这使得小龙比一般的孩子更为养尊处优，任性固执。小龙升入中学后，父母觉得他越来越叛逆，便把他接回家中。父母要求小龙自己照料自己的起居，可是小龙却很不听话，把自己的房间搞得一团糟，并且因为在学校里跟人打架，父母几次被老师请到学校谈话。他爸爸对此非常生气，就让他在客厅罚跪。对于这样不听话的孩子，家长能罚跪吗？

分析：

为了保护未成年人的身心健康，保障未成年人的合法权益，促进未成年人在品德、智力、体质等方面全面发展，培养有理想、有道德、有文化、有纪律的社会主义建设者和接班人，我们国家制定了《未成年人保护法》，专门为保护未成年人的合法利益提供依据。未成年人的身心比较脆弱，经不起肉体和心灵上的伤害，根据《未成年人保护法》第十条的规定，父母或者其他监护人应当创造良好、和睦的家庭环境，依法履行对未成年人的监护职责和抚养义务。禁止对未成年人实施家庭暴力，禁止虐待、遗弃未成年人等行为。

本案中，爸爸对儿子罚跪无疑是一种严重的体罚，对于在叛逆期的孩子，父母应该多一点耐心，以健康的思想、良好的品行和适当的方法教育和影响未成年人，而不能一味采取体罚的手段，这样不仅不能达到教育的效果，相反还可能严重影响孩子的身体发育和心灵健康。此外，如果体罚过度，还有可能构成家庭暴力，那就是违法的了。

相关法条：

《中华人民共和国未成年人保护法》

第十条　父母或者其他监护人应当创造良好、和睦的家庭环境，依法履行对未成年人的监护职责和抚养义务。

禁止对未成年人实施家庭暴力，禁止虐待、遗弃未成年人，禁止溺婴和其他残害婴儿的行为，不得歧视女性未成年人或者有残疾的未成年人。

第十二条　父母或者其他监护人应当学习家庭教育知识，正确履行监护职责，抚养教育未成年人。

有关国家机关和社会组织应当为未成年人的父母或者其他监护人提供家庭教育指导。

孩子惹事，家长负责

每个做父母的既不希望孩子在外惹是生非，引得别人三天两头上门告状，也不愿总看到孩子哭哭啼啼，受人欺负，那么，孩子打架，到底父母应该如何对待呢？

在大人的潜意识里，我们多多少少是惧怕矛盾、惧怕打架的。我们从来以“听话”、“乖”来区分“好孩子”、“坏孩子”。但是心理学家指出，一个正在向独立、自我完善方向发展的孩子不可能事事与别人保持一致，差异是极为正常的，打架也就在所难免。

然而一些幼儿教育家甚至认为打架未必不是一件好事。孩子在打架中学会了社会知识。依教育学家们的分析，打架的孩子各有各的不同：有的孩子不会克制自己，在家里有不愉快的事就到外面去发泄；有的孩子是因为缺少社交技巧，不打架就不知道怎么与同伴相处，也有一些孩子是想利用拳头树立自己在同伴中的权威；还有的孩子仅仅是模仿，模仿大人，模仿电视等。

家长们一定要以身作则，平常教给孩子适当的社交技巧，鼓励他们运用这些技巧解决自己的争端，当然非常严重的打架需要大人的干预。解决孩子打架的问题，父母需要让孩子明白打架是不能解决问题的，打架可能让双方都会受到伤害。

然而，如果孩子跟别人家的孩子打架，给他人的人身、财产造成损害时，家长要承担赔偿责任。我国《民法通则》中明确规定了未成年人对他人造成的人身、财产侵害，由其监护人也就是父母承担责任。并且，对未成年人的监护责任不因父母的离婚而终止，也就是说，即使父母离婚了仍然对未成年子女负有监护职责，如果子女伤害了别人，仍然由父母承担民事赔偿责任。

未成年子女造成他人人身、财产损失时，赔偿责任应如何承担？

小刚今年上小学三年级，脾气比较暴躁。某日在放学回家的路上，同班的小明不小心将他撞倒，小刚起身后还没等小明道歉便挥起拳头朝小明的脸上打去，致使小明左眼角受到轻微伤，花去医药费 500 元。小明的家人找到小刚的父母，要求其赔偿医药费，对此，小刚的父母有赔偿的义务吗？

分析：

我国《婚姻法》第二十三条规定：“父母有保护和教育未成年子女的权利和义务。在未成年子女对国家、集体或他人造成损害时，父母有承担民事责任的义务。”同时，《中法人民共和国民法通则》第一百三十三条规定：“无民事行为能力人、限制民事行为能力人造成他人损害的，由监护人承担民事责任。监护人尽了监护责任的，可以适当减轻他的民事责任。有财产的无民事行为能力人、限制民事行为能力人造成他人损害的，从本人财产中支付赔偿费用。不足部分，由监护人适当赔偿，但单位担任监护人的除外。”据此可知，未成年人给他人造成损害的，应当由监护人承担责任，如果监护人尽了监护职责的，可以适当减轻其民事责任。但是，如果未成年人有个人财产的，应先从其财产中扣除。

本案中小刚系未成年人，按照法律规定其行为造成的损害由其监护人承担。而本案中小刚的父母是其监护人，并且小刚本人并无财产，所以其父母有义务支付小明的医药费。

相关法条：

《中华人民共和国婚姻法》

第二十三条　父母有保护和教育未成年子女的权利和义务。在未成年子女对国家、集体或他人造成损害时，父母有承担民事责任的义务。

《中法人民共和国民法通则》

第一百三十三条　无民事行为能力人、限制民事行为能力人造成他人损害的，由监护人承担民事责任。监护人尽了监护责任的，可以适当减轻他的民事责任。

有财产的无民事行为能力人、限制民事行为能力人造成他人损害的，从本人财产中支付赔偿费用。不足部分，由监护人适当赔偿，但单位担任监护人的除外。

离婚后未成年子女致人损害的，未与子女共同生活的父亲需要承担赔偿责任吗？

未成年人甲在父母离异后和其母亲乙生活在一起。一次甲与同学丁打架致丁左眼失明。丁的家长找到乙要求其赔偿，但乙根本就没能力赔偿。于是丁的家长找到甲的父亲丙，丙以其不再是监护人为由拒绝赔偿。丙的理由是否有道理？

分析：

我国《婚姻法》规定："父母有保护和教育未成年子女的权利和义务。在未成年子女对国家、集体或他人造成损害时，父母有承担民事责任的义务。"同时本法第三十六条第一款规定，父母与子女间的关系，不因父母离婚而消除。离婚后，子女无论由父或母谁直接抚养，仍是父母双方的子女。

本案中虽然乙与丙已经离婚但是双方仍是甲的合法监护人。对甲的侵权行为仍有义务承担赔偿责任。但是《我国最高人民法院关于贯彻执行〈中华人民共和国民法通则〉若干问题的意见（试行）》规定："夫妻离婚后，未成年子女侵害他人权益的，同该子女共同生活的一方应当承担民事责任；如果独立承担民事责任确有困难的，可以责令未与该子女共同生活的一方共同承担民事责任。”即夫妻离婚后，在未成年子女侵害他人合法权益的时候，同该子女共同生活的一方应当承担民事责任。如果共同生活的一方独立承担责任有困难，法院就会责令未与子女共同生活的一方承担责任。所以在乙无力偿还时，甲的父亲丙有义务承担赔偿责任。

相关法条：

《中华人民共和国婚姻法》

第二十三条　父母有保护和教育未成年子女的权利和义务。在未成年子女对国家、集体或他人造成损害时，父母有承担民事责任的义务。

第三十六条第一款　父母与子女间的关系，不因父母离婚而消除。离婚后，子女无论由父或母直接抚养，仍是父母双方的子女。

最高人民法院关于贯彻执行《中华人民共和国民法通则》若干问题的意见（试行）

第一百五十八条　夫妻离婚后，未成年子女侵害他人权益的，同该子女共同生活的一方应当承担民事责任；如果独立承担民事责任确有困难的，可以责令未与该子女共同生活的一方共同承担民事责任。

小学生在学校将人打伤，赔偿责任由谁承担？

某小学周四下午上体育课时，体育老师有事外出，让同学们自由活动。于是同学们在无人看管的情况下自由玩耍。在同学们相互厮打玩闹的过程中，9 岁的小宝不慎将同班同学 8 岁的小树的眼睛打伤，小树家长因此花去医药费 2000 余元。对于这笔医药费小树的家长不知道应向谁索赔。问根据法律的规定这笔医药费应该由谁承担？

分析：

我国《民法通则》规定，无民事行为能力人、限制民事行为能力人造成他人损害的，由监护人承担民事责任。此外《最高人民法院关于贯彻执行〈中华人民共和国民法通则〉若干问题意见(试行)》规定，被监护人造成他人损害的，有明确的监护人时，由监护人承担民事责任。

本案中，小宝为无行为能力人，其对同学小宝造成的损害应由其监护人承担。此外，根据《最高人民法院关于贯彻执行〈中华人民共和国民法通则〉若干问题意见(试行)》的规定，在幼儿园、学校生活、学习的无民事行为能力人或者在精神病院治疗的精神病人，受到伤害或者给他人造成损害，单位有过错的，可以责令这些单位适当给予赔偿。本案中小树受到侵害，侵权行为发生地点是在学校上课期间，且老师因事外出没有尽到看管责任，学校对此有过错，应适当给予补偿。所以在本案中对于小树所受到的损害应由小宝的家人承担赔偿责任，此外学校也存在错误所以也需要承担一定的责任。

相关法条：

《中华人民共和国民法通则》

第一百三十三条第一款　无民事行为能力人、限制民事行为能力人造成他人损害的，由监护人承担民事责任。监护人尽了监护责任的，可以适当减轻他的民事责任。

《最高人民法院关于贯彻执行〈中华人民共和国民法通则〉若干问题的意见(试行)》

第一百六十条　在幼儿园、学校生活、学习的无民事行为能力人或者在精神病院治疗的精神病人，受到伤害或者给他人造成损害，单位有过错的，可以责令这些单位适当给予赔偿。

抚养权，抚养费

根据法律规定，父母是保护和教育未成年人的法定监护人，对未成年人子女有“保护和教育”的权利和义务。说是权利是指父母“保护和教育”未成年子女行为受法律保护，得排除他人干扰和侵扰；说是义务是指父母不能拒绝履行或怠于履行对未成年子女的“保护和教育”。父母对未成年子女的“保护和教育”的权利和义务，实际上就是父母对未成年子女的监护，它是一种职责，一种责任。其中，父母对未成年子女的“保护”是指父母对未成年子女人身权利和财产权利的维护。应当说，父母对未成年子女的“保护”首先是保护未成年人的人身安全和身体健康，父母作为监护人，应当做到的监护职责是：适时地告知未成年人所接触事物的利害，教育未成年人如何防范、避开生活中的危险，在公共场合对未成年子女进行近距离照管，不使其人身脱离自己的保护范围等。

在父母离婚的时候，仍然会涉及对未成年子女的保护和教育问题。此时，父母更应该以孩子的利益出发，多多考虑孩子的感受，尽量去弥补因离婚而给孩子带来的创伤。

父母如何行使对孩子的监护权？

女孩玲玲 3 岁时父母因生活琐事经常吵架，最终导致离婚。玲玲跟母亲生活，父亲按时给玲玲生活费。但离婚后玲玲的母亲就搬离了原来的生活住处，也没有通知前夫。玲玲的父亲思女心切，几经打听终于找到了她们母女，但玲玲的母亲拒绝让前夫见女儿，还声称如果前夫再骚扰她们的话，她会不停地搬家。玲玲的爸爸很是苦恼，玲玲的爸爸能否见到自己心爱的女儿？

分析：

玲玲的爸爸可以见到自己的女儿。我国法律规定父母是未成年人的法定监护人，依法享有监护权。父母分居或离异，其监护人的资格不受影响。我国《婚姻法》规定，离婚后，不直接抚养子女的父或母，有探望子女的权利，另一方有协助的义务。行使探望权利的方式、时间由当事人协议；协议不成时，由人民法院判决。 父或母探望子女，不利于子女身心健康的，由人民法院依法中止探望的权利；中止的事由消失后，应当恢复探望的权利。也就是说与子女共同生活的一方无权取消对方对子女的监护权。除非一方对子女有犯罪行为、虐待行为或者对子女有明显不利的，可以由人民法院取消其监护权。而在本案中，玲玲的爸爸既是监护人之一，依法享有监护权；又没有虐待孩子或者明显对其不利的行为，所以玲玲的母亲无权拒绝前夫探视女儿。

相关法条：

《中华人民共和国民法通则》

第十六条（第一款） 未成年人的父母是未成年人的监护人。

《最高人民法院关于贯彻执行〈中华人民共和国民法通则〉若干问题的意见（试行）》

第二十一条 夫妻离婚后，与子女共同生活的一方无权取消对方对该子女的监护权。但是未与该子女共同生活的一方，对该子女有犯罪行为、虐待行为或者对该子女明显不利的，人民法院认为可以取消的除外。

《中华人民共和国婚姻法》

第三十八条 离婚后，不直接抚养子女的父或母，有探望子女的权利，另一方有协助的义务。

行使探望权利的方式、时间由当事人协议；协议不成时，由人民法院判决。

父或母探望子女，不利于子女身心健康的，由人民法院依法中止探望的权利；中止的事由消失后，应当恢复探望的权利。

离婚后，可以要求变更孩子的抚养权吗？

王某与韩某离婚后，妻子韩某取得了孩子的抚养权。可是在韩某与王某离婚后没多久，韩某被检查出患有癌症并已经是晚期，身体状况非常不好。为了孩子能够健康成长，韩某找到前夫王某希望由其来抚养孩子，可是王某已再婚不愿意抚养。无奈之下韩某向法院提出了变更孩子抚养权的申请，把孩子交与其父抚养。法院会支持韩某的这个请求吗？

分析：

法院会支持韩某的请求的。我国《最高人民法院关于人民法院审理离婚案件处理子女抚养问题的若干具体意见》中有明确规定，与子女共同生活的一方因患严重疾病或因伤残无力继续抚养子女的，法院会依照当事人的诉讼请求，予以变更。此外，本法还规定，离婚后，一方要求变更子女抚养关系的，或者子女要求增加抚育费的，应另行起诉。父母双方协议变更子女抚养关系的，应予准许。

本案中韩某的身体状况已经不能再继续抚养孩子，其有权请求变更抚养孩子的抚养权。其前夫王某也有义务对其子女进行抚养。在二人关于抚养权变更的问题没有达成协议的情况下，韩某向法院提出了变更抚养权的诉讼，这符合我国法律的相关规定，法院会依法支持其诉讼请求的。

相关法条：

《最高人民法院关于人民法院审理离婚案件处理子女抚养问题的若干具体意见》

第十五条　离婚后，一方要求变更子女抚养关系的，或者子女要求增加抚育费的，应另行起诉。

第十六条　一方要求变更子女抚养关系有下列情形之一的，应予支持。

（1）与子女共同生活的一方因患严重疾病或因伤残无力继续抚养子女的；

（2）与子女共同生活的一方不尽抚养义务或有虐待子女行为，或其与子女共同生活对子女身心健康确有不利影响的；

（3）十周岁以上未成年子女，愿随另一方生活，该方又有抚养能力的；

（4）有其他正当理由需要变更的。

第十七条　父母双方协议变更子女抚养关系的，应予准许。

非婚生子女有权要求生父母履行抚养义务吗？

王某在与丈夫婚姻存续期间，因与他人发生不正当关系而生下一女。为了不破坏自己的家庭，王某不肯认领这个孩子而将其寄养在自己的父母家，对外人称这孩子是其远房亲戚家的，他们是代为抚养。王某对这个孩子不管不问，孩子的生活全靠王某的父母。随着孩子的长大，王某的父母无能力再支付孩子的相关费用，孩子的相应权利得不到实现。孩子有权要求王某履行抚养的义务吗？

分析：

我国《婚姻法》规定，父母对子女有抚养教育的义务；子女对父母有赡养扶助的义务。父母不履行抚养义务时，未成年的或不能独立生活的子女，有要求父母付给抚养费的权利。

此外本法第二十五条规定："非婚生子女享有与婚生子女同等的权利，任何人不得加以危害和歧视。不直接抚养非婚生子女的生父或生母，应当负担子女的生活费和教育费，直至子女能独立生活为止。"孩子有权要求自己的亲生父母履行抚养义务。在实际生活中，非婚生子女的地位是很尴尬的，通常得不到父母的承认，生活也没有保障。我国法律针对这样的问题，已经作了非常明确的规定，从立法上保护了非婚生子女的合法权益。

本案中孩子虽是王某的非婚生子女，但是他享有同婚生子女一样的权利。所以该子女有权要求王某履行抚养义务。

相关法条：

《中华人民共和国婚姻法》

第二十一条　父母对子女有抚养教育的义务；子女对父母有赡养扶助的义务。

父母不履行抚养义务时，未成年的或不能独立生活的子女，有要求父母付给抚养费的权利。

子女不履行赡养义务时，无劳动能力的或生活困难的父母，有要子女付给赡养费的权利。

禁止溺婴、弃婴和其他残害婴儿的行为。

第二十五条　非婚生子女享有与婚生子女同等的权利，任何人不得加以危害和歧视。

不直接抚养非婚生子女的生父或生母，应当负担子女的生活费和教育费，直至子女能独立生活为止。

夫妻离婚后，不抚养子女的一方就什么都不管了吗？

甲男与乙女离婚，法院判决其 11 岁的儿子丙由甲抚养。乙每个月支付抚养费 500 元，直到孩子成年。后来丙将同学打伤，需要赔偿医药费 2 万余元。甲为下岗职工，无法承担这笔医药费，于是找到前妻乙要求共同承担。而乙称，孩子已经判给了甲，自己除了每月支付抚养费以外，再没有其他抚养义务。乙对丙致人损伤有赔偿责任吗？

分析：

根据我国《婚姻法》规定，父母有保护和教育未成年子女的权利和义务。

在未成年子女对国家、集体或他人造成损害时，父母有承担民事责任的义务。夫妻离婚，无论孩子与谁共同生活，其父母都是合法的监护人，对孩子仍然负有抚养义务。这种抚养义务不仅仅是每个月支付一定的抚养费用，还包括孩子其他正常的、超出了实际生活需要的花费；对孩子的侵权行为给国家、集体或者他人造成的损害，也应承担相应的赔偿责任。

本案中，孩子丙由甲直接抚养，甲因此负有更多的照顾、教育、监管孩子的责任，孩子将同学打伤，由此产生的经济赔偿首先应当由甲来承担。但因该赔偿责任又大大超过了甲的经济承受能力，根据最高人民法院《关于贯彻执行〈中华人民共和国民法通则〉若干问题的意见（试行）》第一百五十八条的规定，乙应当与甲共同承担该赔偿责任。

相关法条：

《中华人民共和国婚姻法》

第二十三条　父母有保护和教育未成年子女的权利和义务。在未成年子女对国家、集体或他人造成损害时，父母有承担民事责任的义务。

第三十六条　父母与子女间的关系，不因父母离婚而消除。离婚后，子女无论由父或母直接抚养，仍是父母双方的子女。

离婚后，父母对于子女仍有抚养和教育的权利和义务。

离婚后，哺乳期内的子女，以随哺乳的母亲抚养为原则。哺乳期后的子女，如双方因抚养问题发生争执不能达成协议时，由人民法院根据子女的权益和双方的具体情况判决。

最高人民法院《关于贯彻执行〈中华人民共和国民法通则〉若干问题的意见（试行）》

第一百五十八条　夫妻离婚后，未成年子女侵害他人权益的，同该子女共同生活的一方应当承担民事责任；如果独立承担民事责任确有困难的，可以责令未与该子女共同生活的一方共同承担民事责任。

特殊情况也要依法处理

对于感情破裂的夫妻双方来说，离婚也许是唯一的选择。每一对离婚的夫妻都要面对财产分割问题、子女抚养问题，无论是协议离婚还是判决离婚。此外，有的夫妻还要对一些特殊情况作出处理，如一方已绝育的子女抚养权归属问题、人工授精的子女的抚养问题、夫妻一方擅自将子女送给他人收养等问题，这些情况尽管特殊，处理起来也要依据相关法律。处理离婚家庭子女抚养问题的关键在于怎样保护子女的健康成长权。在处理这一问题上，应该说婚姻法充分地体现了法律人性化的一面，其解决子女抚养问题的总原则是：从有利于子女身心健康，保障子女的合法权益出发，结合父母双方的抚养能力和抚养条件等具体情况妥善解决。

妻子已绝育，离婚时会得到孩子的抚养权吗?

韩某与申某结婚后育有一个孩子，妻子申某在生下孩子的第二年做了绝育手术。5年后，两人发生婚变，协议离婚。但双方都希望争取到孩子的抚养权，于是，两人向法院提起诉讼，希望法院依法作出判决。申某已经不能再生育，法院会据此照顾女方吗?

分析：

法院会照顾女方的。我国法律规定，离婚时，女方因实施绝育手术或者其他原因丧失生育能力的，处理子女抚养问题，应在有利子女权益的条件下，照顾女方的合理要求。此外，《最高人民法院关于贯彻执行民事政策法律若干问题的意见》第二十二条（第二款）规定："双方对抚养独生子女发生争议的，在有利于保护子女利益的前提下，要考虑不能生育和再婚有困难一方的合理要求。"

在本案中，申某与韩某只生有一个孩子，并且申某已经做了绝育手术，以后不会再生育子女。我国法律规定，父母对子女均有平等抚养的权利。但是对于已做绝育手术或因其他原因丧失生育能力的一方，法院在孩子的抚养问题上会基于法律的有关规定，酌情照顾。

相关法条：

《中华人民共和国妇女权益保护法》

第五十条　离婚时，女方因实施绝育手术或者其他原因丧失生育能力的，处理子女抚养问题，应在有利子女权益的条件下，照顾女方的合理要求。

《最高人民法院关于贯彻执行民事政策法律若干问题的意见》

第二十二条（第二款）　双方对抚养独生子女发生争议的，在有利于保护子女利益的前提下，要考虑不能生育和再婚有困难一方的合理要求。

《最高人民法院关于人民法院审理离婚案件处理子女抚养问题的若干具体意见》

第三条　对两周岁以上未成年的子女，父方和母方均要求随其生活，一方有下列情形之一的，可予优先考虑：

（1）已做绝育手术或因其他原因丧失生育能力的；

（2）子女随其生活时间较长，改变生活环境对子女健康成长明显不利的；

（3）无其他子女，而另一方有其他子女的；

（4）子女随其生活，对子女成长有利，而另一方患有久治不愈的传染性疾病或其他严重疾病，或者有其他不利于子女身心健康的情形，不宜与子女共同生活的。

人工授精所生的孩子，离婚时父母都不要怎么办？

王某与沈某结婚后，一直没有子女。在多方求医仍无结果的情况下，二人通过人工授精的手段，生下了一个女儿。后来由于感情破裂，两人决定离婚。可是离婚后，两人均以女儿是通过医学手段而非自然生产为由，拒绝承认其为婚生子女，不履行抚养义务。通过人工授精手段诞生的孩子抚养问题要如何解决？

分析：

我国《最高人民法院关于夫妻离婚后人工授精所生子女的法律地位如何确定的复函》中明确规定，通过人工授精所生子女应视为夫妻双方的婚生子女，父母子女之间权利义务关系适用《婚姻法》的有关规定。人工授精的手段主要用于解决男性不育的问题，是指将男性的精子以人工的手段注入女性体内，以完成受孕。在合法婚姻关系的保护伞下，无论孩子是通过自然方式生产，还是经过医学手段生产，都不影响孩子的合法地位。

本案中，王某与沈某通过人工授精的方式产下一个女儿，这个女孩的地位等同于婚生子女的地位，同婚生子女一样享受权利和承担义务，其合法权益受法律保护。王某与沈某离婚，两人与孩子的关系不变，应履行抚养义务。

相关法条：

《最高人民法院关于夫妻离婚后人工授精所生子女的法律地位如何确定的复函》

最高人民法院关于夫妻离婚后人工授精所生子女的法律地位如何确定的复函

1991年7月8日，最高人民法院

河北省高级人民法院：

你院冀法（民）（1991）43号《关于夫妻离婚后人工授精所生子女的法律地位如何确定的请示报告》收悉。

经研究，我们认为，在夫妻关系存续期间，双方一致同意进行人工授精，所生子女应视为夫妻双方的婚生子女，父母子女之间权利义务关系适用《婚姻法》的有关规定。

《中华人民共和国婚姻法》

第二十一条　父母对子女有抚养教育的义务；子女对父母有赡养扶助的义务。父母不履行抚养义务时，未成年的或不能独立生活的子女，有要求父母付给抚养费的权利。

子女不履行赡养义务时，无劳动能力的或生活困难的父母，有要求子女付给赡养费的权利。

禁止溺婴、弃婴和其他残害婴儿的行为。

祖父母对失去双亲的孙子女有抚养义务吗？

白某是一个3岁的小女孩，在和家人开车出游时，遭遇车祸，父母亲双双亡故，只有白某侥幸生还。白某的祖父母见此情况，将孩子接来抚养。失去了双亲的子女，其祖父母和外祖父母要承担抚养义务吗？

分析：

父母已经死亡或父母无力抚养子女时，祖父母和外祖父母如有负担能力，应履行抚养的义务。对此，我国《婚姻法》规定："有负担能力的祖父母、外祖父母，对于父母已经死亡或父母无力抚养的未成年的孙子女、外孙子女，有抚养的义务。有负担能力的孙子女、外孙子女，对于子女已经死亡或子女无力赡养的祖父母、外祖父母，有赡养的义务。"从本条规定中可以看出，祖父母、外祖父母对孙子女、外孙子女履行抚养义务必须具备三个条件：第一，祖父母、外祖父母必须有负担能力。如果他们没有一定的抚养能力，那么就不能再要求其承担相应的法律责任。第二，孙子女、外孙子女的父母已经死亡或者父母无力抚养。通常情形下，只有孩子的父母才有权利抚养孩子，但是，法律从保护未成年人身心健康方面考虑到，如果孩子的父母已经无法对孩子尽到抚养和教育的义务，在这种情形下，为孩子选择新的监护人是有必要的。第三，孙子女、外孙子女是未成年的。如果有负担能力的祖父母、外祖父母没有履行对父母已经死亡的未成年的孙子女、外孙子女的抚养义务，致使孙子女、外孙子女的合法权益受到不法侵害的，未成年的孙子女、外孙子女可以起诉他们的祖父母或者是外祖父母。

本案中，白某的父母双方遭遇不幸，并且她还是未成年人，所以有抚养能力的祖父母、外祖父母对其有抚养的义务。

相关法条：

《中户人民共和国婚姻法》

第二十八条　有负担能力的祖父母、外祖父母，对于父母已经死亡或父母无力抚养的未成年的孙子女、外孙子女，有抚养的义务。有负担能力的孙子女、外孙子女，对于子女已经死亡或子女无力赡养的祖父母、外祖父母，有赡养的义务。

兄姐对失去双亲的弟妹有扶养义务吗？

王某一家兄妹三人，父母早亡，兄妹三人相依为命。年长的大哥很早就参加工作，赚钱养家糊口，不久，二哥也参加了工作，家中只有年幼的妹妹尚在校念书。妹妹的学习成绩很好并且通过中考考入本市的重点高中。可是随之而来的是高中三年的学费与生活费的负担问题。已经成家的两个哥哥不愿再负担妹妹的相关费用，大哥遂与二哥商量，决定让小妹妹辍学出去打工来养活自己。妹妹在多次恳求无果的情况下将两个哥哥告上了法庭，请求两个哥哥支付自己的学费和生活费。兄姐对未成年的弟妹有没有扶养义务？

分析：

我国《婚姻法》规定："有负担能力的兄、姐，对于父母已经死亡或父母无力抚养的未成年的弟、妹，有扶养的义务。由兄、姐扶养长大的有负担能力的弟、妹，对于缺乏劳动能力又缺乏生活来源的兄、姐，有扶养的义务。"父母去世后，有负担能力的兄姐对未成年的弟妹是需要履行扶养义务的。社会上存在着兄弟姐妹之间没有扶养义务的误区，认为兄弟姐妹之间的扶养纠纷只是社会问题。其实，这不光是社会问题，还是法律问题，受到我国相关法律的调整。但是兄姐对弟妹的扶养义务是建立在兄姐有负担的能力，而弟妹还是未成年人的基础之上。

本案中妹妹还属于未成年人，并且父母均已死亡，具有负担能力的两个哥哥对其具有法定的扶养义务。对于妹妹读高中所需要的学费和生活费，两个哥哥应该予以支付。所以对于妹妹提起的诉讼请求法院会予以支持的。

相关法条：

《中华人民共和国婚姻法》

第二十九条　有负担能力的兄、姐，对于父母已经死亡或父母无力抚养的未成年的弟、妹，有扶养的义务。由兄、姐扶养长大的有负担能力的弟、妹，对于缺乏劳动能力又缺乏生活来源的兄、姐，有扶养的义务。

丈夫擅自将女儿送给他人收养，妻子可以要回吗？

周某夫妇结婚后不久生了一个女孩，但是由于受重男轻女思想的影响，周某及其家人想再生一个男孩，于是周某背着妻子罗某擅自决定将女儿送给他人收养。周某之妻罗某得知后，大哭大闹，逼着周某说出孩子的收养人，并找到收养人要求要回孩子。罗某能够要回自己的女儿吗？

分析：

我国《抚养法》第二条规定："收养应当有利于被收养的未成年人的抚养、

成长，保障被收养人和收养人的合法权益，遵循平等自愿的原则，并不得违背社会公德。”本法第十条第一款规定：“生父母送养子女，须双方共同送养。生父母一方不明或者查找不到的可以单方送养。”子女是父母共同的子女，生父母送养子女时，必须双方协商一致共同送养，任何一方未经另一方同意，不得单独送养子女，否则，送养行为不发生法律效力。

本案中，罗某与周某对女儿享有同等的权利，并且父母是不可以随便将孩子送给他人抚养的。只有当生父母有特殊困难无力抚养子女时才可将其送给他人抚养，由此可见周某不具有作为送养人的条件。此外，周某瞒着罗某单独将女儿送与他人收养的行为也是无效的。我国《收养法》明确规定，送养人不得以送养子女为理由违反计划生育的规定再生育子女，可见，即使周某送养成功，按照法律规定也不得再生育子女。

相关法条：

《中华人民共和国收养法》

第二条　收养应当有利于被收养的未成年人的抚养、成长，保障被收养人和收养人的合法权益，遵循平等自愿的原则，并不得违背社会公德。

第五条　下列公民、组织可以作送养人：

（一）孤儿的监护人；

（二）社会福利机构；

（三）有特殊困难无力抚养子女的生父母。

第十条　生父母送养子女，须双方共同送养。生父母一方不明或者查找不到的可以单方送养。

有配偶者收养子女，须夫妻共同收养。

第十九条　送养人不得以送养子女为理由违反计划生育的规定再生育子女。

收养关系当事人要求保守收养秘密是否应当受到法律保护？

卢某与朱某收养了雷某未满1周岁的女儿，双方约定，在任何情形下，雷某都不得向孩子泄露有关收养这件事。孩子上中学后，雷某因机缘巧合又见到了孩子，忍不住向孩子透露了实情。孩子回家后追问自己的父母卢某夫妇到底是怎么回事，并且连续数月情绪低落。后来孩子还私自离家去见亲生父母，回来后对养父母态度冷淡。卢某夫妇对雷某不遵守约定的行为很是愤怒，到法院起诉要求雷某承担相应的责任。法院会支持卢某夫妇的诉讼请求吗？

分析：

收养行为在一定程度上属于公民个人隐私的内容，为此《收养法》专门做了有关保密的规定。我国《收养法》第二十二条规定："收养人、送养人要求保守收养秘密的，其他人应当尊重其意愿，不得泄露。"此外我国最高人民法院《关于确定民事侵权精神损害赔偿责任若干问题的解释》规定，非法使被监护人脱离监护，导致亲子关系或者近亲属间的亲属关系遭受严重损害，监护人向人民法院起诉请求赔偿精神损害的，人民法院应当依法予以受理。

本案中卢某夫妇在收养雷某的女儿时已明确声明，在任何情形下，雷某都不得向孩子泄露有关收养这件事。可是雷某未能遵守约定，向孩子泄露了有关收养的事情，这对卢某夫妇造成了巨大的伤害。根据我国相关的法律规定雷某的行为已经触犯了法律。所以对于卢某夫妇提起的对雷某违反保密约定、泄露其女被收养的诉讼请求会得到法院的支持。

相关法条：

《中华人民共和国收养法》

第二十二条　收养人、送养人要求保守收养秘密的，其他人应当尊重其意愿，不得泄露。

最高人民法院《关于确定民事侵权精神损害赔偿责任若干问题的解释》

第二条　非法使被监护人脱离监护，导致亲子关系或者近亲属间的亲属关系遭受严重损害，监护人向人民法院起诉请求赔偿精神损害的，人民法院应当依法予以受理。

夫妻一方丧失劳动能力后，另一方是否负有扶养的义务？

某村村民周某在劳动过程中因伤致残，失去了劳动能力，生活起居都要专人照顾。而其妻子邓某听医生说周某以后康复的可能性极小，为了不被丈夫拖累她离开了家到城里打工，对家人及村里人说出去是为了挣钱养家。几年下来邓某的收入颇丰。可是在这期间邓某既不回家探视周某，也不给周某寄钱，而是准备与周某离婚。对于邓某的行为，周某有权向法院提起诉讼要求邓某给付生活费吗？

分析：

我国《婚姻法》规定：“夫妻有互相扶养的义务。一方不履行扶养义务时，需要扶养的一方，有要求对方付给扶养费的权利。”所谓夫妻之间的扶养义务主要是夫妻之间相互为对方提供经济上的供养和生活上的扶助，以此来维持日常的生活。一方不履行扶养义务时，需要扶养的一方是有权利要求对方付给扶养费的。此外，我国《刑法》第二百六十一条规定：“对于年老、年幼、患病或者其他没有独立生活能力的人，负有抚养义务而拒绝抚养，情节恶劣的，处五年以下有期徒刑或者管制。”

本案中周某丧失了劳动能力，没有了生活来源，其有权要求妻子邓某履行扶养义务。可是其妻子邓某不但不照顾周某的日常起居，支付其生活费用，还准备与其离婚，这种行为不仅是我国道德所谴责的，也是我国法律所禁止的。如果邓某有能力而坚持不履行对周某的扶养义务，则有可能构成遗弃罪并被追究刑事责任。所以对于妻子邓某的行为，周某可以向法院提起诉讼以寻求帮助。

相关法条：

《中华人民共和国婚姻法》

第二十条　夫妻有互相扶养的义务。

一方不履行扶养义务时，需要扶养的一方，有要求对方付给扶养费的权利。

《中华人民共和国刑法》

第二百六十一条　对于年老、年幼、患病或者其他没有独立生活能力的人，负有抚养义务而拒绝抚养，情节恶劣的，处五年以下有期徒刑或者管制。

第四章

别扯淡，

赡养老人必须的！

乌鸦尚有反哺之情，狐死有首丘之状。自然界中的万物都有其生生不息的法则，不尽相同。在不断地发展进化之中，唯一不变的就是对待自己双亲的感情，赡养双亲的执著，物犹如此，人何以堪！一个人老了以后幸福与否不在于子女的多少，关键在于有讲良心、懂道理的子女。养育儿女不容易，孝敬父母凭良心。然而确有许多老人无人赡养、流落街头。那么，谁应该承担赡养责任？只有子女负有赡养义务吗？如果老人没有子女是不是就应该流落街头了呢？

老年人养老主要依靠家庭，家庭成员应当关心和照料老年人。赡养人也就是老人的子女应当履行对老年人经济上供养、生活上照料和精神上慰藉的义务，照顾老年人的特殊需要。但是在赡养老人的过程中可能遇到各种各样的问题，如各子女之间相互推脱，老人没有子女或者子女过世，其他人赡养老人可否分得遗产等。对于这些现象我国《婚姻法》、《婚姻法解释》及《老年人权益保障法》都对赡养老人作出了相应的规定。我国《婚姻法》第二十一条规定："子女对父母有赡养扶助的义务。"这种赡养义务，不仅发生在婚生子女和父母之间，而且也发生在非婚生子女和生父母、养子女和养父母、继子女和履行了抚养教育义务的继父或继母之间。《婚姻法》第二十八条规定："有负担能力的孙子女、外孙子女，对于子女已经死亡或子女无力赡养的祖父母、外祖父母，有赡养的义务"。一般情况下我国都采取传统的赡养方式，即居家养老，由子女共同承担赡养老人的费用，这种情况下，通常是赡养人之间达成口头协议，自觉执行。特殊情况下，子女之间可以订立赡养父母的协议。

目前，我国正处于社会主义初级阶段，将老年人的生活完全交给国家或社会是有一定困难的。因此，子女应承担对老人的责任。解决老人养老问题的基本途径还是在家庭。由家庭来承担老人的晚年生活问题，将是一个重要的法律问题。在现实生活中，有些不肖子孙故意违反法律，拒绝尽自己的义务，那么，法律就要干预他们，强制他们履行自己的义务。

最常见的问题

敬老养老，是我国人民的传统美德，被视为中国优秀文化遗产的精华。我国从法律和道德对人们做出了必须赡养每一位老人的要求，实在没有人赡养的也要由政府赡养。赡养是指公民对其负有赡养义务的老年人在经济上提供必需的生活用品和费用，并在生活上和精神上关心、扶助和照料老年人的行为。

老人为国家、民族、社会和家庭贡献了毕生的精力，创造了巨大的财富，为民族培养了后代。当他们年老体衰、丧失劳动能力的时候，有权获得来自国家和社会的物质帮助以及来自家庭的赡养扶助。子女赡养父母是天经地义的事情，是一种义务，更是一种法律责任。如果子女置伦理与道德和法律责任于不顾，把自己的父母、公公和公婆看成“包袱”而不愿赡养，或者把他们当“奴仆”而施加种种折磨，将受到社会的谴责和法律上的制裁。

只有老人的子女对老人负有赡养义务吗？

赵老汉已近古稀之年。不幸的是，在几年前，赵老汉的老伴和其唯一的儿子相继去世了。如今，赵老汉只有孙子赵小小一位亲人。赵老汉年老体弱，生活上好多事情多需要人帮助。最要紧的是，赵老汉一生为儿子操劳，没有攒下什么养老的钱，现在上了年纪，不能劳动挣钱，生活也就失去了保障。赵老汉认为孙子赵小小应该对其尽赡养义务，按月给其生活费。但是赵小小认为只有老人的子女才负有对老人的赡养义务。那么，赵小小的想法对吗？

分析：

对老人有赡养义务的，不仅是老人的子女（包括亲生子女和养子女），还包括老人的孙子女，外孙子女。孙子女和外孙子女履行赡养义务是有明确的前提条件的。一般是在老人子女已经死亡或子女没有赡养老人能力的前提下。除此之外，老人的弟弟和妹妹在一定条件下也应对老人承担抚养义务。这些都是我国法律明文规定的。如我国《婚姻法》第二十八条规定：“有负担能力的祖父母、外祖父母，对于父母已经死亡或父母无力抚养的未成年的孙子女、外孙子女，有抚养的义务。有负担能力的孙子女、外孙子女，对于子女已经死亡或子女无力赡养的祖父母、外祖父母，有赡养的义务。”我国《老年人权益保障法》第十六条规定：“老年人与配偶有相互扶养的义务。由兄、姊扶养的弟、妹成年后，有负担能力的，对年老无赡养人的兄、姊有扶养的义务。”

本案中，赵老汉的儿子已经去世，只有赵小小这么一位亲人，依据法律规定，赵小小应该对爷爷尽赡养义务。

相关法条：

《中华人民共和国婚姻法》

第二十八条　有负担能力的祖父母、外祖父母，对于父母已经死亡或父母无力抚养的未成年的孙子女、外孙子女，有抚养的义务。有负担能力的孙子女、外孙子女，对于子女已经死亡或子女无力赡养的祖父母、外祖父母，有赡养的义务。

《中华人民共和国老年人权益保障法》

第十六条　老年人与配偶有相互扶养的义务。

由兄、姊扶养的弟、妹成年后，有负担能力的，对年老无赡养人的兄、姊有扶养的义务。

子女之间能否订立分开赡养父母的协议？

孙先生与老伴年近七十，有两个儿子现已各自成家。由于年高体弱，孙先生与老伴失去了劳动能力及经济来源，便向儿子提出要他们尽赡养义务。两个儿子谁也不愿赡养老人，于是约定孙先生归长子赡养，孙先生的老伴归次子赡养，二老分开居住。二老想想别无他法，被迫同意。可是长子与次子分别在与父母共同生活中，并没有切实履行赡养义务，让二老承担繁重的家务劳动，并时常冷语相对。二老想要相见也常常受到两个儿子的阻挠。子女可以订立分开赡养父母的协议吗？

分析：

我国《宪法》、《婚姻法》都有明确规定，成年子女有赡养扶助父母的义务。而根据我国《老年人权益保障法》的规定，赡养人应当履行对老年人经济上供养、生活上照料和精神上慰藉的义务，并照顾老年人的特殊需要。赡养人之间可以就履行赡养义务签订协议，但必须征得老年人同意，并保证上述赡养义务得以履行。若违反其中任何一个条件，子女签订的分别赡养父母的协议不发生法律效力。

由本案情形可见，孙先生的两个儿子与父母签订分别赡养协议，并非出于孙先生及其老伴的自愿。且孙先生的两个儿子也没有切实履行对父母经济上供养、生活上照料和精神上慰藉的义务，因此该协议无效。孙先生可以要求两个儿子给付赡养费，也可以要求到其中一个儿子家居住，另一个儿子给付赡养费。如果两个儿子仍不履行赡养义务，则孙先生可以向当地的基层人民法院提起诉讼，要求其履行赡养义务。

相关法条：

《中华人民共和国婚姻法》

第二十一条第一款　父母对子女有抚养教育的义务；子女对父母有赡养扶助的义务。

第三款　子女不履行赡养义务时，无劳动能力的或生活困难的父母，有要求子女付给赡养费的权利。

《中华人民共和国老年人权益保障法》

第十一条第一款　赡养人应当履行对老年人经济上供养、生活上照料和精神上慰藉的义务，照顾老年人的特殊需要。

第十五条第二款　赡养人不履行赡养义务，老年人有要求赡养人付给赡养费的权利。

第三款　赡养人不得要求老年人承担力不能及的劳动。

第十七条　赡养人之间可以就履行赡养义务签订协议，并征得老年人同意。居民委员会、村民委员会或者赡养人所在组织监督协议的履行。

能否因为父亲声明断绝父子关系就拒绝履行赡养义务？

吴先生因儿子吴某不学无术、游手好闲且结交社会不良青年，一气之下宣布与儿子断绝父子关系，给了他一栋住房与一笔钱后就不再管他了。过了几年儿子成家，改了以往的恶习，并且学了一门手艺，日子过得很红火。此时吴先生年事已高，要求儿子履行赡养义务时，吴某声称父亲早就宣布与其断绝了父子关系，他不再承担对父亲的赡养义务。吴某可以因父亲当初一气之下的声明就拒绝赡养父亲吗？

分析：

我国《婚姻法》规定，父母对子女有抚养教育的义务；子女对父母有赡养扶助的义务。父母不履行抚养义务时，未成年的或不能独立生活的子女，有要求父母付给抚养费的权利。子女不履行赡养义务时，无劳动能力的或生活困难的父母，有要求子女付给赡养费的权利。父母子女关系是一种自然的血缘关系，它只能因死亡或子女被他人依法收养而终止，除此之外并不能人为地消除或改变。

本案中，吴先生声明断绝父子关系不过是因为儿子不争气，一时气愤、失望所作的冲动决定，而且吴先生虽声明解除父子关系，却并没有就此完全不顾及儿子的死活，仍给他房子住，并给他钱，实际是以另一种方式对他尽了教育的责任。因此，他们之间的父子关系仍然存在。在吴先生年老后，其子具有赡养扶助的能力，应该履行对其父的赡养扶助义务。吴先生有权利要求其子赡养他或给付赡养费。如果吴某拒绝履行赡养义务，吴先生也可以请村民委员会调解，或者直接向人民法院起诉，要求吴某履行赡养义务。

相关法条：

《中华人民共和国婚姻法》

第二十一条　父母对子女有抚养教育的义务；子女对父母有赡养扶助的义务。

父母不履行抚养义务时，未成年的或不能独立生活的子女，有要求父母付给抚养费的权利。

子女不履行赡养义务时，无劳动能力的或生活困难的父母，有要求子女付给赡养费的权利。

禁止溺婴、弃婴和其他残害婴儿的行为。

子女能否以放弃继承权为由拒绝履行赡养父母的义务？

钱某认为父母更偏爱自己的弟弟，因此与父母关系一直很紧张，他曾声称父母死后，他一分钱也不要，全都给弟弟。但在父母生前他也不会赡养父母。后来父亲生病住院，弟弟无法独自承担父亲的医药费及二老的生活费，遂找到钱某要其支付赡养费。钱某声称自己早有声明在先，坚决不肯支付赡养费。

子女能以放弃继承权为由拒绝赡养父母吗？

分析：

根据我国《老年人权益保障法》的规定，赡养人不得以放弃继承权或者其他理由，拒绝履行赡养义务。此外，我国《最高人民法院关于贯彻执行〈中华人民共和国继承法〉若干问题的意见》规定："继承人因放弃继承权，致其不能履行法定义务的，放弃继承权的行为无效。"

我国《婚姻法》规定，赡养父母是成年子女的法定义务，这种义务是无条件的，任何人不得以任何理由推卸责任。当父母丧失劳动能力，生活困难时，子女应当给付生活费，当父母生病时，子女应当悉心照料，提供医疗费用等。这些赡养人应尽的义务，既不允许赡养人以任何理由拒绝履行，也不能对履行附加任何条件。因此，本案中钱某不能因声明放弃继承权而不履行对父母的赡养义务。事实上其放弃继承权的行为是无效的行为。

相关法条：

《中华人民共和国婚姻法》

第二十一条　父母对子女有抚养教育的义务；子女对父母有赡养扶助的义务。

父母不履行抚养义务时，未成年的或不能独立生活的子女，有要求父母付给抚养费的权利。

子女不履行赡养义务时，无劳动能力的或生活困难的父母，有要求子女付给赡养费的权利。

禁止溺婴、弃婴和其他残害婴儿的行为。

《中华人民共和国老年人权益保障法》

第十五条第一款　赡养人不得以放弃继承权或者其他理由，拒绝履行赡养义务。

《最高人民法院关于贯彻执行〈中华人民共和国继承法〉若干问题的意见》

第四十六条　继承人因放弃继承权，致其不能履行法定义务的，放弃继承权的行为无效。

家庭成员被遗弃后如何维护自己的合法权益？

马某年近七十，因多年前得了一场病一直卧床不起，生活起居都需要他人照顾。马玉系其唯一的儿子，自从父亲卧床不起他就对父亲非常不好，常常是不按时给父亲饭吃，不按期帮助父亲换洗衣服。最近马玉在妻子的怂恿下将父亲丢到了离家很远的地方，差点致使马某离开人世，在好心人的帮助下马某回到了家中。回到家中的马某对儿子非常生气，并将马玉告到了法庭。法院会受理马某的诉讼请求吗？

分析：

《中华人民共和国婚姻法》第四十四条明确规定："对遗弃家庭成员，受害人有权提出请求，居民委员会、村民委员会以及所在单位应当予以劝阻、调解。对遗弃家庭成员，受害人提出请求的，人民法院应当依法作出支付扶养费、抚养费、赡养费的判决。"此外，本法第四十五条还规定："对重婚的，对实施家庭暴力或虐待、遗弃家庭成员构成犯罪的，依法追究刑事责任。受害人可以依照刑事诉讼法的有关规定，向人民法院自诉；公安机关应当依法侦查，人民检察院应当依法提起公诉。"据此可知，被遗弃的家庭成员可以有多种途径维护自己的合法权益。首先，可以请求居委会、村委会进行调解和劝阻；如果这种方式不能解决问题，还可以依法诉诸法院，请求法律上的帮助。

本案中马玉的行为已经违法了我国相关的法律规定，马某的诉讼请求会得到法院的受理。

相关法条：

《中华人民共和国婚姻法》

第四十四条　对遗弃家庭成员，受害人有权提出请求，居民委员会、村民委员会以及所在单位应当予以劝阻、调解。

对遗弃家庭成员，受害人提出请求的，人民法院应当依法作出支付扶养费、抚养费、赡养费的判决。

第四十五条　对重婚的，对实施家庭暴力或虐待、遗弃家庭成员构成犯罪的，依法追究刑事责任。受害人可以依照刑事诉讼法的有关规定，向人民法院自诉；公安机关应当依法侦查，人民检察院应当依法提起公诉。

尽了主要赡养义务的人可以多分遗产吗？

甲有两个儿子和一个女儿，去世后，留下大量遗产。在某甲在世的时候，两个儿子不是很孝顺，女儿却很孝顺，经常将老人接到自己家里进行照顾。那么，尽了主要赡养义务的女儿可以多分遗产吗？

分析：

我国《继承法》第十三条规定："同一顺序继承人继承遗产的份额，一般应当均等。对生活有特殊困难的缺乏劳动能力的继承人，分配遗产时，应当予以照顾。对被继承人尽了主要扶养义务或者与被继承人共同生活的继承人，分配遗产时，可以多分。有扶养能力和有扶养条件的继承人，不尽扶养义务的，分配遗产时，应当不分或者少分。继承人协商同意的，也可以不均等。"据此我们可以得知，同一顺序的继承人分配财产的原则为均等，但是如果有特殊困难并且丧失劳动能力的继承人在分配遗产时应当予以照顾；如果付出了较多的赡养义务则可以多分财产，不尽赡养义务的继承人可以不分或者少分；如果继承人达成了协议的，只要不违背法律的强制性规定，没有剥夺其他继承人的合法的权益，可以按照达成的协议分配财产。

本案中，甲的女儿对其进行了主要的赡养义务，是可以多分遗产的。

相关法条：

《中华人民共和国继承法》

第十三条 同一顺序继承人继承遗产的份额，一般应当均等。

对生活有特殊困难的缺乏劳动能力的继承人，分配遗产时，应当予以照顾。

对被继承人尽了主要扶养义务或者与被继承人共同生活的继承人，分配遗产时，可以多分。

有扶养能力和有扶养条件的继承人，不尽扶养义务的，分配遗产时，应当不分或者少分。

继承人协商同意的，也可以不均等。

赡养老人，法有明文

我国是一个具有传统美德的国家，自古以来抚养子女、赡养老人、尊老爱幼、互相帮助等都是人们世代相承的美德，在法律上也对这些美德做了相应的规定。赡养老人更是我们义不容辞的责任，目前我国已经制定了比较完善的关于赡养老人的各种法律法规，如《中华人民共和国宪法》中第四十九条规定成年子女有赡养扶助父母的义务。赡养父母是子女应尽的法定义务。任何人不得以任何方式加以改变，也不得附加任何条件进行限制。《中华人民共和国老年人权益保障法》 第十一、十二、十三条分别对老年人的供养、医疗费及住房进行了相应的规定。《中华人民共和国婚姻法》第二十一条明确规定子女对父母有赡养扶助的义务，第二十八条还对其他赡养人做了相应的规定。《中华人民共和国刑法》第二百六十一条对于拒绝扶养老人的情况作出相应的惩罚规定。由此可以看出：赡养老人，让老人安度晚年，不仅仅是一种道德层面的义务，更是一种法律规定的强制性义务。不管是儿子或是女儿都有同样的赡养老人的义务；否则不仅会受到道德的谴责，还应受到法律的制裁。

然而在现实生活中，很多许多子女却置法律的规定于不顾，找出各种各种的原因不尽赡养义务，更有甚者有虐待、遗弃老人，尤其是老人生病或者瘫痪时，就会出现“久病床前无孝子”的状况。

妻子一方在照料老人方面尽了较多的义务，能否在离婚时向丈夫请求给予补偿？

陆颖与张涛是大学期间的恋人，毕业后二人在双方父母的主持下结了婚。婚后二人与张涛的父母生活在一起，张涛的母亲多年来身体一直不是很好，家里的许多家务活不但不能帮上忙还常常需要别人的照顾。为了能够让张涛安心工作，陆颖辞去了自己的工作在家照顾父母、操持家务。就这样陆颖把自己所有的精力都放在了家中，尽力做好丈夫的贤内助。可是某日陆涛对她说要与她离婚，原因是他在外面有了别的人，并且其与陆颖的夫妻关系早已名存实亡。问陆颖在离婚财产分割时能否以照顾老人尽了较多的义务为由，要求丈夫为其提供补偿吗？

分析：

我国《国婚姻法》第四十条明确规定：“夫妻书面约定婚姻关系存续期间所得的财产归各自所有，一方因抚育子女、照料老人、协助另一方工作等付出较多义务的，离婚时有权向另一方请求补偿，另一方应当予以补偿。”据此可以得知，只有在夫妻书面约定婚后财产归各自所有时，双方离婚时，一方对家庭尽了较多的义务的，才有权向另一方请求补偿；如果不存在夫妻约定分别财产制的情形，则不存在补偿的问题。所以在本案中如果夫妻书面约定婚后财产归各自所有时，毫无疑问王涛需要对陆颖进行一定的补偿。如果二人没有书面约定婚后财产归各自所有时，即婚后的财产为共同财产时就不存在补偿问题，二人就共同财产进行分割。

相关法条：

《中华人民共和国婚姻法》

第四十条　夫妻书面约定婚姻关系存续期间所得的财产归各自所有，一方因抚育子女、照料老人、协助另一方工作等付出较多义务的，离婚时有权向另一方请求补偿，另一方应当予以补偿。

不履行赡养义务、将没有生活自理能力的老人饿死是犯罪吗？

林女与张男结婚后一直与婆婆住在一起，婆婆王某半身不遂，生活不能自理，一直由林女伺候。后来张男因盗窃被判入狱，林女心灰意冷，意图与张男离婚后再找一个，但觉得王某是个绊脚石。为了尽快摆脱婆婆的拖累，林女头脑中产生了恶意的念头。于是一日林女将婆婆锁在房子里后就去朋友家了，一直过了半个月才回来，回来时王某已经饿死。林女构成犯罪吗？

分析：

林女构成了故意杀人罪。在刑事司法领域，犯罪不但能由作为构成，也可以由不作为构成。作为犯罪就是指行为人积极主动地去做伤害别人的事情，如持刀砍人。不作为犯罪是指行为人负有某种义务而不去履行该义务导致危害结果的发生，如母亲不给刚出生的小婴儿喂奶粉吃导致小婴儿饿死就是不作为犯罪。不作为犯罪的义务来源有四种，一是法律规定的义务，如警察有制止他人犯罪的义务。二是职务上、业务上的义务，如消防员有救火的义务。三是先前行为引起的义务，如带小孩去水库游泳，行为人就有负责小孩人身安全的义务。如果行为人负有这种义务而不去履行导致了危害结果的发生，行为人就构成了不作为犯罪。

本案中林女负有赡养老人的义务，却故意不履行赡养义务将老人饿死，并且将老人锁在屋子里，也使得老人得不到他人救助，所以林女构成了不作为的杀人犯罪。我国《刑法》第二百三十二条规定：“故意杀人的，处死刑、无期徒刑或者十年以上有期徒刑；情节较轻的，处三年以上十年以下有期徒刑。”

相关法条：

《中华人民共和国刑法》

第二百三十二条　故意杀人的，处死刑、无期徒刑或者十年以上有期徒刑；情节较轻的，处三年以上十年以下有期徒刑。

当事人是否可以就扶养、收养纠纷申请仲裁？

2005年3月，甲与乙达成协议，由乙收养甲6岁的孩子丙，甲为此而向乙一次性支付5万元费用。合同中还规定，任何一方违反约定，应当承担违约责任。该收养协议成立以后，在当地民政部门办理了登记手续。一年后小孩上学，在校期间比较顽皮，经常与同学打架，并将一同班同学眼睛打伤，乙为此向受害人支付了医药费10万元。乙遂以该孩子顽皮为由提出解除收养协议。甲拒不接受，于是乙向其所在地的仲裁委员会提出仲裁，要求解除双方的收养关系。那么甲乙可否对双方的收养关系向仲裁委员会申请仲裁？

分析：

仲裁是解决民事争议的方式之一。一般是当事人根据他们之间订立的仲裁协议，自愿将其争议提交由非官方身份的仲裁员组成的仲裁庭进行裁判，并受该裁判约束的一种制度。仲裁活动和法院的审判活动一样，关乎当事人的实体权益，但并不是所有的民事争议都适用仲裁的方式。我国《仲裁法》第三条规定，下列纠纷不能仲裁：

（一）婚姻、收养、监护、扶养、继承纠纷；

（二）依法应当由行政机关处理的行政争议。

在本案中，甲乙之间达成协议后，经过当地民政部门的登记，乙跟丙之间的收养关系成立。后因丙顽皮给乙造成较大的经济损失，乙以此为由向仲裁委员会提出仲裁，要求解除双方的收养关系，依据我国《仲裁法》的规定，当事人的收养纠纷不能申请仲裁，因此，乙不能对双方的收养关系向仲裁委员会申请仲裁。

相关法条：

《中华人民共和国仲裁法》

第三条　下列纠纷不能仲裁：

（一）婚姻、收养、监护、扶养、继承纠纷；

（二）依法应当由行政机关处理的行政争议。

《中华人民共和国收养法》

第二十六条　收养人在被收养人成年以前，不得解除收养关系，但收养人、送养人双方协议解除的除外，养子女年满十周岁以上的，应当征得本人同意。收养人不履行抚养义务，有虐待、遗弃等侵害未成年养子女合法权益行为的，送养人有权要求解除养父母与养子女间的收养关系。送养人、收养人不能达成解除收养关系协议的，可以向人民法院起诉。

继父继母也是父母

天下没有不疼爱儿女的父母，父母对子女的疼爱是与生俱来的。但是一般来讲，这仅限于生父母与子女之间，相对来说继父母、养父母与继子女、养子女之间的关系要复杂得多。自古以来关于后娘虐待继子女的传说不断，人们大都对继父母心存芥蒂，但并不是所有的继父母都虐待继子女，现实中也有许多继父母把继子女当成亲生的一样精心抚养。

生活中人们常听说某某是收养的，但是很多人对收养的程序和效力并不了解。子女被他人收养后，虽然和生父母仍有血缘上的联系，但是，他们之间在法律上的权利义务已经完全解除。生父母对送他人收养的子女不再有抚养教育的义务。收养是法律拟制的父母子女关系，自收养关系成立之日起，养父母与养子女之间形成父母子女关系，养父母应该抚养教育养子女，同样，养子女成年后要赡养养父母。现实中有很多夫妻在收养了别人的孩子后，由于种种原因后来又解除了收养关系，如又生育了自己的孩子，与养子女关系恶化等。我国收养法规定，收养关系解除后，养子女与养父母及其他近亲属间的权利义务即行消除，与生父母及其他近亲属间的权利义务关系自行恢复，但成年养子女与生父母及其他近亲属间的权利义务关系是否恢复，可以协商确定。收养关系解除后，养父母缺乏劳动能力又丧失生活来源的经他们抚养成年的养子女应尽赡养义务；如果成年后的养子女虐待、遗弃养父母导致收养关系解除的或者是养子女的生父母要求解除收养关系的，养父母还可以要求补偿其在收养期间支付的生活费和教育费。当然，如果是因为养父母虐待、遗弃养子女而导致解除收养关系的，养父母无权要求支付赡养费。

父母与子女之间因为琐事吵架的情况是很常见的，吵完了用不了多久双方就和好了，毕竟，双方是血脉相承的亲人。当然也有一些父母与子女没有和好，甚至声称断绝父母子女关系，那么子女是否因此不用赡养父母了呢？根据《婚姻法》的规定，父母子女之间以血缘为纽带的亲情关系是与生俱来的，这种关系是基于子女出生的法律事实而发生的。除因收养而成立的父母子女关系可以解除外，自然血亲的父母子女关系一律不准解除，否则就要承担相应的法律责任。无论是亲生父母，还是养父母、继父母，只要是对子女尽了抚养教育责任的，都是父母，在他们年老时，我们都应该承担赡养他们的义务。

被收养的孩子有赡养亲生父母的义务吗?

周某夫妇在儿童福利院通过法定程序收养了一个未满 2 岁的男孩，为其取名周某某，并一直将周某某抚养成人。周某某参加工作后，事业有成，对周某夫妇也非常孝顺。可是有一天有一位姓鲁的老年男子找到周某某，称其为周某某的亲生父亲，并要求周某某承担对其的赡养义务。后经查实，这名男子果然是周某某的生父。周某某对其生父有赡养义务吗?

分析：

我国《婚姻法》规定："国家保护合法的收养关系。养父母和养子女间的权利和义务，适用本法对父母子女关系的有关规定。养子女和生父母间的权利和义务，因收养关系的成立而消除。"此外，我国《收养法》中也有规定，自收养关系成立之日起，养父母与养子女间的权利义务关系，适用法律关于父母子女关系的规定，养子女与生父母及其他近亲属间的权利义务关系，因收养关系的成立而消除。本案中，周某某被周某夫妇通过合法的途径收养后，他与生父母与之间的关系就已经消除，对生父母不再承担赡养义务，因此鲁某无权要求周某某赡养自己。当然，出于血缘关系考虑，周某某也可以自愿帮助或赡养鲁某。

相关法条：

《中华人民共和国婚姻法》

第二十一条　父母对子女有抚养教育的义务；子女对父母有赡养扶助的义务。

父母不履行抚养义务时，未成年的或不能独立生活的子女，有要求父母付给抚养费的权利。

子女不履行赡养义务时，无劳动能力的或生活困难的父母，有要求子女付给赡养费的权利。

禁止溺婴、弃婴和其他残害婴儿的行为。

第二十六条　国家保护合法的收养关系。养父母和养子女间的权利和义务，适用本法对父母子女关系的有关规定。

养子女和生父母间的权利和义务，因收养关系的成立而消除。

《中华人民共和国收养法》

第二十三条　自收养关系成立之日起，养父母与养子女间的权利义务关系，适用法律关于父母子女关系的规定；养子女与养父母的近亲属间的权利义务关系，适用法律关于子女与父母的近亲属关系的规定。

养子女与生父母及其他近亲属间的权利义务关系，因收养关系的成立而消除。

养子女成年后不尽赡养养父母的义务，在养父母死亡后是否还有继承遗产的权利？

孙刚是孙某夫妇在其3岁时收养的一个孩子，夫妇二人对孙刚爱护有加，可是随着孙刚慢慢长大，他越发变得蛮不讲理，为所欲为，并且对孙某夫妇二人一点也不孝顺。2011年，年近七十的孙某离开了人世，死后留下了一处房产和一笔存款。在孙某死后不久孙刚找到养母要求分割孙某遗留下来的遗产。养母称孙刚是其养子并且根本没有履行赡养义务，他没有继承遗产的权利。问不尽赡养义务的养子女在养父母死亡后是否享有继承遗产的权利？

分析：

根据我国《婚姻法》第二十六条规定：“国家保护合法的收养关系。养父母和养子女间的权利和义务，适用本法对父母子女关系的有关规定。养子女和生父母间的权利和义务，因收养关系的成立而消除。”此外，我国《继承法》第十三条规定：“同一顺序继承人继承遗产的份额，一般应当均等。对生活有特殊困难的缺乏劳动能力的继承人，分配遗产时，应当予以照顾。对被继承人尽了主要扶养义务或者与被继承人共同生活的继承人，分配遗产时，可以多分。有扶养能力和有扶养条件的继承人，不尽扶养义务的，分配遗产时，应当不分或者少分。继承人协商同意的，也可以不均等。”据此可知，只有发生继承法规定的丧失继承权的情形，继承人才丧失继承权。所以本案中养子女未尽赡养义务的，不会因此丧失继承权的，仍然享有财产继承权。当然针对这种情形，法律明确规定应当少分或者不分。所以孙刚有继承养父遗产的权利，但是其对养父母未尽到应尽的赡养义务。根据法律的规定可以不分给他遗产或少分给他遗产。

相关法条：

《中华人民共和国婚姻法》

第二十六条　国家保护合法的收养关系。养父母和养子女间的权利和义务，适用本法对父母子女关系的有关规定。

养子女和生父母间的权利和义务，因收养关系的成立而消除。

《中华人民共和国继承法》

第十三条　同一顺序继承人继承遗产的份额，一般应当均等。

对生活有特殊困难的缺乏劳动能力的继承人，分配遗产时，应当予以照顾。

对被继承人尽了主要扶养义务或者与被继承人共同生活的继承人，分配遗产时，可以多分。

有扶养能力和有扶养条件的继承人，不尽扶养义务的，分配遗产时，应当不分或者少分。

继承人协商同意的，也可以不均等。

解除收养关系的养子女是否可以继承生父母的遗产?

张大胆是张某夫妇的养子，并且收养已经过我国的法定程序为我国法律所认可。可是已是成年人的大胆好逸恶劳、不务正业，常常向张某夫妇要钱去外面吃喝玩乐，倘若张某夫妇不同意给钱，他就对二老拳打脚踢。张某夫妇对大胆一直好言相劝希望他能够改头换面，可是多年过去了大胆不但没有变好，反而与养父母的关系更加恶化。忍无可忍的张某夫妇经过法定程序解除了与大胆的收养关系。2010 年刚过六旬的张某离开了人世。在张某过世没几天，大胆来到养父母家要求分割张某遗留下来的遗产。大胆有权继承养父遗留下来的遗产吗?

分析:

我国《收养法》规定:“养父母与成年养子女关系恶化、无法共同生活的，可以协议解除收养关系。不能达成协议的，可以向人民法院起诉。”此外本法第二十九条规定:“收养关系解除后，养子女与养父母及其他近亲属间的权利义务关系即行消除，与生父母及其他近亲属间的权利义务关系自行恢复，但成年养子女与生父母及其他近亲属间的权利义务关系是否恢复，可以协商确定。”

本案中张某与张大胆依据我国的法律规定解除了收养关系，根据我国的法律规定，收养关系解除后，养子女与养父母及其他近亲属间的权利义务关系即行消除。所以张大胆与张某在我国法律上不存在任何关于父母与子女的权利义务，其中当然包括继承权。本案中张大胆对张某留下的遗产不享有继承的权利。

相关法条:

《中华人民共和国收养法》

第二十七条　养父母与成年养子女关系恶化、无法共同生活的，可以协议解除收养关系。不能达成协议的，可以向人民法院起诉。

第二十九条　收养关系解除后，养子女与养父母及其他近亲属间的权利义务关系即行消除，与生父母及其他近亲属间的权利义务关系自行恢复，但成年养子女与生父母及其他近亲属间的权利义务关系是否恢复，可以协商确定。

收养关系解除后，养子女还要对养父母尽赡养义务吗？

方涛现已成家并生有一子，原本一家人生活得非常幸福。可是不知方涛之妻从何得知方涛是方老夫妇二人的养子，自此之后方涛在妻子的怂恿之下对二老非常不孝，不仅不给二老生活费还时常恶语相向。最后方涛夫妇提出了解除收养关系的要求，方老二人无奈之下同意了方涛夫妻的要求。可是方老二人已无生活来源，问二老还能要求方涛夫妇对其履行赡养义务吗？

分析：

我国《收养法》规定："收养关系解除后，养子女与养父母及其他近亲属间的权利义务关系即行消除，与生父母及其他近亲属间的权利义务关系自行恢复，但成年养子女与生父母及其他近亲属间的权利义务关系是否恢复，可以协商确定。"

本案中方老夫妇已与养子按照法律程序解除了收养关系，根据法律的规定方老二人与养子的权利义务关系已经消除即二老不能要求方涛继续向他们履行赡养义务。但是二老可以要求方涛夫妇向他们支付生活费，我国《收养法》第三十条规定："收养关系解除后，经养父母抚养的成年养子女，对缺乏劳动能力又缺乏生活来源的养父母，应当给付生活费。因养子女成年后虐待、遗弃养父母而解除收养关系的，养父母可以要求养子女补偿收养期间支出的生活费和教育费。"

相关法条：

《中华人民共和国收养法》

第二十九条　收养关系解除后，养子女与养父母及其他近亲属间的权利义务关系即行消除，与生父母及其他近亲属间的权利义务关系自行恢复，但成年养子女与生父母及其他近亲属间的权利义务关系是否恢复，可以协商确定。

第三十条　收养关系解除后，经养父母抚养的成年养子女，对缺乏劳动能力又缺乏生活来源的养父母，应当给付生活费。因养子女成年后虐待、遗弃养父母而解除收养关系的，养父母可以要求养子女补偿收养期间支出的生活费和教育费。

生父母要求解除收养关系的，养父母可以要求生父母适当补偿收养期间支出的生活费和教育费，但因养父母虐待、遗弃养子女而解除收养关系的除外。

第五章

七大姑八大姨，总是有人出问题

俗话说：亲眷一只桶，散板好窜拢；朋友一只甏，敲糊无商量。意思就是说，亲戚关系比朋友关系牢靠。亲戚固然重要，因为有血缘、婚姻或者其他因素，但是，在现实生活中，亲戚之间往往由于各种原因出现各种各样的问题，争吵、打架，甚至老死不相往来屡见不鲜。那么如何正确处理好亲朋关系呢？

首先要加强沟通。亲朋关系全赖互相了解。要达到互相之间彼此了解，就要加强交流，在思想和态度方面加强沟通，多搞一些社交活动，增进了解和友谊。其次要关心亲朋。希望得到人的关心是基本需要，你愈关心亲朋，你在亲朋生活中的必要性将因之而得到增加，自然而然亲朋也会关心你，一旦彼此之间互相关心，亲朋关系自然也就密切了。

再次是宽容大度。“人无完人”，任何人总是有缺点的，也总会做错事的。这些都是正常和不可避免的，对亲戚的缺点和错误能保持一种宽容的态度，不要斤斤计较，亲戚就会心存感激而愿意与你交流。

与亲朋友好相处还要完善自我。与他人关系紧张的人，大都在性格和习惯方面有些毛病，应刻意改变自己的不良性格和习惯。如果在与亲戚交往中，人人都乐于赞美他人，善于夸奖他人的长处，那么亲朋好友之间的愉悦度将大大增强，同时注意夸奖别人并不意味着可以毫无顾忌，应遵守两个原则：第一，赞美应出于真心，所夸奖的内容应是对方确实具有优良品质和特点；第二，夸奖的内容应被对方所在意。

此外，距离产生美，亲戚之间要保持适当的距离。有时我们对某人太好时，他反而离我们远远的。究其原因有两点：其一，你的关心，别人是要回报的，当亲朋觉得自身能力无法回报你的关心时，只好采取不接受你的关心、疏远你的方法来维持关系的平衡。其二，任何人内心都有自己的一个空间，只归自己拥有。再亲密的关系，如果不想让你进入而又无法回绝，只好采取敬而远之的态度。因此，人与人之间适当保持距离，为彼此的心灵留下一点空间；让彼此感觉到都是自由的，才能继续交往下去。

翻脸还是好商量，这是个问题

亲戚之间本应该是互相帮助，一家人和和睦睦的，然而，亲戚们却因为债务、房产、赡养老人等问题存在着各种各样的纠纷和矛盾。目前，社会亲属间的常见纠纷主要有：赡养纠纷、继承纠纷和分家析产纠纷。

“老有所养”，是每一个老年人所期盼的，也是每一个人的人生必经之路。毋庸讳言，我国长期形成的尊老爱幼善良习俗正逐渐为利己主义私欲蚕食，道德评价与舆论监督已不能很好地约束义务人履行赡养义务。在赡养老人问题上，亲属之间出现的赡养纠纷主要体现在赡养人与被赡养人之间的纠纷和赡养人之间的纠纷。

亲属之间因财产继承而引起的纠纷，轻则使亲人间的感情由此受到极大伤害，重则引起流血冲突，因此，必须在法律范围内妥善处理如此纠纷。亲属之间财产继承纠纷主要表现为已经出嫁的女儿的财产继承问题、继承份额问题以及债务继承等问题。

亲戚间相互照顾是情理中的事，在日常生活中会出现矛盾和纠纷也是很正常的。既然是亲戚，就应该互相体谅，互相谦让，出现问题及时解决，如果处理不好，不仅影响不好还会伤了双方的感情。

家家都有本难念的经，但是经再难念，只要大家齐心协力一起去解决，相信没有解决不了的难题。

叔叔或姑姑在，孙子有赡养爷爷奶奶的义务吗?

张爷爷与张奶奶都已七十多岁了，他们只有一个儿子和一个女儿，多年来一直由儿子与儿媳赡养。儿子与儿媳在一场车祸中双双去世，现在老两口生活困难，要求在外企担任中层管理的孙子承担赡养义务。孙子张某声称有姑姑在自己没有赡养爷爷奶奶的义务，拒绝赡养老人。孙子有赡养爷爷奶奶的义务吗?

分析：

家庭成员中负有赡养义务的赡养人，在一定情况下不仅仅是指老人的儿女，还包括老人的孙子女、外孙子女。我国《婚姻法》规定，有负担能力的祖父母、外祖父母，对于父母已经死亡或父母无力抚养的未成年的孙子女、外孙子女，有抚养的义务。有负担能力的孙子女、外孙子女，对于子女已经死亡或子女无力赡养的祖父母、外祖父母，有赡养的义务。老人的孙子女、外孙子女承担赡养义务有一个前提条件，就是老人的子女没有赡养能力、失去了赡养能力或者是他们先于老人死亡，致使老人生活困难、经济拮据等情况，并且老人的孙子女、外孙子女有履行赡养义务的能力。如果老人的子女有赡养能力而不履行赡养义务，则老人不能要求孙子女、外孙子女履行赡养义务。

本案中，张爷爷与张奶奶的儿子和儿媳在车祸中去世，导致老两口生活困难，但是其还有一个女儿，所以应由其女儿承担他们的赡养义务。如果其女儿不具有赡养能力他们才可以要求具有稳定收入的孙子张某承担赡养义务。

相关法条：

《中华人民共和国婚姻法》

第二十一条　父母对子女有抚养教育的义务；子女对父母有赡养扶助的义务。

父母不履行抚养义务时，未成年的或不能独立生活的子女，有要求父母付给抚养费的权利。

子女不履行赡养义务时，无劳动能力的或生活困难的父母，有要求子女付给赡养费的权利。

禁止溺婴、弃婴和其他残害婴儿的行为。

第二十八条　有负担能力的祖父母、外祖父母，对于父母已经死亡或父母无力抚养的未成年的孙子女、外孙子女，有抚养的义务。有负担能力的孙子女、外孙子女，对于子女已经死亡或子女无力赡养的祖父母、外祖父母，有赡养的义务。

亲属间出现了债务纠纷怎么办?

小孟的舅舅在外做服装生意，由于资金周转困难，先后于 2010 年 3 月和 5 月向小孟借款 3 万元，并且给小孟出具了借条，借款期限一年整。可是一年后，他舅舅以各种理由推脱，希望小孟延长还款期限，小孟顾念亲情和舅舅的颜面也一再忍让。小孟于 2011 年 10 月最后一次要求舅舅还款，他舅舅认为他们是亲戚，小孟不可能到法院告自己，就耍赖说自己从未向小孟借钱，小孟没有办法于 2011 年 12 月向法院提起诉讼。那么法院会怎样解决亲属之间的债务纠纷呢?

分析:

首先，根据我国《民法通则》的规定，债是按照合同的约定或者依照法律的规定，在当事人之间产生的特定的权利和义务关系，享有权利的人是债权人，负有义务的人是债务人。债权人有权要求债务人按照合同的约定或者依照法律的规定履行义务。其次，法律允许民事主体之间的合法的民间借贷活动。根据《合同法》的规定，借款人和贷款人可以形成借款合同，贷款人向借款人提供借款，借款人在借款到期时必须向贷款人返还借款，有利息约定的还要按照约定支付利息。再者，根据法律的规定，民事活动的主体为平等自然人，并不限制是否是亲属关系。如果借款方不按约定履行返还借款的义务，就要承担违约责任。贷款方可以向法院起诉要求借款人返还借款，并要求其支付逾期利息。

本案中，小孟与舅舅之间的贷借关系已经成立，并有借条为证，小孟的舅舅理应在还款期内还清借款，法律的规定不会因为当事人是亲属关系而有所不同。当然亲属之间发生债务纠纷，首先要以协商和调解为主，如果实在不行，受害方可以请求法院给予保护。

相关法条：

《中华人民共和国合同法》

第一百九十六条　借款合同是借款人向贷款人借款，到期返还借款并支付利息的合同。

第二百零七条　借款人未按照约定的期限返还借款的，应当按照约定或者国家有关规定支付逾期利息。

《中华人民共和国民法通则》

第八十四条　债是按照合同的约定或者依照法律的规定，在当事人之间产生的特定的权利和义务关系，享有权利的人是债权人，负有义务的人是债务人。

债权人有权要求债务人按照合同的约定或者依照法律的规定履行义务。

亲属间出现了房产纠纷怎么办？

老王生前有一套房产，市价约100万元。老王有甲乙丙丁四个儿子，生前老王一直与甲同住在自己的房子里。老王走得突然并没有留下遗嘱。他死后，甲乙丙丁四人就对该处房产的归属发生了纠纷，甲认为，他一直与老父亲同住在此，尽了最主要的赡养义务，他理应继续住在此处；而乙认为只有他家为老爷子生了一个孙子，孙子理应继承爷爷的房产，并说父亲生前留下了口头遗嘱，死后会把房子留给自己；丁则认为应该按照法律规定平分房产。四兄弟为房产闹得不可开交，他们到底应怎么处理房产纠纷呢？

分析：

我国《物权法》第三十三条规定因物权的归属、内容发生争议的，利害关系人可以请求确认权利。权利人可以通过和解、调解、仲裁、诉讼等途径解决。根据《继承法》的规定，被继承人的房产作为遗产应该由法定继承人按法律规定或遗嘱继承人按遗嘱继承。对于房产的纠纷要按照民事法律法规的规定解决。如果被继承人生前没有留有遗嘱，继承开始后就要按照法定继承的要求继承，子女作为第一顺序的法定继承人平等地享有对遗产的继承权，此外，继承人还可以根据自己赡养老人的具体情况要求不均等分配遗产。有遗嘱的，继承开始后要按照遗嘱人的意愿分配遗嘱。在继承开始后，遗产为继承人共同共有。

本案中，由于遗产引发的房产纠纷，由于四人对房产的归属都有自己不同的看法，可以起诉到法院请求法院处理。此外，对于各自的主张，都要拿出充分的证据来，以支撑自己的诉讼请求。

相关法条：

《中华人民共和国物权法》

第三十二条　物权受到侵害的，权利人可以通过和解、调解、仲裁、诉讼等途径解决。

第三十三条　因物权的归属、内容发生争议的，利害关系人可以请求确认权利。

《中华人民共和国继承法》

第五条　继承开始后，按照法定继承办理；有遗嘱的，按照遗嘱继承或者遗赠办理；有遗赠扶养协议的，按照协议办理。

伤害事故赔偿款在亲属间如何继承与分配？

2010年9月，冯某驾驶物流大货车在京沈高速公路与另一车辆相撞，当场死亡。经交管部门协调，由另一方向冯某的家属支付丧葬费、被抚养人生活费、交通费、住宿费、死亡补偿金、精神损害赔偿金等计人民币30万元。冯某善后事宜处理完后，其妻子蒋某将领取的30万元赔偿金占为己有。冯某的父母认为，儿媳蒋某侵占了二人应继承的份额，已构成侵权，为此将儿媳告上法庭，要求其将儿子因车祸死亡的赔偿金与二人依法共同继承。那么伤害事故赔偿款是否能作为遗产在亲属之间继承与分配呢？

分析：

我国《婚姻法》第十八条规定："有下列情形之一的，为夫妻一方的财产：（一）一方的婚前财产；（二）一方因身体受到伤害获得的医疗费、残疾人生活补助费等费用；（三）遗嘱或赠与合同中确定只归夫或妻一方的财产；（四）一方专用的生活用品；（五）其他应当归一方的财产。"由此可见，伤害事故赔偿款项不属于夫妻共同财产。按照我国《继承法》第三条的规定，遗产是指公民死亡时遗留的个人合法财产，包括：公民的收入、公民的房屋、储蓄和生活用品；公民的林木、牲畜和家禽；公民的文物、图书资料，法律允许公民所有的生产资料；公民的著作权、专利权当中的财产权利；公民的其他合法财产等七项。而赔款金则是在死者死亡后，肇事司机给予死者家属的精神关怀和物质帮助，主要目的是优抚救济死者家属，故不能作为遗产继承。但是在司法实践中对于死者的伤害事故赔偿款一般都参照"遗产"的性质进行分配。

本案中冯某因交通事故死亡获得的相关的事故赔偿款既不属于夫妻共同财产也不属于其本人的遗产，该30万元应该先支付死者生前的医疗、丧葬等费用，剩下的款项由近亲属享有，分配的顺序参照《继承法》的法定继承顺序。本案中死者的妻子蒋某无权占有全部赔偿款，该赔偿款应为三人共同享有。

相关法条：

《中华人民共和国婚姻法》

第十八条　有下列情形之一的，为夫妻一方的财产：

（一）一方的婚前财产；

（二）一方因身体受到伤害获得的医疗费、残疾人生活补助费等费用；

（三）遗嘱或赠与合同中确定只归夫或妻一方的财产；

（四）一方专用的生活用品；

（五）其他应当归一方的财产。

《中华人民共和国继承法》

第三条　遗产是公民死亡时遗留的个人合法财产，包括：

（一）公民的收入；

（二）公民的房屋、储蓄和生活用品；

（三）公民的林木、牲畜和家禽；

（四）公民的文物、图书资料；

（五）法律允许公民所有的生产资料；

（六）公民的著作权、专利权中的财产权利；

（七）公民的其他合法财产。

究竟谁有继承权?

常言道:“多子多福”,事实上并不完全如此。如果子女孝顺,老人当然幸福,如果子女不孝,在赡养老人的问题上互相推诿,甚至遗弃、虐待老人,老人哪来的幸福呢?即便是老人去世了,兄弟姐妹之间仍会为争夺遗产而产生纠纷,甚至不惜对簿公堂,大家都主张行使继承权。继承权,继承权,究竟谁有继承权呢?

继承权作为公民的一项司法上的基本权利,严格地受到法律的保护。凡是公民死亡时遗留的个人合法财产都是遗产,其继承人都可以继承。那么,继承人要继承遗产首先得有继承权。哪些人享有继承权呢?依据相关法律规定,有遗嘱的按遗嘱,没遗嘱的按法定继承。我国继承法规定了遗产继承顺序,第一顺序:配偶、子女、父母。第二顺序:兄弟姐妹、祖父母、外祖父母。现实生活中继承人仅为一人的情形极为少见,数人继承被继承人遗产的共同继承也就成为继承的主要形态。

在多人共同继承遗产的情况下,继承人之间往往就会产生纠纷。典型的就是嫁出去的女儿的继承权的问题。在中国人传统的观念里,女儿并不是继承人,尤其是嫁出去的女儿,就更没有继承权了,“嫁出去的女儿,泼出去的水”嘛!然而,这种观念并不符合法律的规定,在男女平等的观念得到普遍认可的今天,妇女合法的继承权受到法律保护。

世界就是这样奇妙,有的人为了争夺遗产打得头破血流,也有的人的遗产却是无人继承。那么无人继承遗产怎么处置呢?我国继承法对此做出了明确的规定，下面我们一起来了解一下这方面的法律常识。

遗嘱无效后，遗产如何分配？

王先生是一位生意人，妻子早逝，有两个儿子和一个女儿。年过六十的他不想再操心公司的事就将全部的生意交由大儿子接管，自己生活主要有小儿子照管。随着岁数的增加，王先生的身体状况一天不如一天，在过完七十大寿没多久就离开了人世，留下了两处房产现金若干和一个拥有百十来人的企业。王先生去世后三个子女聚在了一起准备分割财产，这时大儿子拿出了一份遗嘱，遗嘱内容是企业由大儿子继承，剩余的财产由三个子女平均分配。对此遗嘱，王先生的小儿子和女儿产生了怀疑。后经鉴定此遗嘱是大儿子伪造的。那么此时王先生的遗产应如何分配？

分析：

我国《继承法》规定，伪造的遗嘱无效。同时本法第二十七条明确规定："有下列情形之一的，遗产中的有关部分按照法定继承办理：（一）遗嘱继承人放弃继承或者受遗赠人放弃受遗赠的；（二）遗嘱继承人丧失继承权的；（三）遗嘱继承人、受遗赠人先于遗嘱人死亡的；（四）遗嘱无效部分所涉及的遗产；（五）遗嘱未处分的遗产。"据此我们可以得知，只要出现了第二十七条规定的情形，相关的遗产或者未分配的遗产就应当按照法定继承办理。

本案中大儿子拿出的遗嘱是其伪造的，所以遗嘱无效，王先生的遗产应按照我国有关法定继承的规定在其继承人之间进行分配。

相关法条：

《中华人民共和国继承法》

第二十二条　无行为能力人或者限制行为能力人所立的遗嘱无效。

遗嘱必须表示遗嘱人的真实意思，受胁迫、欺骗所立的遗嘱无效。

伪造的遗嘱无效。

遗嘱被篡改的，篡改的内容无效。

第二十七条　有下列情形之一的，遗产中的有关部分按照法定继承办理：

（一）遗嘱继承人放弃继承或者受遗赠人放弃受遗赠的；

（二）遗嘱继承人丧失继承权的；

（三）遗嘱继承人、受遗赠人先于遗嘱人死亡的；

（四）遗嘱无效部分所涉及的遗产；

（五）遗嘱未处分的遗产。

遗产中有不易分割的财产时怎么分配？

孙先生是一位集邮爱好者，在单位退休后他就加入到了集邮爱好者协会，在日常生活中他也非常注意搜集一些有纪念意义的邮票，有时还去全国各地参见各种邮票的展览会。年近七旬的他在一次外出时遇到了一场车祸当场死亡。处理完王先生的丧事后，他的子女聚到了一起准备分割他遗留下来的财产。经整理，王先生留有一处房屋、存款若干和一套邮册，经鉴定这套邮册市场价值不菲。对于房屋和存款的分配继承人均无异议，可是对于这套邮册如何分配继承人产生了异议，那么如何分配邮册？

分析：

我国《继承法》第二十九条规定：“遗产分割应当有利于生产和生活需要，不损害遗产的效用。不宜分割的遗产，可以采取折价、适当补偿或者共有等方法处理。”同时我国《最高人民法院关于贯彻执行〈中华人民共和国继承法〉若干问题的意见》第五十八条规定：“人民法院在分割遗产中的房屋、生产资料和特定职业所需要的财产时，应依据有利于发挥其使用效益和继承人的实际需要，兼顾各继承人的利益进行处理。”据此我们可以得知，继承人在分割遗产的时候，应当根据遗产的使用性能以及继承人的实际需要，采取折价、适当补偿或者共有等方法处理，同时兼顾个人的利益进行遗产分配。

本案中王先生的邮册是其遗产，应当在继承人之间进行分配。可是如果将邮册里的邮票平均在继承人之间进行分配，那么邮册的整体价值也就不存在了。所以为了使邮册的价值得到体现，继承人可以采取折价、适当补偿或者共有等方法处理，而非平均地分配邮票。

相关法条：

《中华人民共和国继承法》

第二十九条　遗产分割应当有利于生产和生活需要，不损害遗产的效用。

不宜分割的遗产，可以采取折价、适当补偿或者共有等方法处理。

《最高人民法院关于贯彻执行〈中华人民共和国继承法〉若干问题的意见》

第五十八条　人民法院在分割遗产中的房屋、生产资料和特定职业所需要的财产时，应依据有利于发挥其使用效益和继承人的实际需要，兼顾各继承人的利益进行处理。

无人继承的遗产是不是就可以随意占有了呢？

甲女是某村的村民，无儿无女，老伴也很早就去世了。日常的生活来源主要靠自己的二分地和村里支部的接济。年过六十的她身体一天不如一天，最后因病医治无效而离开了人世。死后仅仅留下一处房产。由于甲既没有子女也没有亲戚，因此无人继承。甲女去世后不久邻居乙某就搬进了甲女的房子，称此房子是无主物谁先占有就是谁的，对此村里的人产生了异议。问乙的说法正确吗？他能占有甲的房子吗？

分析：

我国《继承法》第三十二条规定：“无人继承又无人受遗赠的遗产，归国家所有；死者生前是集体所有制组织成员的，归所在集体所有制组织所有。”据此我们可以得知，并不是无人继承的遗产就可以随意继承。本案中，村民甲的遗产由于既没有法定继承人继承，她也没有立遗嘱将其赠予别人，因此属于无人继承又无人受遗赠的遗产。由于甲生前是村集体所有制组织成员，因此甲的遗产应当归所在集体所有制组织所有。因此乙是没有权利占有甲的房屋的。

相关法条：

《中华人民共和国继承法》

第三十二条　无人继承又无人受遗赠的遗产，归国家所有；死者生前是集体所有制组织成员的，归所在集体所有制组织所有。

虐待、打骂父母的子女还有继承权吗？

钱某退休后与其次子夫妇共同生活，但次子与儿媳不孝顺，经常让钱某干繁重的家务劳动，不给钱某饭吃，还打骂钱某，并多次将钱某赶出家门。无奈之下，钱某与长子一家共同生活，自此钱某的次子再没有履行过赡养的义务，甚至都未曾看望过年迈的钱某。2008 年钱某去世，将 4 万元存款留给了长子。次子知道此事后，便争抢这笔财产，认为自己也有继承权。钱某的次子还有继承权吗？

分析：

我国《继承法》第七条规定：“继承人有下列行为之一的，丧失继承权：（一）故意杀害被继承人的；（二）为争夺遗产而杀害其他继承人的；（三）遗弃被继承人的，或者虐待被继承人情节严重的；（四）伪造、篡改或者销毁遗嘱，情节严重的。”继承权的丧失，又称继承权的剥夺，是指依照法律的规定，在发生法定事由时取消继承人继承被继承人遗产的资格。

本案中，钱某的次子经常不给钱某饭吃、打骂钱某，已经构成了情节严重的虐待，我国《最高人民法院关于贯彻执行〈中华人民共和国继承法〉若干问题的意见》还规定，虐待被继承人情节严重的，不论是否追究刑事责任，均可确认其丧失继承权。但是继承人虐待被继承人情节严重的，或者遗弃被继承人的，如以后确有悔改表现，而且被虐待人、被遗弃人生前又表示宽恕，可不确认其丧失继承权。可是本案中钱某的次子并无悔改的表现而且钱先生也无宽恕的表示，所以钱某次子的继承权依法被剥夺。

相关法条：

《中华人民共和国继承法》

第七条　继承人有下列行为之一的，丧失继承权：

（一）故意杀害被继承人的；

（二）为争夺遗产而杀害其他继承人的；

（三）遗弃被继承人的，或者虐待被继承人情节严重的；

（四）伪造、篡改或者销毁遗嘱，情节严重的。

《最高人民法院关于贯彻执行〈中华人民共和国继承法〉若干问题的意见》

第十条　继承人虐待被继承人情节是否严重，可以从实施虐待行为的时间、手段、后果和社会影响等方面认定。

虐待被继承人情节严重的，不论是否追究刑事责任，均可确认其丧失继承权。

第十三条　继承人虐待被继承人情节严重的，或者遗弃被继承人的，如以后确有悔改表现，而且被虐待人、被遗弃人生前又表示宽恕，可不确认其丧失继承权。

女儿出嫁就失去继承父母遗产的资格了吗？

陆某有一子一女均已成家，其女远嫁他乡。2008年，陆某因病身亡，留下的存款8万元。办完丧事后，陆某之子陆甲将父亲所留的存款全部据为己有。而从外地赶回奔丧的陆某之女陆乙得知此事后，要求将存款的一半分给自己。陆甲声称妹妹已出嫁，不再是陆家的人了，无权再继承父亲的遗产。陆甲的说法成立吗？

分析：

我国《继承法》明确规定，男女享有平等的继承权。因此，无论是儿子还是女儿，也不论已婚还是未婚，都有继承父母遗产的权利。同时根据本法第十条规定，子女为第一顺序的继承人。

本案中，陆乙虽然已经出嫁，但仍与陆甲同为第一顺序继承人，对父母的遗产享有平等的继承权。但是由于陆乙远嫁外地，更多地由其兄陆甲照顾父亲陆某并履行赡养义务，根据我国《继承法》的规定陆甲可以适当多分遗产。

相关法条：

《中华人民共和国继承法》

第九条　继承权男女平等。

第十条　遗产按照下列顺序继承：

第一顺序：配偶、子女、父母。

第二顺序：兄弟姐妹、祖父母、外祖父母。

继承开始后，由第一顺序继承人继承，第二顺序继承人不继承。没有第一顺序继承人继承的，由第二顺序继承人继承。

本法所说的子女，包括婚生子女、非婚生子女、养子女和有扶养关系的继子女。本法所说的父母，包括生父母、养父母和有扶养关系的继父母。

本法所说的兄弟姐妹，包括同父母的兄弟姐妹、同父异母或者同母异父的兄弟姐妹、养兄弟姐妹、有扶养关系的继兄弟姐妹。

第十三条　同一顺序继承人继承遗产的份额，一般应当均等。

对生活有特殊困难的缺乏劳动能力的继承人，分配遗产时，应当予以照顾。

对被继承人尽了主要扶养义务或者与被继承人共同生活的继承人，分配遗产时，可以多分。

有扶养能力和有扶养条件的继承人，不尽扶养义务的，分配遗产时，应当不分或者少分。

继承人协商同意的，也可以不均等。

什么是法定继承？法定继承的顺序是怎样的？

孙某因病去世，留有两处房产和存款若干，但是没有留下遗嘱。孙某在世的亲人有母亲、妻子及一子一女、一兄一姐。孙某去世后不久其在世的这些亲人因继承他的遗产而产生了纠纷，并闹到了法庭。这些亲人中，谁可以继承孙某的遗产？

分析：

由于孙某生前未立遗嘱，本案适用法定继承。法定继承又称无遗嘱继承，是在被继承人没有对其遗产的处理立有遗嘱的情况下，由法律直接规定继承人的范围、继承顺序、遗产分配原则的一种方式。继承法根据继承人和被继承人之间的婚姻关系、血缘关系、收养关系以及由此所形成的扶养关系，对法定继承人的继承顺序作了明确规定。我国《继承法》规定：“遗产按照下列顺序继承：第一顺序：配偶、子女、父母。第二顺序：兄弟姐妹、祖父母、外祖父母。继承开始后，由第一顺序继承人继承，第二顺序继承人不继承。没有第一顺序继承人继承的，由第二顺序继承人继承。”

据此，本案中，孙某的遗产应由作为第一顺序继承人的孙某之妻、孙某之母及孙某的子女继承。作为第二顺序继承人的兄姐不能参与继承。

相关法条：

《中华人民共和国继承法》

第十条　遗产按照下列顺序继承：

第一顺序：配偶、子女、父母。

第二顺序：兄弟姐妹、祖父母、外祖父母。

继承开始后，由第一顺序继承人继承，第二顺序继承人不继承。没有第一顺序继承人继承的，由第二顺序继承人继承。

本法所说的子女，包括婚生子女、非婚生子女、养子女和有扶养关系的继子女。

本法所说的父母，包括生父母、养父母和有扶养关系的继父母。

本法所说的兄弟姐妹，包括同父母的兄弟姐妹、同父异母或者同母异父的兄弟姐妹、养兄弟姐妹、有扶养关系的继兄弟姐妹。

“私生子”有继承权吗？

已婚男子陈某与女子刘某长期保持不正当的男女关系，并生有一子。后来陈某遭遇车祸去世，分割遗产时，刘某带领与陈某所生之子，要求继承遗产。经 DNA 检验，该子是陈某的亲生儿子。这个孩子有继承权吗？

分析：

我国《婚姻法》规定，非婚生子女享有与婚生子女同等的权利，任何人不得加以危害和歧视。不直接抚养非婚生子女的生父或生母，应当负担子女的生活费和教育费，直至子女能独立生活为止。此外根据我国《继承法》第十条规定，遗产按照下列顺序继承：第一顺序：配偶、子女、父母。本法所说的子女，包括婚生子女、非婚生子女、养子女和有扶养关系的继子女。可见我国《婚姻法》规定所说的非婚生子女与婚生子女享有同等的权利中“同等的权利”，包括继承权。

本案中经 DNA 检验已证实刘某带来的孩子确是其与陈某的私生子，即为陈某的非婚生子女，那么按照我国的法律规定该非婚生子女与陈某的婚生子女享有平等的继承权，任何人不得以任何理由加以干涉。

相关法条：

《中华人民共和国婚姻法》

第二十五条　非婚生子女享有与婚生子女同等的权利，任何人不得加以危害和歧视。

不直接抚养非婚生子女的生父或生母，应当负担子女的生活费和教育费，直至子女能独立生活为止。

《中华人民共和国继承法》

第十条　遗产按照下列顺序继承：

第一顺序：配偶、子女、父母。

第二顺序：兄弟姐妹、祖父母、外祖父母。

继承开始后，由第一顺序继承人继承，第二顺序继承人不继承。没有第一顺序继承人继承的，由第二顺序继承人继承。

本法所说的子女，包括婚生子女、非婚生子女、养子女和有扶养关系的继子女。

本法所说的父母，包括生父母、养父母和有扶养关系的继父母。

本法所说的兄弟姐妹，包括同父母的兄弟姐妹、同父异母或者同母异父的兄弟姐妹、养兄弟姐妹、有扶养关系的继兄弟姐妹。

父亲先于爷爷去世的，可以“代替”父亲继承爷爷的遗产吗？

2008 年 9 月，于教授因病去世。因其长子于甲先于他去世，于教授的 20 万元存款被次子于乙继承。已改嫁的于甲之妻丁某得知此事后，认为自己与于甲所生的女儿于丙也享有对于教授遗产的继承权，要求参与继承。可是于乙认为于甲早已死亡并且丁某早已改嫁，她们母女俩已经和于家没有任何关系了，遂认为于丙无权参与分配遗产。丁某的说法有法律依据吗？

分析：

我国《继承法》第十一条规定：“被继承人的子女先于被继承人死亡的，由被继承人的子女的晚辈直系血亲代位继承。代位继承人一般只能继承他的父亲或者母亲有权继承的遗产份额。”此外我国《最高人民法院关于贯彻执行〈中华人民共和国继承法〉若干问题的意见》第二十八条还规定："继承人丧失继承权的，其晚辈直系血亲不得代位继承。如该代位继承人缺乏劳动能力又没有生活来源，或对被继承人尽赡养义务较多的，可适当分给遗产。"

本案中，丁某的说法符合我国《继承法》关于代位继承的规定，于丙享有对于教授的继承权。代位继承，是指被继承人的子女先于继承人死亡的，由被继承人死亡子女的晚辈直系血亲取代其地位而继承被继承人的遗产的制度。本案中，作为继承人的于甲先于被继承人于教授去世并且生前没有丧失继承权，所以其女于丙可以直接取代他继承于教授的遗产。即丁某的说法是正确的，于丙有权参与分配遗产。

相关法条：

《中华人民共和国继承法》

第十一条　被继承人的子女先于被继承人死亡的，由被继承人的子女的晚辈直系血亲代位继承。代位继承人一般只能继承他的父亲或者母亲有权继承的遗产份额。

《最高人民法院关于贯彻执行〈中华人民共和国继承法〉若干问题的意见》

第二十八条　继承人丧失继承权的，其晚辈直系血亲不得代位继承。如该代位继承人缺乏劳动能力又没有生活来源，或对被继承人尽赡养义务较多的，可适当分给遗产。

子女继承遗产的份额必须均等吗？

王先生有二子一女，丧偶后一直与小儿子一起生活，由小儿子及儿媳照顾他的生活起居。2008年，王先生去世，留有一处房产及存款10万元。在外地的长子及女儿回来奔丧后，以同是父亲的儿女为由，要求与弟弟平分这些遗产。弟弟认为多年来一直都是自己照顾父亲，理应多分些遗产，不同意与哥哥姐姐均分。王家兄弟谁的话有道理呢？

分析：

根据我国《继承法》的规定，从原则上来说，子女在分配父母遗产的时候应当均等，但对被继承人尽了主要扶养义务或者与被继承人共同生活的继承人，分配遗产时，可以多分。有扶养能力和有扶养条件的继承人，不尽扶养义务的，分配遗产时，应当不分或者少分。对生活有特殊困难的缺乏劳动能力的继承人，分配遗产时应当予以照顾。此外，《最高人民法院关于贯彻执行〈中华人民共和国继承法〉若干问题的意见 》第三十条规定："对被继承人生活提供了主要经济来源，或在劳务等方面给予了主要扶助的，应当认定其尽了主要赡养义务或主要扶养义务。"

本案中王先生生前一直由小儿子夫妇照顾，而长子及女儿基本上没尽扶养的义务，因此小儿子多分遗产的请求理应得到支持。

相关法条：

《中华人民共和国继承法》

第十三条　同一顺序继承人继承遗产的份额，一般应当均等。

对生活有特殊困难的缺乏劳动能力的继承人，分配遗产时，应当予以照顾。

对被继承人尽了主要扶养义务或者与被继承人共同生活的继承人，分配遗产时，可以多分。

有扶养能力和有扶养条件的继承人，不尽扶养义务的，分配遗产时，应当不分或者少分。

继承人协商同意的，也可以不均等。

《最高人民法院关于贯彻执行〈中华人民共和国继承法〉若干问题的意见》

第三十条　对被继承人生活提供了主要经济来源，或在劳务等方面给予了主要扶助的，应当认定其尽了主要赡养义务或主要扶养义务

第三十四条　有扶养能力和扶养条件的继承人虽然与被继承人共同生活，但对需要抚养的被继承人不尽扶养义务，分配遗产时，可以少分或者不分。

什么是遗嘱继承？ 8岁的孩子所立遗嘱有效吗？

8岁小男孩张某的父母在一次空难中去世，张某遂成为了万贯家财的唯一继承人。因张某年幼，其叔叔主动成为了其监护人。可是张某的叔叔并不是出于对张某的照顾而成为其监护人，其直接目的是获取张某继承的万贯家财。在张某叔叔哄骗下，年幼的张某立下了遗嘱，即在张某死后，其全部的财产由其叔叔继承。这份遗嘱是有效的吗？

分析：

我国《继承法》第二十二条规定："无行为能力人或者限制行为能力人所立的遗嘱无效。"此外我国《最高人民法院关于贯彻执行〈中华人民共和国继承法〉若干问题的意见》第四十一条规定："遗嘱人立遗嘱时必须有行为能力。无行为能力人所立的遗嘱，即使其本人后来有了行为能力，仍属无效遗嘱。遗嘱人立遗嘱时有行为能力，后来丧失了行为能力，不影响遗嘱的效力。"

本案中，张某还未满十八周岁属于我国法律所规定的未成年人，属于无民事行为能力人。张某设立遗嘱在其死后其全部的财产由其叔叔继承，这是处分其财产的行为。我国《继承法》及《最高人民法院关于贯彻执行〈中华人民共和国继承法〉若干问题的意见》明确规定只要订立遗嘱时为无行为能力人，其所订立的遗嘱即为无效的遗嘱。显而易见本案中8岁的张某所设立的遗嘱属于我国法律所规定的无效遗嘱。

相关法条：

《中华人民共和国继承法》

第二十二条　无行为能力人或者限制行为能力人所立的遗嘱无效。

遗嘱必须表示遗嘱人的真实意思，受胁迫、欺骗所立的遗嘱无效。

伪造的遗嘱无效。

遗嘱被篡改的，篡改的内容无效。

《最高人民法院关于贯彻执行〈中华人民共和国继承法〉若干问题的意见》

第四十一条　遗嘱人立遗嘱时必须有行为能力。无行为能力人所立的遗嘱，即使其本人后来有了行为能力，仍属无效遗嘱。遗嘱人立遗嘱时有行为能力，后来丧失了行为能力，不影响遗嘱的效力。

遗嘱继承与法定继承哪个效力优先？

秦某生的妻子早逝，自己一人居住在乡下的老家里。在日后的生活中小儿子对秦某非常孝顺，一到周末就回到家中与秦某团聚。而大儿子半年见不到一次面，所以秦某更多地偏爱次子。去世前，秦某立了一份遗嘱，规定其遗产的70%归次子所有，30%归长子所有。秦某去世后，长子秦甲认为父亲所立遗嘱有失公平，遗产应该按照法定继承由他与弟弟秦乙平分。究竟遗嘱继承与法定继承哪个更为优先呢？

分析：

我国《继承法》第十六条规定：“公民可以依照本法规定立遗嘱处分个人财产，并可以指定遗嘱执行人。公民可以立遗嘱将个人财产指定由法定继承人的一人或者数人继承。”

本案中秦某有权通过订立遗嘱的方式处分自己死后的财产，即其所设立的遗嘱是有效的。我国《继承法》第五条规定：“继承开始后，按照法定继承办理；有遗嘱的，按照遗嘱继承或者遗赠办理；有遗赠扶养协议的，按照协议办理。”即继承开始后，有遗赠扶养协议的，按照协议办理；有遗嘱的，先按照遗嘱继承；都没有的，按照法定继承办理。本案中秦某已经设立了有效的遗嘱，所以应按遗嘱的内容分配财产即遗产的70%归次子所有，30%归长子所有。

相关法条：

《中华人民共和国继承法》

第五条　继承开始后，按照法定继承办理；有遗嘱的，按照遗嘱继承或者遗赠办理；有遗赠扶养协议的，按照协议办理。

第十六条　公民可以依照本法规定立遗嘱处分个人财产，并可以指定遗嘱执行人。

公民可以立遗嘱将个人财产指定由法定继承人的一人或者数人继承。

公民可以立遗嘱将个人财产赠给国家、集体或者法定继承人以外的人。

临终前立的口头遗嘱有效吗？

齐某因遭遇车祸受了重伤被送到医院抢救，但终因伤势过重而死亡。齐某临终前其长子、次子及其他亲友都在身边，其就向众人交代后事，声称自己的房子归长子所有，存款归次子所有。齐某去世后，其女齐甲声称其父临终前神志不清，所立遗嘱没有法律效力，要求与两个弟弟按照法定继承分割父亲的遗产。临终前的口头遗嘱不具有法律效力吗？

分析：

根据我国《继承法》第十七条的规定，遗嘱人在危急情况下，在有两个以上见证人在场的情况下，可以立口头遗嘱。同时本法第十八条还规定，下列人员不能作为遗嘱见证人：（一）无行为能力人、限制行为能力人；（二）继承人、受遗赠人；（三）与继承人、受遗赠人有利害关系的人。

本案中齐某在临终前的紧急时刻，并且身边有两个以上见证人的情况下，设立了口头遗嘱，应该被认定为是有效的。除非齐某之女缺乏劳动能力又没有生活来源，否则不得要求参与继承。

相关法条：

《中华人民共和国继承法》

第十七条　公证遗嘱由遗嘱人经公证机关办理。

自书遗嘱由遗嘱人亲笔书写，签名，注明年、月、日。

代书遗嘱应当有两个以上见证人在场见证，由其中一人代书，注明年、月、日，并由代书人、其他见证人和遗嘱人签名。

以录音形式立的遗嘱，应当有两个以上见证人在场见证。

遗嘱人在危急情况下，可以立口头遗嘱。口头遗嘱应当有两个以上见证人在场见证。危急情况解除后，遗嘱人能够用书面或者录音形式立遗嘱的，所立的口头遗嘱无效。

第十八条　下列人员不能作为遗嘱见证人：

（一）无行为能力人、限制行为能力人；

（二）继承人、受遗赠人；

（三）与继承人、受遗赠人有利害关系的人。

第十九条　遗嘱应当对缺乏劳动能力又没有生活来源的继承人保留必要的遗产份额。

立有数份内容相抵触的遗嘱时，应以哪份为准？

杨某是一家公司的老板，他怕子女在其死后因财产发生争执，所以在其生前立有三份遗嘱，第一份是自己书写的，第二份是经过公证的，第三份是在临终前由他人代写的。这三份遗嘱关于遗产分配的内容是互相矛盾的。在其死后，他的子女们一时不知道要如何处理这三份内容相悖的遗嘱。按照法律规定应该按照哪份遗嘱处分杨某的遗产？

分析：

《继承法》规定，遗嘱人立下遗嘱后，可以撤销、变更自己所立的遗嘱。

如果立有数份内容相抵触的遗嘱，则以最后的遗嘱为准。但同时规定，自书、代书、录音、口头遗嘱，不得撤销、变更公证遗嘱。此外我国《最高人民法院关于贯彻执行〈中华人民共和国继承法〉若干问题的意见》第四十二条规定：“遗嘱人以不同形式立有数份内容相抵触的遗嘱，其中有公证遗嘱的，以最后所立公证遗嘱为准；没有公证遗嘱的，以最后所立的遗嘱为准。”

本案中，杨某先后立有自书、公证和代书三份遗嘱，虽然代书遗嘱在时间上是最后一份遗嘱，但由于代书遗嘱不得撤销、变更公证遗嘱，并且杨某的这三份遗嘱中有一份经过公证的遗嘱，所以这三份遗嘱中，应以公证遗嘱为准。即按照公证过的遗嘱处分杨某的遗产。

相关法条：

《中华人民共和国继承法》

第二十条　遗嘱人可以撤销、变更自己所立的遗嘱。

立有数份遗嘱，内容相抵触的，以最后的遗嘱为准。

自书、代书、录音、口头遗嘱，不得撤销、变更公证遗嘱。

《最高人民法院关于贯彻执行〈中华人民共和国继承法〉若干问题的意见》

第四十二条　遗嘱人以不同形式立有数份内容相抵触的遗嘱，其中有公证遗嘱的，以最后所立公证遗嘱为准；没有公证遗嘱的，以最后所立的遗嘱为准。

遗嘱与遗赠扶养协议哪个优先？

吕某在离世前，立下遗嘱，全部的财产由儿子继承。而此前吕某又与长年照顾自己的保姆签订了遗赠扶养协议，声明保姆可以继承一部分财产。保姆按照协议的内容履行了对吕某的扶养义务。继承开始后，吕某之子与保姆关于遗嘱与遗赠扶养协议哪个效力优先发生了争议。遗嘱与遗赠扶养协议哪个优先呢？

分析：

“遗赠扶养协议”是指公民与扶养人签订协议，按照协议，扶养人承担该公民生养死葬的义务，享有受遗赠的权利。我国《继承法》第五条规定：“继承开始后，按照法定继承办理；有遗嘱的，按照遗嘱继承或者遗赠办理；有遗赠扶养协议的，按照协议办理。”此外《最高人民法院关于贯彻执行〈中华人民共和国继承法〉若干问题的意见》第五条规定：“被继承人生前与他人订有遗赠扶养协议，同时又立有遗嘱的，继承开始后，如果遗赠扶养协议与遗嘱没有抵触，遗产分别按协议和遗嘱处理；如果有抗触，按协议处理，与协议抵触的遗嘱全部或部分无效。”

本案中吕某在生前订立了遗赠扶养协议的同时又设立了遗嘱，并且二者的部分内容是相抵触的。本案中保姆按照协议的内容履行了自己的义务，所以有权享受受遗赠的权利。我国《继承法》规定：“公民可以与扶养人签订遗赠扶养协议。按照协议，扶养人承担该公民生养死葬的义务，享有受遗赠的权利。”所以本案的遗产分配应优先按遗赠扶养协议进行。

相关法条：

《中华人民共和国继承法》

第五条　继承开始后，按照法定继承办理；有遗嘱的，按照遗嘱继承或者遗赠办理；有遗赠扶养协议的，按照协议办理。

第三十一条　公民可以与扶养人签订遗赠扶养协议。按照协议，扶养人承担该公民生养死葬的义务，享有受遗赠的权利。

公民可以与集体所有制组织签订遗赠扶养协议。按照协议，集体所有制组织承担该公民生养死葬的义务，享有受遗赠的权利。

《最高人民法院关于贯彻执行〈中华人民共和国继承法〉若干问题的意见》

第五条　被继承人生前与他人订有遗赠扶养协议，同时又立有遗嘱的，继承开始后，如果遗赠扶养协议与遗嘱没有抵触，遗产分别按协议和遗嘱处理；

如果有抗触，按协议处理，与协议抵触的遗嘱全部或部分无效。

未出生的胎儿有继承权吗?

赵某家住在乡下，自小两兄弟与父母相依为命，赵某发家后，在市里修建了价值20万元的楼房一栋。后经人介绍认识了某幼儿园的教师田某，两人相见如故，所以相处没多久就举行了婚礼。可是赵某与田某结婚后不久，丈夫赵某遭遇车祸不幸身亡。此时，妻子田某已经怀有6个月的身孕。在继承时，田某主张应为其未出生的孩子保留继承份额，可是赵某的父母不同意。赵某还未出生的孩子可以继承赵某的遗产吗?

分析：

我国《继承法》第二十八条规定："遗产分割时，应当保留胎儿的继承份额。胎儿出生时是死体的，保留的份额按照法定继承办理。"此外我国《最高人民法院关于贯彻执行〈中华人民共和国继承法〉若干问题的意见》第四十五条规定："应当为胎儿保留的遗产份额没有保留的应从继承人所继承的遗产中扣回。为胎儿保留的遗产份额，如胎儿出生后死亡的，由其继承人继承；如胎儿出生时就是死体的，由被继承人的继承人继承。"

本案中在分割赵某的遗产时，应该为其未出生的孩子保留继承份额，孩子在出生后可以继承该笔遗产。如果该孩子出生时是死体，则该保留份额由赵某的继承人按法定继承加以继承。但如果孩子出生后不久就死亡了，则由该孩子的继承人继承。总之在分割赵某的遗产时应为其未出世的孩子保留继承份额。

相关法条：

《中华人民共和国继承法》

第二十八条　遗产分割时，应当保留胎儿的继承份额。胎儿出生时是死体的，保留的份额按照法定继承办理。

《最高人民法院关于贯彻执行〈中华人民共和国继承法〉若干问题的意见》

第四十五条　应当为胎儿保留的遗产份额没有保留的应从继承人所继承的遗产中扣回。

为胎儿保留的遗产份额，如胎儿出生后死亡的，由其继承人继承；如胎儿出生时就是死体的，由被继承人的继承人继承。

“过继”子女有继承权吗？

王某是家中长子，按照村子里的习俗，长子必须生下长孙。但是，王某只有两个女儿。无奈之下，家中的长辈将王某弟弟的儿子过继给王某。王某死后，过继给王某的这个孩子有继承权吗？

分析：

我国《婚姻法》规定：“国家保护合法的收养关系。养父母和养子女间的权利和义务，适用本法对父母子女关系的有关规定。养子女和生父母间的权利和义务，因收养关系的成立而消除。”《收养法》中也规定，自收养关系成立之日起，养父母与养子女间的权利义务关系，适用法律关于父母子女关系的规定；养子女与养父母的近亲属间的权利义务关系，适用法律关于子女与父母的近亲属关系的规定。养子女与生父母及其他近亲属间的权利义务关系，因收养关系的成立而消除。

本案所说的情况需要根据我国《最高人民法院关于贯彻执行民事政策法律若干问题的意见》的相关规定区别认定：如果此子与王某形成抚养关系了，即为养子女，互有继承权；如果只是封建性质的“过继”，没有形成实际上的抚养关系，则不能互有继承权。

相关法条：

《中华人民共和国婚姻法》

第二十六条　国家保护合法的收养关系。养父母和养子女间的权利和义务，适用本法对父母子女关系的有关规定。

养子女和生父母间的权利和义务，因收养关系的成立而消除。

《中华人民共和国收养法》

第二十三条　自收养关系成立之日起，养父母与养子女间的权利义务关系，适用法律关于父母子女关系的规定；养子女与养父母的近亲属间的权利义务关系，适用法律关于子女与父母的近亲属关系的规定。

养子女与生父母及其他近亲属间的权利义务关系，因收养关系的成立而消除。

《最高人民法院关于贯彻执行民事政策法律若干问题的意见》

第三十八条　“过继”子女与“过继”父母形成扶养关系的，即为养子女，互有继承权；如系封建性的“过继”、“立嗣”，没有形成扶养关系的，不能享有继承权。

父亲去世，子女可以要求与母亲共同继承家里的财产吗？

周某与妻子肖某经过多年共同打拼，挣得一处房产与20万元存款。2009年6月周某去世，生前没有立下遗嘱。2011年初，肖某欲改嫁，但周某与肖某的两个儿子认为，父亲去世时家里的20万元存款与房子应该按照法定继承由他们二人与母亲平分。周某之子的说法有道理吗？

分析：

按照我国《继承法》规定，夫妻在婚姻关系存续期间所得的共同财产，除非另有约定，如果要当做遗产分割，应当先将共同所有财产的一半分出为配偶所有，其余才可以作为死者的遗产被继承。此外关于继承顺序，《继承法》规定第十条 规定：“遗产按照下列顺序继承：第一顺序：配偶、子女、父母。第二顺序：兄弟姐妹、祖父母、外祖父母。继承开始后，由第一顺序继承人继承，第二顺序继承人不继承。没有第一顺序继承人继承的，由第二顺序继承人继承。”

据此规定，本案中周某的儿子可以要求按照法定继承的规定来继承父亲的遗产，但遗产的范围不应是这 20 万元钱与房产的全部，分割遗产时，应当将 20 万元存款及房产即全部财产的一半归其母肖某所有，剩余的方可作为遗产由肖某与其二子继承。当然，如果周某的父母健在，其父母也可以作为第一顺序的继承人参与继承。

相关法条：

《中华人民共和国继承法》

第十条　遗产按照下列顺序继承：

第一顺序：配偶、子女、父母。

第二顺序：兄弟姐妹、祖父母、外祖父母。

继承开始后，由第一顺序继承人继承，第二顺序继承人不继承。没有第一顺序继承人继承的，由第二顺序继承人继承。

……

第二十六条　夫妻在婚姻关系存续期间所得的共同所有的财产，除有约定的以外，如果分割遗产，应当先将共同所有的财产的一半分出为配偶所有，其余的为被继承人的遗产。

遗产在家庭共有财产之中的，遗产分割时，应当先分出他人的财产。

受死者资助的儿童可以要求分得遗产吗?

在一次地震中，10 岁的何某父母双双丧生，何某成了孤儿。一直从事慈善活动的周某在这次抗震慈善活动中认识了何某，并对其非常地喜欢。于是周某一直对何某进行资助，承担起了何某的学费及大部分生活费。2012 年周某因病去世，未成年的何某可以要求分到适当的遗产吗?

分析：

根据我国《继承法》第十四条的规定，对继承人以外的依靠继承人抚养且缺乏劳动能力又没有生活来源的人，可以分给他们适当的遗产。同时我国《最高人民法院关于贯彻执行〈中华人民共和国继承法〉若干问题的意见》第三十二条规定：“依继承法第十四条规定可以分给适当遗产的人，在其依法取得被继承人遗产的权利受到侵犯时，本人有权以独立的诉讼主体的资格向人民法院提起诉讼。但在遗产分割时，明知而未提出请求的，一般不予受理；不知而未提出请求，在二年以内起诉的，应予受理。”

本案中，何某父母双亡，其求学与生活一直靠周某资助，属于依靠被继承人扶养且缺乏劳动能力又没有生活来源的人，按照我国的法律规定可以适当分给他周某的遗产。根据我国《最高人民法院关于贯彻执行〈中华人民共和国继承法〉若干问题的意见》第三十一条的规定，分给何某遗产时，按具体情况可多于或少于周某的继承人。

相关法条：

《中华人民共和国继承法》

第十四条　对继承人以外的依靠被继承人扶养的缺乏劳动能力又没有生活来源的人，或者继承人以外的对被继承人扶养较多的人，可以分给他们适当的遗产。

《最高人民法院关于贯彻执行〈中华人民共和国继承法〉若干问题的意见》

第三十一条　依继承法第十四条规定可以分给适当遗产的人，分给他们遗产时，按具体情况可多于或少于继承人。

第三十二条　依继承法第十四条规定可以分给适当遗产的人，在其依法取得被继承人遗产的权利受到侵犯时，本人有权以独立的诉讼主体的资格向人民法院提起诉讼。但在遗产分割时，明知而未提出请求的，一般不予受理；不知而未提出请求，在二年以内起诉的，应予受理。

自动赡养孤寡老人，可以继承老人的遗产吗？

韩某是一位年近70的老人，无儿无女，在北京一人独自居住。邻居沈某是独自赴京求学的某大学学生。为了节约开支沈某在校外租了一处房子，并在所居住的小区做一些零工。在与韩某作为邻居共同生活期间，二人相处得非常融洽。沈某见老人独居，无人照顾，感觉到其独自生活非常困难，便自告奋勇照顾老人，直至老人去世。老人死后留有一处房产和为数不多的存款，沈某可以继承吗？

分析：

我国《继承法》规定："无人继承又无人受遗赠的遗产，归国家所有；死者生前是集体所有制组织成员的，归所在集体所有制组织所有。"本案中沈某按照我国继承法的规定并非是韩某的法定继承人，所以他不享有继承权，韩某如无其他的继承人，那么其财产应归国家或集体所有。可是我国《继承法》第十四条规定："对继承人以外的依靠被继承人扶养的缺乏劳动能力又没有生活来源的人，或者继承人以外的对被继承人扶养较多的人，可以分给他们适当的遗产。"可见，根据本条规定，沈某可以分得财产。至于多少，我国《最高人民法院关于贯彻执行〈中华人民共和国继承法〉若干问题的意见》第三十一条规定："依继承法第十四条规定可以分给适当遗产的人，分给他们遗产时，按具体情况可多于或少于继承人。"

相关法条：

《中华人民共和国继承法》

第十四条　对继承人以外的依靠被继承人扶养的缺乏劳动能力又没有生活来源的人，或者继承人以外的对被继承人扶养较多的人，可以分给他们适当的遗产。

第三十二条　无人继承又无人受遗赠的遗产，归国家所有；死者生前是集体所有制组织成员的，归所在集体所有制组织所有。

《最高人民法院关于贯彻执行〈中华人民共和国继承法〉若干问题的意见》

第三十一条　依继承法第十四条规定可以分给适当遗产的人，分给他们遗产时，按具体情况可多于或少于继承人。

遗产继承适用于事实婚姻关系吗?

唐某与马某没有办理结婚登记，但是自2005年起就一直以夫妻的名义参加各种社交活动。在日常生活中，也以夫妻名义共同生活。周围的邻居都以为两人是夫妻。2012年，唐某在一次意外中丧生，马某可以继承唐某的遗产吗?

分析：

事实婚姻，是指没有配偶的男女，未办结婚登记手续，即以夫妻名义同居生活，群众也认为是夫妻的婚姻。由于事实婚姻不具有结婚的形式要件，因此，事实婚姻不属于我国法律所认可的婚姻。根据最高人民法院《关于人民法院审理未办结婚登记而以夫妻名义同居生活案件的若干意见》第十三条条规定：“同居生活期间一方死亡，另一方要求继承遗产，如认定为事实婚姻关系的，可以配偶身份按继承法的有关规定处理；如认定为非法同居关系，而又符合继承法第十四条规定的，可根据相互扶助的具体情况处理。”由此可见，在符合法律及相关司法解释规定的情况下，事实婚姻的当事人可以依法享有配偶继承权。

本案中唐某与马某的关系根据我国《最高人民法院关于适用〈中华人民共和国婚姻法〉若干问题的解释（一）》的规定不能按事实婚姻处理即他们不是我们通常所说的事实婚姻而是同居关系。所以对于马某对唐某遗产的权利应按照我国同居关系的财产权利来处理。

相关法条：

《最高人民法院关于人民法院审理未办结婚登记而以夫妻名义同居生活案件的若干意见》

第十三条　同居生活期间一方死亡，另一方要求继承死者遗产，如认定为事实婚姻关系的，可以配偶身份按继承法的有关规定处理；如认定为非法同居关系，而又符合继承法第十四条规定的，可根据相互扶助的具体情况处理。

《中华人民共和国继承法》

第十四条　对继承人以外的依靠被继承人扶养的缺乏劳动能力又没有生活来源的人，或者继承人以外的对被继承人扶养较多的人，可以分给他们适当的遗产。

《最高人民法院关于适用〈中华人民共和国婚姻法〉若干问题的解释(一)》

第五条　未按婚姻法第八条规定办理结婚登记而以夫妻名义共同生活的男女，起诉到人民法院要求离婚的，应当区别对待：

(一)1994年2月1日民政部《婚姻登记管理条例》公布实施以前，男女双方已经符合结婚实质要件的，按事实婚姻处理；

(二)1994年2月1日民政部《婚姻登记管理条例》公布实施以后，男女双方符合结婚实质要件的，人民法院应当告知其在案件受理前补办结婚登记；未补办结婚登记的，按解除同居关系处理。

第六条　未按婚姻法第八条规定办理结婚登记而以夫妻名义共同生活的男女，一方死亡，另一方以配偶身份主张享有继承权的，按照本解释第五条的原则处理。

变味的亲情

如果有人问你："世界上哪种情感最可贵？"，相信很多人都会回答："亲情。"亲情是世界上的无价之宝，亲情是人类与生俱来的最基本情感，它随着血缘关系、养育行为的诞生而诞生。亲情也是爱情、友情的基础和升华，普天之下还有什么能胜过血脉相连的亲情？然而在这物欲横流的社会，有太多的因素伤害着亲情，使亲情变了味道。当亲情遭遇利益，有多少人能够经得住考验？在冷酷的现实面前，许多亲情都败给了利益。

都说现代人活得太现实，爱情可以买卖，朋友可以出卖，亲情也难以幸免。在赡养老人的问题上、在分家析产的问题上、在继承遗产的问题上、在婆媳关系的处理问题上都可能存在着利益的分歧，从而引起矛盾纠纷，使原本美好的亲情变了味道。

在整个社会都在向钱看的时候，亲情也无法幸免。可如果当亲情也变味，一切向钱看，用钱作为衡量亲情的标准时，人类社会赖以构建并运行的基础将会随之坍塌，进而受到损伤的是我们每一个人。

相信每一个面对亲情危机的人，内心都压抑着痛苦，无论是胜利的一方还是失败的一方，毕竟，他们都失去了人间最美好的亲情。因此，当你也遇到了类似麻烦的时候，请从对方的角度想一想，这样也许会消了自己的怨气，也免得伤了大家的和气。

债务随着遗产一起“继承”吗？

肖某是一家小公司的老板，其妻早年去世，肖某一直没有再婚而是与唯一的儿子相依为命。起初他经营的公司收益不错，所以二人生活得很宽裕，可是近几年来经济不景气，肖某的公司也连连亏损，在最近的一笔生意中肖某又亏损了一大笔，不堪忍受连连的挫败与对外的巨额负债，肖某一病不起，不久离开了人世。肖某去世以后，在留下财产的同时，也留下了生前所负的债务。肖某的儿子如果继承遗产，债务也要一并继承吗？

分析：

肖某的儿子如果继承遗产，对其父的债务也要一并继承。我国《继承法》规定：“继承人在继承遗产时，应当清偿被继承人依法应当缴纳的税款和债务，缴纳税款和清偿债务以他的遗产实际价值为限。超过遗产实际价值部分，继承人自愿偿还的不在此限。继承人放弃继承的，对被继承人依法应当缴纳的税款和债务可以不负偿还责任。”

本案中肖某的儿子是其法定的继承人，对于肖某的财产其子可以选择继承，也可以放弃其享有的继承权。我国继承法规定，继承开始后，继承人放弃继承的，应当在遗产处理前，作出放弃继承的表示。没有表示的，视为接受继承。如果其接受继承遗产，那么其需要在所继承的遗产限额之内清偿其父亲对外所欠下的债务。对于超出遗产限额的债务，肖某之子无法定的清偿义务。

相关法条：

《中华人民共和国继承法》

第二十五条　继承开始后，继承人放弃继承的，应当在遗产处理前，作出放弃继承的表示。没有表示的，视为接受继承。

受遗赠人应当在知道受遗赠后两个月内，作出接受或者放弃受遗赠的表示。到期没有表示的，视为放弃受遗赠。

第三十三条　继承遗产应当清偿被继承人依法应当缴纳的税款和债务，缴纳税款和清偿债务以他的遗产实际价值为限。超过遗产实际价值部分，继承人自愿偿还的不在此限。

继承人放弃继承的，对被继承人依法应当缴纳的税款和债务可以不负偿还责任。

继承人放弃继承的，对债务负偿还责任吗?

王某的父亲在其出生后不久就抛弃了他们母子南下经商。其母在其两岁时与他人再婚。王某的父亲南下经商后赚了很多钱，并在南方又成立了一个家庭，生有一个女儿。在此期间王某及母亲一直没有王某生父的消息。可是就在王某考上大学的这个暑期，一个陌生男子找到了他们，称其是王某生父的律师，是为继承的事情而来。原来王某生父及家人在一次事故中全部死亡。王某生父留有资产若干，债务若干并且是资不抵债。王某当场拒绝了对生父遗产的继承。问王某对生父所欠的债务负有偿还责任吗?

分析：

王某不需要偿还父亲生前所欠的债务。根据我国《继承法》第二十五条的规定，继承开始后，继承人放弃继承的，应当在遗产处理前，作出放弃继承的表示。没有表示的，视为接受继承。此外本法第三十三条规定：“继承遗产应当清偿被继承人依法应当缴纳的税款和债务，缴纳税款和清偿债务以他的遗产实际价值为限。超过遗产实际价值部分，继承人自愿偿还的不在此限。继承人放弃继承的，对被继承人依法应当缴纳的税款和债务可以不负偿还责任。”即已明确表示放弃继承权的，对被继承人生前依法应当缴纳的税款和债务可以不负偿还责任。

本案中王某在继承开始前明确表示放弃继承，因此可以不偿还其父生前所欠的债务。

相关法条：

《中华人民共和国继承法》

第二十五条　继承开始后，继承人放弃继承的，应当在遗产处理前，作出放弃继承的表示。没有表示的，视为接受继承。

受遗赠人应当在知道受遗赠后两个月内，作出接受或者放弃受遗赠的表示。到期没有表示的，视为放弃受遗赠。

第三十三条　继承遗产应当清偿被继承人依法应当缴纳的税款和债务，缴纳税款和清偿债务以他的遗产实际价值为限。超过遗产实际价值部分，继承人自愿偿还的不在此限。

继承人放弃继承的，对被继承人依法应当缴纳的税款和债务可以不负偿还责任。

遗弃老人后来悔改，并且得到老人的原谅，能够继承老人的遗产吗？

李某的老伴早年去世，自己与儿子一家人生活，可是李某的身体一直不是很好，经常需要住医院检查，为此花了大量的医药费。儿子及儿媳看见李某就生气，经常虐待李某并且不带李某去看病。为此村里的人都在背后议论这对夫妻。为了不被村里的人说三道四，儿子及儿媳在一个雨夜里将李某赶到了荒山里。过后儿子良心一直受到谴责，遂来到荒山将母亲接回家，并好好地照顾老人。李某原谅了儿子。李某死后留有一处房产和若干存款。问李某之子丧失继承权了吗？

分析：

我国《继承法》规定，遗弃被继承人的，或者虐待被继承人情节严重的丧失继承权。但是我国《最高人民法院关于贯彻执行〈中华人民共和国继承法〉若干问题的意见》第十三条明确规定："继承人虐待被继承人情节严重的，或者遗弃被继承人的，如以后确有悔改表现，而且被虐待人、被遗弃人生前又表示宽恕，可不确认其丧失继承权。"即如果继承人虐待继承人情节严重或者遗弃被继承人的，以后有悔改表现并且采取积极措施补救，并且得到了被虐待人、被遗弃人的谅解的，不丧失继承权。

本案中李某之子具有悔改表现，并且得到了李某的谅解，所以其不丧失继承权，能够继承老人的遗产。

相关法条：

《中华人民共和国继承法》

第七条　继承人有下列行为之一的，丧失继承权：

（一）故意杀害被继承人的；

（二）为争夺遗产而杀害其他继承人的；

（三）遗弃被继承人的，或者虐待被继承人情节严重的；

（四）伪造、篡改或者销毁遗嘱，情节严重的。

《最高人民法院关于贯彻执行〈中华人民共和国继承法〉若干问题的意见》

第十条　继承人虐待被继承人情节是否严重，可以从实施虐待行为的时间、手段、后果和社会影响等方面认定。

虐待被继承人情节严重的，不论是否追究刑事责任，均可确认其丧失继承权。

第十三条　继承人虐待被继承人情节严重的，或者遗弃被继承人的，如以后确有悔改表现，而且被虐待人、被遗弃人生前又表示宽恕，可不确认其丧失继承权。

篡改遗嘱就丧失继承权了吗?

某甲的父亲是一位商人，在2011年的一次车祸中去世了，死后留下了巨额财产。在处理完父亲的丧事之后，兄妹几人聚在一起，想在父亲律师在场的情况下公开父亲的遗嘱，可是某甲以其没时间为由要求过些日子再公布遗嘱，并分割财产。事实上某甲为了独占财产，利用这段时间采用高科技将其父留下的遗嘱进行了篡改，将本应该属于其兄弟姐妹的遗产划归到了自己名下，其中包括瘫痪在床无人抚养的弟弟的财产份额。遗嘱公布后其瘫痪在床无人抚养的弟弟的生活陷入了困境。那么某甲会因他的此行为而丧失继承权吗?

分析：

我国《继承法》第七条规定，继承人有伪造、篡改或者销毁遗嘱，情节严重的丧失继承权。同时，我国《最高人民法院关于贯彻执行〈中华人民共和国继承法〉若干问题的意见》第十四条规定："继承人伪造、篡改或者销毁遗嘱，侵害了缺乏劳动能力又无生活来源的继承人的利益，并造成其生活困难的，应认定其行为情节严重。"据此我们可以得知，继承人伪造、篡改或者销毁遗嘱，只有达到情节严重的才丧失继承权，

具体到上面的案例，某甲为了独占遗产篡改了父亲的遗嘱，并且因其篡改遗嘱致使其瘫痪在床无人抚养的弟弟的生活陷入了困境，这完全符合我国法律所规定的情节严重的情形。所以，某甲应丧失继承权。

相关法条：

第七条　继承人有下列行为之一的，丧失继承权：

（一）故意杀害被继承人的；

（二）为争夺遗产而杀害其他继承人的；

（三）遗弃被继承人的，或者虐待被继承人情节严重的；

（四）伪造、篡改或者销毁遗嘱，情节严重的。

《最高人民法院关于贯彻执行〈中华人民共和国继承法〉若干问题的意见》

第十四条　继承人伪造、篡改或者销毁遗嘱，侵害了缺乏劳动能力又无生活来源的继承人的利益，并造成其生活困难的，应认定其行为情节严重。

为争夺遗产杀害其他继承人，还有权继承遗产吗？

张某今年已经年过六旬，但是身体非常健康，自己还经营着一家小饭店，饭店的生意也很好。快到年底了，忙碌一年的张某也想给自己放个假，于是带着妻子登上了飞往云南的飞机，本来张某想带着妻子去云南度个假，可是没想到飞机在半路出了事故，夫妻二人当场死亡。张某死后留下了巨额财产，这是其子女们没有想到的。面对巨额的财产，其长子产生了恶念，在张某夫妇还未入土时，他找人制造了一场交通事故将其唯一的弟弟杀害。张某长子的如此恶行，根据法律规定其还能继承其父母的遗产吗？

分析：

我国《继承法》第七条第二款规定：“继承人有下列行为之一的，丧失继承权：……（二）为争夺遗产而杀害其他继承人的。”此外，我国《最高人民法院关于贯彻执行〈中华人民共和国继承法〉若干问题的意见》第十一条规定：“继承人故意杀害被继承人的，不论是既遂还是未遂，均应确认其丧失继承权。”由此我们可以得知，当继承人为了争夺遗产而杀害被继承人或其他继承人的，法律会剥夺其继承被继承财产的权利，使其不得继承被继承人的遗产，以此来约束各继承人不得为了自己的私利侵害他人的生命权。

本案中张某的长子为了独自占有父母的遗产而故意制造事故将其唯一的弟弟杀害，此行为严重违反了我国的法律，其会受到刑事责任追究，并且依据《继承法》的规定，其丧失了继承张某遗留下来的遗产的权利。

相关法条：

《中华人民共和国继承法》

第七条　继承人有下列行为之一的，丧失继承权：

（一）故意杀害被继承人的；

（二）为争夺遗产而杀害其他继承人的；

（三）遗弃被继承人的，或者虐待被继承人情节严重的；

（四）伪造、篡改或者销毁遗嘱，情节严重的。

《最高人民法院关于贯彻执行〈中华人民共和国继承法〉若干问题的意见》

第十一条　继承人故意杀害被继承人的，不论是既遂还是未遂，均应确认其丧失继承权。

只要是亲戚就是遗产的继承人吗？

刘某死后，留下了大量的财产，可以继承刘某遗产的亲属如下：刘某的三个儿子，刘某的妻子张某，刘某的孙子孙女各一人，刘某的兄弟刘二以及刘某的母亲。面对巨额财产，刘某的这些亲人都称自己有继承权，那么这些人谁有权继承刘某的财产呢？

分析：

根据我国《继承法》第十条的规定，遗产按照下列顺序继承：第一顺序：配偶、子女、父母。第二顺序：兄弟姐妹、祖父母、外祖父母。继承开始后，由第一顺序继承人继承，第二顺序继承人不继承。没有第一顺序继承人继承的，由第二顺序继承人继承。本法第五条还规定，继承开始后，按照法定继承办理；有遗嘱的，按照遗嘱继承或者遗赠办理；有遗赠扶养协议的，按照协议办理。由此可知，如果刘某生前与人订立了遗赠抚养协议，则遗赠人优先享有继承权。抑或刘某生前设立了遗嘱则遗嘱中所规定的人享有继承权。如果以上两种情况都不存在时，则按法定继承加以继承。

在继承开始的时候，死者的配偶、父母、子女以及兄弟姐妹、祖父母、外祖父母都是法定的继承人，但是继承顺序是不一样的。第一顺序为配偶、父母、子女，并且有第一顺序继承人的，遗产就全部由第一顺序继承人继承，只有在不存在第一顺序继承人的情况下，才能由第二顺序继承人继承，也就是说只有不存在上述所说的第一顺序人的情况下，兄弟姐妹、祖父母、外祖父母才能够继承遗产。因此本案中刘某的遗产应当由其配偶张某、三个儿子和刘某的母亲继承，其他人不能继承刘某的遗产。

相关法条：

《中华人民共和国继承法》

第五条　继承开始后，按照法定继承办理；有遗嘱的，按照遗嘱继承或者遗赠办理；有遗赠扶养协议的，按照协议办理。

第十条　遗产按照下列顺序继承：

第一顺序：配偶、子女、父母。

第二顺序：兄弟姐妹、祖父母、外祖父母。

继承开始后，由第一顺序继承人继承，第二顺序继承人不继承。没有第一顺序继承人继承的，由第二顺序继承人继承。

本法所说的子女，包括婚生子女、非婚生子女、养子女和有扶养关系的继子女。

本法所说的父母，包括生父母、养父母和有扶养关系的继父母。

本法所说的兄弟姐妹，包括同父母的兄弟姐妹、同父异母或者同母异父的兄弟姐妹、养兄弟姐妹、有扶养关系的继兄弟姐妹。

同母异父的兄弟之间可以彼此继承遗产吗？

甲丧偶后带着儿子乙嫁给了同村的刘某，婚后不久甲与刘某生下了孩子刘大，一家四口过得很幸福。可是不幸的是，后来刘某和甲在一起交通事故中先后离开了人世，留下了两个还未成年的孩子，自此刘大和乙相依为命，他们没有其他亲属。那么刘大和乙作为同母异父的兄弟可以互相继承遗产吗？

分析：

我国《继承法》第十条对此有明确的规定，遗产按照下列顺序继承：第一顺序：配偶、子女、父母。 第二顺序：兄弟姐妹、祖父母、外祖父母。并且本法所说的兄弟姐妹，包括同父母的兄弟姐妹、同父异母或者同母异父的兄弟姐妹、养兄弟姐妹、有扶养关系的继兄弟姐妹。据此我们可以得知，兄弟姐妹之间是可以继承遗产的，在不存在第一顺序继承人的情况下，只要是同父母的兄弟姐妹、同母异父、同父异母的兄弟姐妹、养兄弟姐妹以及有扶养关系的继兄弟姐妹都可以彼此继承遗产。

具体到上面的案例，刘大和乙是我国法律所规定的同母异父的兄弟关系。按照《继承法》的相关规定，他们享有互相继承遗产的权利。

相关法条：

《中华人民共和国继承法》

第十条　遗产按照下列顺序继承：

第一顺序：配偶、子女、父母。

第二顺序：兄弟姐妹、祖父母、外祖父母。

继承开始后，由第一顺序继承人继承，第二顺序继承人不继承。没有第一顺序继承人继承的，由第二顺序继承人继承。

本法所说的子女，包括婚生子女、非婚生子女、养子女和有扶养关系的继子女。

本法所说的父母，包括生父母、养父母和有扶养关系的继父母。

本法所说的兄弟姐妹，包括同父母的兄弟姐妹、同父异母或者同母异父的兄弟姐妹、养兄弟姐妹、有扶养关系的继兄弟姐妹。

养父母能够继承养子的遗产吗?

孙某夫妇没有孩子，所以他们打算去领养一个孩子，后来他们到孤儿院领养了甲，并依法办理了收养手续，并将孩子抚养成人。甲也很争气，后来做生意发了大财，结果孩子的生母乙找上了门来，并且与甲相认，大家也都相安无事。后来甲遇车祸死亡，甲的生母乙认为自己是孩子的生母，因此霸占了甲全部的遗产，孙某夫妇无奈，将甲的生母乙告上法院。那么我国《继承法》对此类问题是如何规定的呢?

分析:

我国《收养法》第二十三条规定:“自收养关系成立之日起，养父母与养子女间的权利义务关系，适用法律关于父母子女关系的规定;养子女与养父母的近亲属间的权利义务关系，适用法律关于子女与父母的近亲属关系的规定。养子女与生父母及其他近亲属间的权利义务关系，因收养关系的成立而消除。”此外根据我国《继承法》第十条的规定，遗产按照下列顺序继承:第一顺序:配偶、子女、父母。并且规定本法所说的父母，包括生父母、养父母和有扶养关系的继父母。据此我们可以得知，父母作为儿女的第一顺序继承人，不但包括生父母，还包括养父母和有抚养关系的继父母。并且根据《收养法》的规定，当收养关系尚未解除的，生父母和被收养的儿女之间的父母子女关系不得恢复。

本案中孙某夫妇与甲的收养关系是受我国法律所保护的，只要双方没有解除收养关系，他们之间就互相享有父母与子女的权利与义务。甲与生母乙相认并不能说明他们之间的父母与子女的关系自动恢复。所以，孙某夫妇可以依据上述法律的规定依法享有继承甲的财产的权利，而乙不享有继承甲遗产的权利。

相关法条：

《中华人民共和国继承法》

第十条　遗产按照下列顺序继承：

第一顺序：配偶、子女、父母。

第二顺序：兄弟姐妹、祖父母、外祖父母。

继承开始后，由第一顺序继承人继承，第二顺序继承人不继承。没有第一顺序继承人继承的，由第二顺序继承人继承。

本法所说的子女，包括婚生子女、非婚生子女、养子女和有扶养关系的继子女。

本法所说的父母，包括生父母、养父母和有扶养关系的继父母。

本法所说的兄弟姐妹，包括同父母的兄弟姐妹、同父异母或者同母异父的兄弟姐妹、养兄弟姐妹、有扶养关系的继兄弟姐妹。

《中华人民共和国收养法》

第二十三条　自收养关系成立之日起，养父母与养子女间的权利义务关系，适用法律关于父母子女关系的规定；养子女与养父母的近亲属间的权利义务关系，适用法律关于子女与父母的近亲属关系的规定。

养子女与生父母及其他近亲属间的权利义务关系，因收养关系的成立而消除。

儿媳在什么情况下可以作为继承人继承公婆遗产呢？

张先生兄弟三人，其父母均已年过七旬。张先生作为长子和妻子王女士一起与父母居住，照顾二老的生活起居。2010 年张先生去外地出差，在回家的途中发生了车祸当场死亡。张先生的突然离去对二老造成了沉重的打击，张先生的母亲因此得了一场大病而失去了自理能力。面对突如其来的变故，张先生的妻子王女士承担起了家里的一切负担，和公公一起尽心照顾卧病在床的婆婆，直到婆婆和公公都去世了，王女士也一直未改嫁。公婆死后留下了三间房屋，那么王女士有权继承公婆留下来的房屋吗？

分析：

我国《继承法》第十二条对此明确规定："丧偶儿媳对公、婆，丧偶女婿对岳父、岳母，尽了主要赡养义务的，作为第一顺序继承人。"由此我们可以得知，只要丧偶儿媳对公婆尽了主要赡养义务，或者丧偶女婿对岳父母尽了主要赡养义务的，都可以同子女一样，作为第一顺序继承人继承公婆或者岳父母的遗产。

在本案中，由于王女士在丈夫死后仍然尽心伺候其公婆，对二老尽了主要的赡养义务，按照法律规定王女士有权作为第一顺序继承人继承其公婆遗留下来的三间房屋。

相关法条：

《中华人民共和国继承法》

第十二条　丧偶儿媳对公、婆，丧偶女婿对岳父、岳母，尽了主要赡养义务的，作为第一顺序继承人。

同村的人可以和老人约定照顾老人，待老人死后就把财产遗赠给他吗？

李某自打老伴去世后，一人独自生活，可是他的独生子很不孝顺，李某年迈无法独立生活，于是他便同本村的张某签订协议，约定只要张某照顾自己到自己去世，并且为自己安排后事，就把自己的三间茅草屋赠予张某。李某与张某签订的协议有效么？

分析：

我国《继承法》第三十一条规定："公民可以与扶养人签订遗赠扶养协议。按照协议，扶养人承担该公民生养死葬的义务，享有受遗赠的权利。公民可以与集体所有制组织签订遗赠扶养协议。按照协议，集体所有制组织承担该公民生养死葬的义务，享有受遗赠的权利。”根据上面的规定，遗赠扶养协议是指受扶养的公民和扶养人之间关于扶养人承担受扶养人的生养死葬的义务，受扶养人将财产遗赠给扶养人的协议。此外我国《最高人民法院关于贯彻执行〈中华人民共和国继承法〉若干问题的意见》规定：“扶养人或集体组织与公民订有遗赠扶养协议，扶养人或集体组织无正当理由不履行，致协议解除的，不能享有受遗赠的权利，其支付的供养费用一般不予补偿；遗赠人无正当理由不履行，致协议解除的，则应偿还扶养人或集体组织已支付的供养费用。”

在本案中，双方签订的协议符合遗赠扶养协议的构成要件，理应得到法律的保护。只要张某按要求履行了赡养李某的义务，他就可以继承李某的三间茅草屋，并且任何人不得干涉。

相关法条：

《中华人民共和国继承法》

第三十一条　公民可以与扶养人签订遗赠扶养协议。按照协议，扶养人承担该公民生养死葬的义务，享有受遗赠的权利。公民可以与集体所有制组织签订遗赠扶养协议。按照协议，集体所有制组织承担该公民生养死葬的义务，享有受遗赠的权利。

《最高人民法院关于贯彻执行〈中华人民共和国继承法〉若干问题的意见》

第五十六条　扶养人或集体组织与公民订有遗赠扶养协议，扶养人或集体组织无正当理由不履行，致协议解除的，不能享有受遗赠的权利，其支付的供养费用一般不予补偿；遗赠人无正当理由不履行，致协议解除的，则应偿还扶养人或集体组织已支付的供养费用。

第六章

家庭财产那点事

随着人们经济收入的普遍增高，我国人民累计家庭财产与日俱增，相应地，围绕着家庭财产也出现了许多问题。家庭财产是供全体家庭成员平等享用的财产，其功能是保障家庭的稳定和家庭成员的生存与发展。家庭财产通常为共同共有，家庭成员可以就其性质进行约定，但约定要受到一定的限制，不得损害家庭成员的利益及善意第三人的利益。

此外，在市场经济条件下，夫妻越来越多地参与到各种经济活动中去，为了各自或共同的目的从事生产、经营、理财、负债消费等活动，负债现象十分普遍，夫妻债务问题也日益复杂多样。法院在审理离婚案件中，常常涉及到债务处理的问题，由于存在事实难以查清、法律规定不完全等因素，导致这一问题的处理成为离婚案件处理中的难点。

家里有多少钱，属于你的又有多少？

家庭是社会的细胞，在古代社会，整个社会都处于男尊女卑的氛围中，古代的妇女地位极其低下，“在家从父，出嫁从夫，夫死从子”。古代家庭也是处于夫权统治之下，家庭财产当然也是由丈夫来支配。不仅中国如此，其他国家也一样。古代罗马的家庭制度是严格实行一夫一妻制的家长制家庭，而作为家庭的基础和家庭父权产生的最重要原因的婚姻，在罗马司法中，占有极其重要的地位。在十二表法前，罗马的婚姻制度纯粹为“有夫权的婚姻”，女子出嫁后即与母亲家脱离关系而加入夫方家庭。可见，在古代社会的婚姻关系中，妻子从属于丈夫，没有家庭财产权。近现代，随着产业革命的发生，妇女逐渐走向社会，于是才使夫妻财产制得以确认，并在许多国家的亲属法中处于十分重要的地位。

在男女平等观念得到普遍认可的今天，人们已习惯于妻子可以和丈夫一样拥有财产。

我国《婚姻法》规定，“夫妻在婚姻关系存续期间所得的财产，归夫妻共同所有”，“夫妻对共同所有的财产，有平等的处理权”。但是在现实生活中，夫妻任何一方也都可能有属于自己的财产，法律上称作“夫妻特有财产”，也叫“夫妻一方财产”，这主要包括：一方的婚前财产；一方因身体受到伤害获得的医疗费、残疾人生活补助费等费用；遗嘱或赠与合同中确定只归夫或妻一方的财产；一方专用的生活用品，如衣服、鞋帽等。你的家里有多少财产，又有多少财产是属于你的“特有财产”呢？

什么是夫妻个人特有财产？哪些财产属于夫妻个人特有财产？

陈先生与肖女士因感情不和而离婚。分割财产时，肖女士认为在陈先生名下的汽车也应计入共同财产进行分割。而陈先生认为，那辆车是他在结婚前买的，双方在结婚时对这辆车没有做出约定，因此应当属于他的个人特有财产，离婚时不应作为共同财产进行分割。什么是夫妻的个人特有财产？哪些财产属于夫妻的个人特有财产呢？

分析：

夫妻个人特有财产是指夫妻在婚后实行共同财产制时，依据法律的规定或夫妻双方的约定，夫妻享有个人财产所有权的财产。法定的夫妻特有财产的性质属于公民个人财产的范围，应当由所有权人依法占有、使用、处分和收益，受法律保护，离婚时归个人所有，不作为共同财产进行分割。所有权人死亡时，应当划入遗产的范围，按继承法处理。根据我国《婚姻法》的规定，夫妻个人财产主要包括一方婚前的财产、一方因身体受到伤害而获得的医疗费、残疾人生活补助费等费用、遗嘱或赠与合同中确定只归夫或妻一方的财产、一方专用的生活用品以及根据夫妻之间的约定归夫妻个人所有的财产。

本案中，涉案汽车为陈某婚前所买，双方没有约定这辆汽车属于夫妻共同财产，因此应当属于陈某个人特有财产，在离婚时可以不作为共同财产进行分割。

相关法条：

《中华人民共和国婚姻法》

第十七条第一款　夫妻在婚姻关系存续期间所得的下列财产，归夫妻共同所有：

（一）工资、奖金；

（二）生产、经营的收益；

（三）知识产权的收益；

（四）继承或赠与所得的财产，但本法第十八条第三项规定的除外；

（五）其他应当归共同所有的财产。

第十八条　有下列情形之一的，为夫妻一方的财产：

（一）一方的婚前财产；

（二）一方因身体受到伤害获得的医疗费、残疾人生活补助费等费用；

（三）遗嘱或赠与合同中确定只归夫或妻一方的财产；

（四）一方专用的生活用品；

（五）其他应当归一方的财产。

夫妻一方擅自赠与他人大额金钱的行为有效吗？

徐某之妻石某在徐某不知情的情况下，从两人的存款中拿出 3 万元钱送给自己的弟弟做生意，并告诉弟弟不要让姐夫徐某知道此事。后来石某在一次与徐某聊天时不小心说漏了此事。徐某知道此事后，对妻子的这种做法十分不满，两人并因此吵架。徐某向妻弟讨要这 3 万元钱，说自己不知道此事，石某一人决定把钱送给他不算数。徐某能够要回这笔钱吗？

分析：

我国《婚姻法》规定，夫妻对共同所有的财产有平等的处理权。《最高人民法院关于适用〈中华人民共和国婚姻法〉若干问题的解释（一）》规定，夫或妻非因日常生活需要对夫妻共同财产做重要处理决定，夫妻双方应当平等协商，取得一致意见。他人有理由相信其为夫妻双方共同意思表示的，另一方不得以不同意或不知道为由对抗善意第三人。本案中，石某瞒着徐某把 3 万元钱送给了自己的弟弟，且石某的弟弟明知姐姐送自己这笔钱没有与姐夫徐某商量，因此赠与行为无效，徐某可以向石某之弟要回这笔钱。

相关法条：

《中华人民共和国婚姻法》

第十七条　夫妻在婚姻关系存续期间所得的下列财产，归夫妻共同所有：

（一）工资、奖金；

（二）生产、经营的收益；

（三）知识产权的收益；

（四）继承或赠与所得的财产，但本法第十八条第三项规定的除外；

（五）其他应当归共同所有的财产。

夫妻对共同所有的财产，有平等的处理权。

《最高人民法院关于适用〈中华人民共和国婚姻法〉若干问题的解释（一）》

第十七条　婚姻法第十七条关于“夫或妻对夫妻共同所有的财产，有平等的处理权”的规定，应当理解为：

（一）夫或妻在处理夫妻共同财产上的权利是平等的。因日常生活需要而处理夫妻共同财产的，任何一方均有权决定。

（二）夫或妻非因日常生活需要对夫妻共同财产做重要处理决定，夫妻双方应当平等协商，取得一致意见。他人有理由相信其为夫妻双方共同意思表示的，另一方不得以不同意或不知道为由对抗善意第三人。

夫妻中收入高的一方在处理财产上可以享有更多权利吗?

史先生是一家私营公司总经理，每年收入颇丰。史先生的太太吴女士是一名医院护士，收入远比史先生少。史先生经常把家里的钱拿出来接济自己的亲友；而吴女士家里要用钱时，史先生总是不愿意往外拿。吴女士对此十分不满。可是史先生总是对吴女士说：“钱是我挣的，我爱给谁花给谁花你管不着。”史先生的说法有道理吗？

分析：

史先生的说法是不符合我国《婚姻法》的规定的。我国《婚姻法》规定："夫妻在婚姻关系存续期间所得的下列财产，归夫妻共同所有：（一）工资、奖金；（二）生产、经营的收益；（三）知识产权的收益；（四）继承或赠与所得的财产，但本法第十八条第三项规定的除外；（五）其他应当归共同所有的财产。夫妻对共同所有的财产，有平等的处理权。"此外《妇女权益保障法》规定，妇女对依照法律规定的夫妻共同财产享有与其配偶平等的占有、使用、收益和处分的权利，不受双方收入状况的影响。本案中，史先生与吴女士并没有约定分别所有财产，则他们的财产为夫妻共同财产。对这些财产，他们有平等的处理权，并不因哪方的收入相对较少而因此享有相对较少的权利。

相关法条：

《中华人民共和国婚姻法》

第十七条　夫妻在婚姻关系存续期间所得的下列财产，归夫妻共同所有：

（一）工资、奖金；

（二）生产、经营的收益；

（三）知识产权的收益；

（四）继承或赠与所得的财产，但本法第十八条第三项规定的除外；

（五）其他应当归共同所有的财产。

夫妻对共同所有的财产，有平等的处理权。

《中华人民共和国妇女权益保障法》

第四十七条　妇女对依照法律规定的夫妻共同财产享有与其配偶平等的占有、使用、收益和处分的权利，不受双方收入状况的影响。

夫妻书面约定婚姻关系存续期间所得的财产归各自所有，女方因抚育子女、照料老人、协助男方工作等承担较多义务的，有权在离婚时要求男方予以补偿。

娘家陪嫁的财产是归妻子个人所有吗?

文芳与谢枫是大学同学，二人在大学期间确立了恋爱关系。毕业后文芳就与谢枫来到谢枫家所在的小城镇找工作，在双方家长的操办下，他们很快就步入了婚姻的殿堂。谢枫家是农村的，家庭条件不是太好，文芳的父母怕女儿婚后受苦，就在结婚前以给女儿嫁妆的名义陪送了文芳一些钱和首饰。婚后不久文芳实在过不了苦日子，遂与谢锋提出了离婚。那么这些嫁妆由文芳带入谢枫家后是否会成为男女双方的共同财产呢?

分析：

我国《婚姻法》第十八条规定:“有下列情形之一的,为夫妻一方的财产:(一)一方的婚前财产;(二)一方因身体受到伤害获得的医疗费、残疾人生活补助费等费用;(三)遗嘱或赠与合同中确定只归夫或妻一方的财产;(四)一方专用的生活用品;(五)其他应当归一方的财产。”据此可以得知，娘家陪嫁女儿的财产，属于赠与财产，从赠与人交付赠与物时起，赠与物即转移所有权。就是说，当女儿接受了这些财产之后就成为了女儿个人的财产。

本案中文芳家人陪送她的钱和首饰属于文芳家人赠与其的个人财产，这些财产不会因二人结婚而变成共同财产。

相关法条：

《中华人民共和国婚姻法》

第十八条　有下列情形之一的，为夫妻一方的财产：

(一)一方的婚前财产；

(二)一方因身体受到伤害获得的医疗费、残疾人生活补助费等费用；

(三)遗嘱或赠与合同中确定只归夫或妻一方的财产；

(四)一方专用的生活用品；

（五）其他应当归一方的财产。

离婚时，一方生活困难，有权要求另一方给予经济帮助吗?

2004年王某与邹某结婚并约定婚后财产归各自所有，2005年王某生子后，辞去工作专门在家照顾孩子与邹某父母，并打理家务，从此失去了收入来源。2010年，王某与邹某因感情不和而离婚。王某因照顾老人与孩子而一直没有工作，在离婚时她可以要求多分得财产吗?

分析：

我国《婚姻法》规定：“夫妻书面约定婚姻关系存续期间所得的财产归各自所有，一方因抚育子女、照料老人、协助另一方工作等付出较多义务的，离婚时有权向另一方请求补偿，另一方应当予以补偿。”此外本法还规定，离婚时，如一方生活困难，另一方应从其住房等个人财产中给予适当帮助。该规定是夫妻之间互相扶养的法律义务在离婚时的一种延伸和表现，也是扶弱济贫的社会主义道德的要求。本案中王某婚后为了照顾家庭辞去了自己的工作，由此失去了自己的经济来源。根据我国《婚姻法》的规定，王某在离婚时有权要求邹某给予经济补偿，同时可以要求邹某从某个人财产中给予适当帮助。

相关法条：

《中华人民共和国婚姻法》

第四十条　夫妻书面约定婚姻关系存续期间所得的财产归各自所有，一方因抚育子女、照料老人、协助另一方工作等付出较多义务的，离婚时有权向另一方请求补偿，另一方应当予以补偿。

第四十二条　离婚时，如一方生活困难，另一方应从其住房等个人财产中给予适当帮助。具体办法由双方协议；协议不成时，由人民法院判决。

《最高人民法院关于适用〈中华人民共和国婚姻法〉若干问题的解释（一）（婚姻法解释一）》

第二十七条　婚姻法第四十二条所称“一方生活困难”，是指依靠个人财产和离婚时分得的财产无法维持当地基本生活水平。

一方离婚后没有住处的，属于生活困难。

离婚时，一方以个人财产中的住房对生活困难者进行帮助的形式，可以是房屋的居住权或者房屋的所有权。

离婚时可以分割登记在子女名下的财产吗？

陈某与王某结婚已经20年了，两人的儿子刚满18周岁。为了庆祝儿子成年，陈某与王某为儿子举行了盛大的成人礼，并购买了一辆车送给儿子，该车登记在儿子名下。不久，陈某以感情破裂为由向法院提起诉讼，要求离婚。分割财产时，陈某与王某就送给儿子的车是否属于夫妻共有财产争执不休。这辆车属于夫妻共有财产吗？

分析：

这辆车不属于夫妻的共有财产。我国《婚姻法》规定：“夫妻在婚姻关系存续期间所得的下列财产，归夫妻共同所有：（一）工资、奖金；（二）生产、经营的收益；（三）知识产权的收益；（四）继承或赠与所得的财产，但本法第十八条第三项规定的除外；（五）其他应当归共同所有的财产。夫妻对共同所有的财产，有平等的处理权。”陈某与王某为儿子买车的行为属于赠与行为，受《合同法》相关规定的调整。赠与的财产的所有权经赠与行为的有效即发生所有权转移。

在本案中，父母为儿子买的车，其所有权归属于儿子。如果父母离婚时，子女未成年，则由子女的监护人保护被监护人的财产安全。如果父母离婚时，子女已成年，则子女以具有完全民事行为能力的公民身份享有该财产的所有权。

相关法条：

《中华人民共和国婚姻法》

第十七条　夫妻在婚姻关系存续期间所得的下列财产，归夫妻共同所有：

(一) 工资、奖金；

（二）生产、经营的收益；

（三）知识产权的收益；

（四）继承或赠与所得的财产，但本法第十八条第三项规定的除外；

（五）其他应当归共同所有的财产。

夫妻对共同所有的财产，有平等的处理权。

《中华人民共和国合同法》

第一百八十五条　赠与合同是赠与人将自己的财产无偿给予受赠人，受赠人表示接受赠与的合同。

《中华人民共和国民法通则》

第十八条第一款　监护人应当履行监护职责，保护被监护人的人身、财产及其他合法权益，除为被监护人的利益外，不得处理被监护人的财产。

夫妻一方得到的赔偿属于夫妻共有财产吗?

陈某和王某已经结婚 8 年了，这 8 年来两人生活的一直是平平安安的。可是前不久，丈夫陈某遭遇了一次意外事件。一天傍晚，吃过晚饭后，陈某在小区里遛弯儿时，忽然从位于路边的一幢楼的二楼阳台上掉下来一个花盆儿，正砸在陈某的头上，致使陈某头部受到重击而导致昏迷，经医院诊断陈某头部伤势严重，并具有严重的脑震荡。经协商，陈某获得了医疗费、误工费等一系列赔偿款项。陈某所获得的这笔赔偿款项属于夫妻共有财产吗？

分析：

这笔款项不属于夫妻共有财产，而是属于陈某的个人财产。我国《婚姻法》第十八条规定："有下列情形之一的，为夫妻一方的财产：（一）一方的婚前财产；（二）一方因身体受到伤害获得的医疗费、残疾人生活补助费等费用；（三）遗嘱或赠与合同中确定只归夫或妻一方的财产；（四）一方专用的生活用品；（五）其他应当归一方的财产。"本案中陈某所获得赔偿是用于医治自己的病的，如果将其作为共同财产处理，就失去了这笔赔偿费用的真正意义，也不符合我国相关的法律规定。所以陈某所获得的这笔赔偿款项不属于夫妻共有财产。

相关法条：

《中华人民共和国婚姻法》

第十七条　夫妻在婚姻关系存续期间所得的下列财产，归夫妻共同所有：

(一) 工资、奖金；

（二）生产、经营的收益；

（三）知识产权的收益；

（四）继承或赠与所得的财产，但本法第十八条第三项规定的除外；

（五）其他应当归共同所有的财产。

夫妻对共同所有的财产，有平等的处理权。

第十八条　有下列情形之一的，为夫妻一方的财产：

（一）一方的婚前财产；

（二）一方因身体受到伤害获得的医疗费、残疾人生活补助费等费用；

（三）遗嘱或赠与合同中确定只归夫或妻一方的财产；

（四）一方专用的生活用品；

（五）其他应当归一方的财产。

住房公积金属于夫妻共有财产吗?

韩某系某国有建筑集团公司职工，在办理退休手续时一次性取得了一笔住房公积金。此时，韩某的妻子赵某以感情破裂为由向法院提请离婚诉求，并要求将韩某的这笔住房公积金列入夫妻共同财产，进行分割。韩某的住房公积金属于夫妻共有财产吗?

分析:

韩某的住房公积金属于夫妻共有财产。住房公积金是指国家机关、国有企业、城镇集体企业、外商投资企业、城镇私营企业及其他城镇企业、事业单位及其在职职工缴存的长期储金。住房公积金制度实际上是一种住房保障制度，是住房分配货币化的一种形式。住房公积金由职工和职工所在单位共同缴纳。我国《最高人民法院关于适用〈中华人民共和国婚姻法〉若干问题的解释（二）》中明确规定，婚姻关系存续期间，下列财产属于婚姻法第十七条规定的“其他应当归共同所有的财产”：（一）一方以个人财产投资取得的收益;（二）男女双方实际取得或者应当取得的住房补贴、住房公积金;（三）男女双方实际取得或者应当取得的养老保险金、破产安置补偿费。因此，本案中赵某可以要求将韩某的住房公积金作为共同财产进行分割。

相关法条:

《中华人民共和国婚姻法》

第十七条　夫妻在婚姻关系存续期间所得的下列财产，归夫妻共同所有:

（一）工资、奖金;

（二）生产、经营的收益;

（三）知识产权的收益;

（四）继承或赠与所得的财产，但本法第十八条第三项规定的除外;

（五）其他应当归共同所有的财产。

夫妻对共同所有的财产，有平等的处理权。

《最高人民法院关于适用〈中华人民共和国婚姻法〉若干问题的解释（二）》

第十一条　婚姻关系存续期间，下列财产属于婚姻法第十七条规定的“其他应当归共同所有的财产”：

（一）一方以个人财产投资取得的收益；

（二）男女双方实际取得或者应当取得的住房补贴、住房公积金；

（三）男女双方实际取得或者应当取得的养老保险金、破产安置补偿费。

一方的财产会因时间而转化为夫妻共有财产吗？

赵某是一位业内颇有名气的青年剧作家，家中有很多藏书，其中不乏珍贵的绝版藏书。在一次社交晚宴上，赵某结识了刚刚毕业于某大学中文系的女生严某，两人一见倾心，闪电结婚。婚后，严某发现了赵某家中的藏书，遂向律师咨询，与赵某的婚姻关系要持续多久才能取得藏书的分配权。赵某的个人藏书会转化为夫妻共有财产吗？

分析：

我国《婚姻法》第十八条规定：“有下列情形之一的，为夫妻一方的财产：（一）一方的婚前财产；（二）一方因身体受到伤害获得的医疗费、残疾人生活补助费等费用；（三）遗嘱或赠与合同中确定只归夫或妻一方的财产；（四）一方专用的生活用品；（五）其他应当归一方的财产。”此外我国《最高人民法院关于适用〈中华人民共和国婚姻法〉若干问题的解释（一）》第十九条规定：“婚姻法第十八条规定为夫妻一方所有的财产，不因婚姻关系的延续而转化为夫妻共同财产。但当事人另有约定的除外。”

本案中赵某的个人藏书不会转化为夫妻共有财产。赵某的财产属于赵某的婚前个人财产，我国法律明确规定，除非婚姻双方当事人在结婚时或者婚后订立约定，否则无论婚姻关系存续多久，赵某的婚前个人财产也不会转化为夫妻共有财产，这是我国《婚姻法》对婚前个人财产的保护。

相关法条：

《中华人民共和国婚姻法》

第十八条　有下列情形之一的，为夫妻一方的财产：

（一）一方的婚前财产；

（二）一方因身体受到伤害获得的医疗费、残疾人生活补助费等费用；

（三）遗嘱或赠与合同中确定只归夫或妻一方的财产；

（四）一方专用的生活用品；

（五）其他应当归一方的财产。

《最高人民法院关于适用〈中华人民共和国婚姻法〉若干问题的解释（一）》

第十九条　婚姻法第十八条规定为夫妻一方所有的财产，不因婚姻关系的延续而转化为夫妻共同财产。但当事人另有约定的除外。

离婚时一方隐匿了财产怎么办？

胡某与章某离婚已经三年了。章某于不久前偶然得知前夫在与自己解决离婚纠纷时，将一部分属于夫妻共有的财产转移到了前夫胡某的父母名下。于是，章某决定向法院提起诉讼，要求再次分割这部分财产。法院会受理吗？

分析：

根据我国《婚姻法》第四十七条的规定，离婚时，一方隐藏、转移、变卖、毁损夫妻共同财产，或伪造债务企图侵占另一方财产的，分割夫妻共同财产时，对隐藏、转移、变卖、毁损夫妻共同财产或伪造债务的一方，可以少分或不分。离婚后，另一方发现有上述行为的，可以向人民法院提起诉讼，请求再次分割夫妻共同财产。此外我国《最高人民法院关于适用〈中华人民共和国婚姻法〉若干问题的解释（一）》第三十一条还规定：“当事人依据婚姻法第四十七条的规定向人民法院提起诉讼，请求再次分割夫妻共同财产的诉讼时效为两年，从当事人发现之次日起计算。”即离婚后，一方当事人发现另一方有隐藏、转移财产行为的，可以向人民法院提起诉讼，请求再次分割夫妻共同财产。但是应在发现的次日起两年内提起诉讼。

本案中，胡某将一部分夫妻共有财产转移到父母名下，致使在分割财产的时候，夫妻共有财产属于不完整的状态，侵害了章某的合法权益，对章某来说是不公平的。章某在法定期间内向法院提起了诉讼，对此法院会依法受理并支持章某的诉讼请求。

相关法条：

《中华人民共和国婚姻法》

第四十七条　离婚时，一方隐藏、转移、变卖、毁损夫妻共同财产，或伪造债务企图侵占另一方财产的，分割夫妻共同财产时，对隐藏、转移、变卖、毁损夫妻共同财产或伪造债务的一方，可以少分或不分。离婚后，另一方发现有上述行为的，可以向人民法院提起诉讼，请求再次分割夫妻共同财产。

人民法院对前款规定的妨害民事诉讼的行为，依照民事诉讼法的规定予以制裁。

《最高人民法院关于适用〈中华人民共和国婚姻法〉若干问题的解释(一)》

第三十一条　当事人依据婚姻法第四十七条的规定向人民法院提起诉讼，请求再次分割夫妻共同财产的诉讼时效为两年，从当事人发现之次日起计算。

请求再次分配夫妻共有财产有时效限制吗?

刘某在与妻子韩某的婚姻存续期间，偶然得知在时尚界工作的妻子韩某每月会有一笔丰厚的奖金。但韩某不知道丈夫清楚此事，所以每月都会把钱藏匿起来。后来因感情破裂，两人离婚，分割夫妻共同财产时，丈夫刘某对妻子藏钱的事情隐忍不言。三年后，刘某的姐姐得知此事，遂建议刘某向法院提起再次分割财产的诉讼。刘某请求再次分配夫妻共有财产有时效限制吗?

分析:

请求再次分配夫妻共有财产是有时效限制的。我国《婚姻法》规定:“离婚时,一方隐藏、转移、变卖、毁损夫妻共同财产,或伪造债务企图侵占另一方财产的,分割夫妻共同财产时,对隐藏、转移、变卖、毁损夫妻共同财产或伪造债务的一方,可以少分或不分。离婚后,另一方发现有上述行为的,可以向人民法院提起诉讼,请求再次分割夫妻共同财产。”但是,我国《最高人民法院关于适用〈中华人民共和国婚姻法〉若干问题的解释(一)》同时也对此种诉讼规定了诉讼时效,即自发现之日起两年之内。本案中,刘某离婚之时就知道这笔钱的存在,并且离婚至今已经三年了,已经超出了诉讼时效。所以即使刘某行使请求权,法院也不会再予以保护了。

相关法条:

《中华人民共和国婚姻法》

第四十七条　离婚时,一方隐藏、转移、变卖、毁损夫妻共同财产,或伪造债务企图侵占另一方财产的,分割夫妻共同财产时,对隐藏、转移、变卖、毁损夫妻共同财产或伪造债务的一方,可以少分或不分。离婚后,另一方发现有上述行为的,可以向人民法院提起诉讼,请求再次分割夫妻共同财产。

人民法院对前款规定的妨害民事诉讼的行为,依照民事诉讼法的规定予以制裁。

《最高人民法院关于适用〈中华人民共和国婚姻法〉若干问题的解释(一)》

第三十一条　当事人依据婚姻法第四十七条的规定向人民法院提起诉讼,请求再次分割夫妻共同财产的诉讼时效为两年,从当事人发现之次日起计算。

无效婚姻中的财产属于共有财产吗?

蔡某采用威胁的手段迫使赵某与其结婚。婚后,赵某过得并不幸福,二人经常因为一些小事而争吵，蔡某还经常对赵某拳打脚踢，赵某不堪忍受蔡某的折磨，在婚后的第九个月向法院提出撤销二人婚姻的诉讼请求，并要求分割夫妻共有财产。这样的要求合理吗？

分析：

我国《婚姻法》规定："因胁迫结婚的，受胁迫的一方可以向婚姻登记机关或人民法院请求撤销该婚姻。受胁迫的一方撤销婚姻的请求，应当自结婚登记之日起一年内提出。被非法限制人身自由的当事人请求撤销婚姻的，应当自恢复人身自由之日起一年内提出。"此外本法还规定，被撤销的婚姻，自始无效。

本案中蔡某与赵某的婚姻属于我国法律规定的可撤销的婚姻。根据我国《最高人民法院关于适用〈中华人民共和国婚姻法〉若干问题的解释（一）》第十五条规定："被宣告无效或被撤销的婚姻，当事人同居期间所得的财产，按共同共有处理。但有证据证明为当事人一方所有的除外。"蔡某与赵某二人婚姻期间所取的财产为二人共同共有，当事人的婚姻关系被宣告撤销或被宣告无效后，同居期间的财产按共同共有处理，由当事人协议分割，协议不成，由法院依法作出判决。所以赵某的要求是合理的。

相关法条：

《中华人民共和国婚姻法》

第十一条　因胁迫结婚的，受胁迫的一方可以向婚姻登记机关或人民法院请求撤销该婚姻。受胁迫的一方撤销婚姻的请求，应当自结婚登记之日起一年内提出。被非法限制人身自由的当事人请求撤销婚姻的，应当自恢复人身自由之日起一年内提出。

第十二条　无效或被撤销的婚姻，自始无效。当事人不具有夫妻的权利和义务。同居期间所得的财产，由当事人协议处理；协议不成时，由人民法院根据照顾无过错方的原则判决。对重婚导致的婚姻无效的财产处理，不得侵害合法婚姻当事人的财产权益。当事人所生的子女，适用本法有关父母子女的规定。

《最高人民法院关于适用〈中华人民共和国婚姻法〉若干问题的解释(一)》

第十五条　被宣告无效或被撤销的婚姻，当事人同居期间所得的财产，按共同共有处理。但有证据证明为当事人一方所有的除外。

离婚时一方转移共同财产怎么办?

妻子凌某在与丈夫蔡某解决离婚纠纷时，发现丈夫将属于夫妻共有的一处房产变卖了，所得钱款转移到丈夫的情人名下。凌某该怎么办呢?

分析：

我国《民事诉讼法》规定：“人民法院对于可能因当事人一方的行为或者其他原因，使判决不能执行或者难以执行的案件，可以根据对方当事人的申请，作出财产保全的裁定；当事人没有提出申请的，人民法院在必要时也可以裁定采取财产保全措施。”

本案中凌某对丈夫蔡某的行为可以向法院申请财产保全。为了保护婚姻生活中弱势群体的利益，法律规定了一些在紧急情况下适用的保护条款。财产保全，是指人民法院在利害关系人起诉前或者当事人起诉后，为保障将来的生效判决能够得到执行或者避免财产遭受损失，对当事人的财产或者争议的标的物，采取限制当事人处分的强制措施。蔡某在分割财产之前，企图将属于夫妻共有财产的房产转移，该行为造成了夫妻共同财产的一部分灭失，对凌某是不利的。对此，凌某可以向法院申请财产保全，法院会依法采取强制措施，冻结待分配的财产，以保护凌某的合法权益。

相关法条：

《最高人民法院关于适用〈中华人民共和国婚姻法〉若干问题的解释(二)》

第二十八条　夫妻一方申请对配偶的个人财产或者夫妻共同财产采取保

全措施的，人民法院可以在采取保全措施可能造成损失的范围内，根据实际情况，确定合理的财产担保数额。

《中华人民共和国民事诉讼法》

第九十二条第一款　人民法院对于可能因当事人一方的行为或者其他原因，使判决不能执行或者难以执行的案件，可以根据对方当事人的申请，作出财产保全的裁定；当事人没有提出申请的，人民法院在必要时也可以裁定采取财产保全措施。

第九十四条　财产保全限于请求的范围，或者与本案有关的财物。

财产保全采取查封、扣押、冻结或者法律规定的其他方法。

人民法院冻结财产后，应当立即通知被冻结财产的人。

财产已被查封、冻结的，不得重复查封、冻结。

个人财产离婚时可以以共同财产抵偿吗?

陈某与白某已结婚20多年，某日二人因感情不和而协议离婚。妻子白某在结婚前有一个梳妆台，结婚后一直使用，此时梳妆台因为老化而坏了。于是在分割财产时，白某提出应用夫妻共有财产抵偿其梳妆台的损失。丈夫陈某认为白某要求不合理遂加以拒绝，于是白某向法院提起了诉讼。白某这样的要求合理吗?

分析：

我国《婚姻法》规定："有下列情形之一的，为夫妻一方的财产：（一）一方的婚前财产；（二）一方因身体受到伤害获得的医疗费、残疾人生活补助费等费用；（三）遗嘱或赠与合同中确定只归夫或妻一方的财产；（四）一方专用的生活用品；（五）其他应当归一方的财产。"同时我国《最高人民法院关于人民法院审理离婚案件处理财产分割问题的若干具体意见》第十六条规定："婚前个人财产在婚后共同生活中自然毁损、消耗、灭失，离婚时一方要求以夫妻共同财产抵偿的，不予支持。”根据我国法律规定，本案中白某的梳妆台属于其个人财产，其损坏属于我国法律所规定的在婚姻存续期间自然毁损、消耗、灭失的情况，所以白某要求用夫妻共有财产抵偿其个人财产的自然损坏是不合理的，即使是提起诉讼也不会得到法院的支持。

相关法条：

《最高人民法院关于人民法院审理离婚案件处理财产分割问题的若干具体意见》

第十六条　婚前个人财产在婚后共同生活中自然毁损、消耗、灭失，离婚时一方要求以夫妻共同财产抵偿的，不予支持。

《中华人民共和国婚姻法》

第十八条　有下列情形之一的，为夫妻一方的财产：

（一）一方的婚前财产；

（二）一方因身体受到伤害获得的医疗费、残疾人生活补助费等费用；

（三）遗嘱或赠与合同中确定只归夫或妻一方的财产；

（四）一方专用的生活用品；

（五）其他应当归一方的财产。

离婚时，夫妻一方在公司的股份如何分割？

刘某与白某在经历六年的婚姻生活后，最终决定离婚。在婚姻存续期间，丈夫刘某与朋友合作，投资创办了盛世啤酒有限责任公司，刘某成为该公司股东。公司自创办以后，效益良好。刘某与妻子白某离婚后，将一部分出资额转让给白某。白某接受这笔出资后，是否就成为该公司的股东了呢？

分析：

白某是否可以成为该有限责任公司的股东，我国《最高人民法院关于适用〈中华人民共和国婚姻法〉若干问题的解释（二）》对此有明确规定，要视不同的情况采取不同的解决方式。公司的股权转让可以随意进行，但股东的变换不是随便就可以进行的。由于涉及公司的利益，股东的变化通常是要经过原有股东们的同意。

本案中，刘某与白某解除了婚姻关系，刘某将一部分出资额转让给白某，如果公司半数以上的股东同意白某成为股东，白某可以成为公司股东。如果大部分的公司股东都不同意，则白某不能成为公司的股东，但可以将这部分股份出卖给不支持自己入股的股东。

相关法条：

《最高人民法院关于适用〈中华人民共和国婚姻法〉若干问题的解释（二）》

第十六条　人民法院审理离婚案件，涉及分割夫妻共同财产中以一方名义在有限责任公司的出资额，另一方不是该公司股东的，按以下情形分别处理：

（一）夫妻双方协商一致将出资额部分或者全部转让给该股东的配偶，过半数股东同意、其他股东明确表示放弃优先购买权的，该股东的配偶可以成为该公司股东；

（二）夫妻双方就出资额转让份额和转让价格等事项协商一致后，过半数股东不同意转让，但愿意以同等价格购买该出资额的，人民法院可以对转让出资所得财产进行分割。过半数股东不同意转让，也不愿意以同等价格购买该出资额的，视为其同意转让，该股东的配偶可以成为该公司股东。

用于证明前款规定的过半数股东同意的证据，可以是股东会决议，也可以是当事人通过其他合法途径取得的股东的书面声明材料。

个人独资企业的财产在离婚时如何处理？

丈夫陈某在与妻子胡某的婚姻存续期间，以自己一方的名义投资设立了一家独资企业。离婚后，两人都不愿意经营这家企业。这种情况要怎样处理？

分析：

该企业可以宣布解散。个人独资企业，是指依法在中国境内设立，由一个自然人投资，财产为投资人个人所有，投资人以其个人财产对企业债务承担无限责任的经营实体。可见，个人独资企业是由一个人出资，利润也归个人所有。我国《最高人民法院关于适用〈中华人民共和国婚姻法〉若干问题的解释（二）》规定，双方均不愿意经营该企业的，按照《中华人民共和国个人独资企业法》等有关规定办理。

本案中，陈某建立的就是个人独资企业，该企业属于夫妻共同财产。陈某与妻子胡某解除婚姻关系后，该企业应该列为夫妻共同财产参与分配。但是，如果双方都不要经营这家企业，该企业应该解散，所得利润参与分配。

相关法条：

《最高人民法院关于适用〈中华人民共和国婚姻法〉若干问题的解释（二）》

第十八条　夫妻以一方名义投资设立独资企业的，人民法院分割夫妻在该独资企业中的共同财产时，应当按照以下情形分别处理：

（一）一方主张经营该企业的，对企业资产进行评估后，由取得企业一方给予另一方相应的补偿；

（二）双方均主张经营该企业的，在双方竞价基础上，由取得企业的一方给予另一方相应的补偿；

（三）双方均不愿意经营该企业的，按照《中华人民共和国个人独资企业法》等有关规定办理。

《中华人民共和国个人独资企业法》

第二条　本法所称个人独资企业，是指依照本法在中国境内设立，由一个自然人投资，财产为投资人个人所有，投资人以其个人财产对企业债务承担无限责任的经营实体。

第二十六条　个人独资企业有下列情形之一时，应当解散：

（一）投资人决定解散；

（二）投资人死亡或者被宣告死亡，无继承人或者继承人决定放弃继承；

（三）被依法吊销营业执照；

（四）法律、行政法规规定的其他情形。

债务，该摊多少

随着经济的发展，社会的进步，人们财富的日益丰富，夫妻财产出现了复杂性与多样性的特色，其利益不仅仅涉及夫妻双方，还可能涉及与夫妻双方或一方有债权债务关系的第三人的利益。近年来，在现实生活中，夫债妻偿或妻债夫偿引发矛盾的案例越来越多，那么，夫妻债务应该如何让处理呢？夫债妻偿或妻债夫偿有道理吗？

夫妻债务制度是一项交织于财产法与身份法之间的特殊债务制度，正因为如此，在实践中对于夫妻债务的处理存在着许多问题。夫妻，是最亲密的伴侣，应该有福同享有难同当。然而很多夫妻“福”可以同享，却不能共渡难关。“夫妻本是同林鸟，大难临头各自飞。”在司法实践中，有很多夫妻为了逃避债务而协议离婚，也有的把债务推给另一方，自己远走高飞，从此杳无音讯。我国《婚姻法》规定，离婚时，原为夫妻共同生活所负的债务，应当共同偿还。共同财产不足清偿的，或财产归各自所有的，由双方协议清偿；协议不成时，由人民法院判决。我国法律还规定了一方赌博所欠的债务或者是一方以个人名义负的债务，另一方能够证明该债务确为欠债人个人债务的是夫妻共同债务的例外。

“夫债妻还”有理吗?

男子刘某在与妻子沈某婚姻存续期间，多次向朋友申某借钱，都没有偿还。申某几次要求刘某还钱，刘某皆以没钱为由搪塞。申某无奈之下，转而向刘某的妻子沈某主张债权。可是沈某称其不知道刘某向其借钱的事，此债务应为刘某的个人债务，她不负有偿还的义务。申某无奈之下将其告上了法庭。沈某要替丈夫还钱吗?

分析:

沈某要替丈夫偿还。我国法律有明确规定，夫妻一方在婚姻存续期间所负债务，按照夫妻共同债务处理。但夫妻一方能够证明债权人与债务人明确约定为个人债务，或者能够证明属于婚姻法第十九条第三款规定情形的除外。法律中规定的例外情况主要有以下两种。如果夫妻一方在借款时，明确地表示以个人名义借款，对债务独自偿还，并且债权人也同意了的，另一方就不负有偿还的义务。或者夫妻两人在结婚前就约定好，在婚姻存续期间，个人的债务个人负，该约定大家都知道，那么，一方的债务，另一方就不用承担。

本案中，刘某与妻子沈某不符合例外的两种情况，因此，按照法律规定，丈夫刘某所欠的债务应为夫妻的共同债务，当刘某无力偿还时沈某要承担偿还的责任。

相关法条:

《最高人民法院关于适用〈中华人民共和国婚姻法〉若干问题的解释(二)》

第二十四条　债权人就婚姻关系存续期间夫妻一方以个人名义所负债务主张权利的，应当按夫妻共同债务处理。但夫妻一方能够证明债权人与债务人明确约定为个人债务，或者能够证明属于婚姻法第十九条第三款规定情形的除外。

《中华人民共和国婚姻法》

第十九条第三款　夫妻对婚姻关系存续期间所得的财产约定归各自所有的，夫或妻一方对外所负的债务，第三人知道该约定的，以夫或妻一方所有的财产清偿。

夫妻一方以个人名义借的债，可以要求另一方偿还吗？

焦某欲买一楼房但是手头的钱又不够，于是向朋友陈某借款5万元，并向陈某出具了由自己签名的借条。到了还款期焦某无力偿还，陈某就要焦某卖楼还款。可焦某说，房产证上写的是妻子方某的名字，楼房是方某的个人财产，自己借的钱与妻子方某无关。陈某能向方某索要焦某的欠款吗？

分析：

我国最高人民法院《关于适用〈中华人民共和国婚姻法〉若干问题的解释(二)》规定：“债权人就婚姻关系存续期间夫妻一方以个人名义所负债务主张权利的，应当按夫妻共同债务处理。但夫妻一方能够证明债权人与债务人明确约定为个人债务，或者能够证明属于婚姻法第十九条第三款规定情形的除外。”我国《婚姻法》第十九条第三款规定：“夫妻对婚姻关系存续期间所得的财产约定归各自所有的，夫或妻一方对外所负的债务，第三人知道该约定的，以夫或妻一方所有的财产清偿。”

就本案而言，除非妻子能出具有效证据证明其丈夫所借债务属于其个人债务，或者证明她与丈夫之间存在关于财产与债务关系的特别约定，并且债权人陈某在借钱给焦某时就已经知道此约定，否则有义务偿还丈夫所借他人的款项。

相关法条：

《中华人民共和国婚姻法》

第十九条第三款　夫妻对婚姻关系存续期间所得的财产约定归各自所有的，夫或妻一方对外所负的债务，第三人知道该约定的，以夫或妻一方所有的财产清偿。

《最高人民法院关于适用〈中华人民共和国婚姻法〉若干问题的解释(一)》

第十八条　婚姻法第十九条所称“第三人知道该约定的”，夫妻一方对此负有举证责任。

最高人民法院《关于适用〈中华人民共和国婚姻法〉若干问题的解释(二)》

第二十四条　债权人就婚姻关系存续期间夫妻一方以个人名义所负债务主张权利的，应当按夫妻共同债务处理。但夫妻一方能够证明债权人与债务人明确约定为个人债务，或者能够证明属于婚姻法第十九条第三款规定情形的除外。

妻子对丈夫婚前的债务有偿还义务吗?

王某来自农村，家境贫寒，但是其一心向学。在自己的艰苦努力下，最后以优异的成绩被北京某大学录取。家人为此非常高兴，可是王某的父母却高兴不起来，因为他们实在无力支付王某的学费。但是王某并没有就此放弃，他只身一人来到北京，除了向亲友们借了很多钱外还靠打工来挣取学费。大学毕业以后，王某和同校女同学韩某结婚。结婚后，亲友们纷纷要求韩某偿还王某的债务。韩某有义务替王某偿还债务吗?

分析：

我国《最高人民法院关于适用〈中华人民共和国婚姻法〉若干问题的解释（二）》第二十三条规定：“债权人就一方婚前所负个人债务向债务人的配偶主张权利的，人民法院不予支持。但债权人能够证明所负债务用于婚后家庭共同生活的除外。”由此可知，婚前的个人债务于个人承担，夫妻的另一方无偿还的义务。但是所负的债务适用于婚后家庭共同生活的不受此限制。

本案中韩某没有义务替王某偿还债务。王某所负的债务是其婚前个人债务，并且所负债务适用于王某个人的学习与生活而非用于婚后二人的共同生活。因此，韩某不必替王某偿还债务。

相关法条：

《最高人民法院关于适用〈中华人民共和国婚姻法〉若干问题的解释（二）》

第二十三条　债权人就一方婚前所负个人债务向债务人的配偶主张权利的，人民法院不予支持。但债权人能够证明所负债务用于婚后家庭共同生活的除外。

丈夫生前所负债务怎么办？

陈某与白某结婚后，丈夫陈某为夫妻共同生活向外借款。结婚两年后，陈某因遭遇交通事故，重伤不治死亡。此时，债务还没有还清。妻子白某需要继续偿还吗？

分析：

我国《最高人民法院关于适用〈中华人民共和国婚姻法〉若干问题的解释（二）》第二十四条规定：“债权人就婚姻关系存续期间夫妻一方以个人名义所负债务主张权利的，应当按夫妻共同债务处理。但夫妻一方能够证明债权人与债务人明确约定为个人债务，或者能够证明属于婚姻法第十九条第三款规定情形的除外。”同时我国《婚姻法》规定，夫妻对婚姻关系存续期间所得的财产约定归各自所有的，夫或妻一方对外所负的债务，第三人知道该约定的，以夫或妻一方所有的财产清偿。

本案中债权人向白某主张权利时，白某不能拒绝。陈某在借钱时并未与债权人约定为此债务为个人债务，并且陈某与白某也未约定婚姻关系存续期间所得的财产约定归各自所有。陈某生前所欠之债是为共同生活而借，所以妻子白某有继续偿还的义务。

相关法条：

《最高人民法院关于适用〈中华人民共和国婚姻法〉若干问题的解释（二）》

第二十四条　债权人就婚姻关系存续期间夫妻一方以个人名义所负债务主张权利的，应当按夫妻共同债务处理。但夫妻一方能够证明债权人与债务人明确约定为个人债务，或者能够证明属于婚姻法第十九条第三款规定情形的除外。

《中华人民共和国婚姻法》

第十九条第三款　夫妻对婚姻关系存续期间所得的财产约定归各自所有的，夫或妻一方对外所负的债务，第三人知道该约定的，以夫或妻一方所有的财产清偿。

离婚时一方拒绝承担双方的共同债务该如何处理？

潘某为了给其母亲治病，未经丈夫杜某同意而向朋友借了2万元钱。后来，潘某与杜某二人因感情不和无法共同生活而向法院提起离婚诉讼。潘某认为2万元借款应以夫妻共同财产进行清偿，但杜某认为潘某在借钱时没有与自己协商，且借钱是为了为潘某的母亲治病，因此应属于潘某的个人债务，与他无关。这笔债真的与杜某无关吗？

分析：

《婚姻法》第二十一条第一款规定：“父母对子女有抚养教育的义务；子女对父母有赡养扶助的义务。”不论是儿子，还是女儿，对其父母都有赡养的义务。《婚姻法》第四十一条的规定：“离婚时，原为夫妻共同生活所负的债务，应当共同偿还。共同财产不足清偿的，或财产归各自所有的，由双方协议清偿；协议不成时，由人民法院判决。”此外最高人民法院《关于适用〈中华人民共和国婚姻法〉若干问题的解释（二）》第二十四条规定：“债权人就婚姻关系存续期间夫妻一方以个人名义所负债务主张权利的，应当按夫妻共同债务处理。但夫妻一方能够证明债权人与债务人明确约定为个人债务，或者能够证明属于婚姻法第十九条第三款规定情形的除外。”因此，本案中所涉这笔债务是二人的共同债务应先以潘某与杜某的夫妻的共同财产进行清偿，如果没有共同财产或共同财产不足以清偿债务时，由双方协议清偿或人民法院判决解决。

相关法条：

《中华人民共和国婚姻法》

第二十一条第一款　父母对子女有抚养教育的义务；子女对父母有赡养扶助的义务。

第四十一条　离婚时，原为夫妻共同生活所负的债务，应当共同偿还。共同财产不足清偿的，或财产归各自所有的，由双方协议清偿；协议不成时，由人民法院判决。

最高人民法院《关于适用〈中华人民共和国婚姻法〉若干问题的解释（二）》

第二十四条　债权人就婚姻关系存续期间夫妻一方以个人名义所负债务主张权利的，应当按夫妻共同债务处理。但夫妻一方能够证明债权人与债务人明确约定为个人债务，或者能够证明属于婚姻法第十九条第三款规定情形的除外。

离婚时哪些债务属于由夫妻一方个人财产清偿的债务？

甲乙系夫妻，双方于2008年7月结婚后便因感情问题而分居。分居时双方作出约定，婚后双方个人所得为个人财产，双方所负担的债务也均由个人独自承担。2011年3月双方终因感情不和而离婚。2011年8月，甲因为开服装店曾在一年前向丙借的5万元债务到期，而此时，甲因经营不善破产，已无任何财产偿还丙。于是丙找到乙，以甲所借债务系甲乙夫妻关系存续期间所借，属于甲乙的共同债务，要求乙偿还甲所欠货款。问丙的请求能成立吗？离婚时还有哪些债务属于由夫妻一方个人财产清偿的债务？

分析：

我国《婚姻法》规定，如果双方约定婚姻关系存续期间所得的财产归各自所有的，并且第三人知道该约定的，夫或妻一方对外所负的债务以夫或妻一方所有的财产清偿。

本案中，甲所欠丙债务是在甲乙夫妻关系存续期间的产生的，虽然甲乙夫妻约定，双方个人的债务均由个人独自承担，但此约定并不为丙所知晓，因此，甲乙的约定对丙无效。丙有权向乙主张偿还借款。此外，根据最高人民法院 1993 年 11 月 3 日作出的《关于人民法院审理离婚案件处理财产分割问题的若干具体意见》规定：“下列债务不能认定为夫妻共同债务，应由一方以个人财产清偿：1. 夫妻双方约定由个人负担的债务，但以逃避债务为目的的除外；2. 一方未经对方同意，擅自资助与其没有抚养义务的亲朋所负的债务；3. 一方未经对方同意，独自筹资从事经营活动，其收入确未用于共同生活所负的债务；4. 其他应由个人承担的债务。”而本案中甲所欠丙债务的情形并不在此之列。

相关法条：

《最高人民法院关于人民法院审理离婚案件处理财产分割问题的若干具体意见》

下列债务不能认定为夫妻共同债务，应由一方以个人财产清偿：

1. 夫妻双方约定由个人负担的债务，但以逃避债务为目的的除外。

2. 一方未经对方同意，擅自资助与其没有抚养义务的亲朋所负的债务。

3. 一方未经对方同意，独自筹资从事经营活动，其收入确未用于共同生活所负的债务。

4. 其他应由个人承担的债务。

《中华人民共和国婚姻法》

第十九条第三款　夫妻对婚姻关系存续期间所得的财产约定归各自所有的，夫或妻一方对外所负的债务，第三人知道该约定的，以夫或妻一方所有的财产清偿。

最近出的新鲜事：房产证上加个名！

2011 年《〈婚姻法〉司法解释（三）》公布后，各种讨论不绝于耳：“新婚姻法出来了，老公一夜之间变房东”、“要照顾家庭、孩子，还要创业买房子，做女人真难”、“新婚姻法来了，我们还结婚吗”。其中最受关注的莫过于房屋权属的新规定：“父母给婚后子女买房属个人财产”、“谁付首付，房子归谁”。针对新规定，为了保护自己的权益，有网友号召说：“要在房产证上加上我们的名字”。就这样，前去房产交易中心咨询房产证上加名字的市民比之前多了，甚至耄耋之龄的老夫妇也要求在房产证上加个名字。可是，房产证上加个名字并不容易，比如房贷没还完的话，房子还处于抵押状态，不动产在抵押、查封、冻结等状态下都是不能办理变更登记的，也就是说不能在房产证上加名。

新婚姻法颁布后，加名就一直令很多夫妻纠结。房产证上只有夫妻一方的名字，根据新解释离婚时房产归产权所有人，也就是归房产证上有名字的一方所有。出于对婚姻的不信任，夫妻一方提出房产证加名，这也实属正常。

结婚前一方父母为二人购买的结婚用房，属于夫妻共同财产吗？

余某年近三十了还不肯结婚，其父母非常着急，于是父母二人对余某说，如果他能够尽快结婚，他们将会出资为其购买一处新的住房。不久余某经朋友介绍找了女朋友，父母见后也非常满意，于是余某决定结婚。余某的父母也兑现了承诺，在余某结婚前出资为余某购置了结婚用房。余某与女朋友结婚后，这个房子是属于余某的个人财产还是夫妻共同财产呢？

分析：

我国《最高人民法院关于适用〈中华人民共和国婚姻法〉若干问题的解释（二）》第二十二条规定："当事人结婚前，父母为双方购置房屋出资的，该出资应当认定为对自己子女的个人赠与，但父母明确表示赠与双方的除外。当事人结婚后，父母为双方购置房屋出资的，该出资应当认定为对夫妻双方的赠与，但父母明确表示赠与一方的除外。"此司法解释明确说明了当事人结婚前，父母为双方购置房屋出资的，该出资应当认定为对自己子女的个人赠与，但父母明确表示赠与双方的除外。

本案中，余某的父母是在余某婚前为其出资购买的房屋，并且婚后余某父母也没有明确表示该房屋是对余某夫妻双方的赠与，因此应当认为是对余某个人的赠与，该房屋属于余某的个人财产。即使这个房子是余某父母在二人结婚后购买的，如果将房产登记在余某的名下也是余某的个人财产而非共同财产。

相关法条：

《最高人民法院关于适用〈中华人民共和国婚姻法〉若干问题的解释（二）》

第二十二条　当事人结婚前，父母为双方购置房屋出资的，该出资应当认定为对自己子女的个人赠与，但父母明确表示赠与双方的除外。当事人结婚后，父母为双方购置房屋出资的，该出资应当认定为对夫妻双方的赠与，但父母明确表示赠与一方的除外。

《最高人民法院关于适用〈中华人民共和国婚姻法〉若干问题的解释（三）》

第七条　婚后由一方父母出资为子女购买的不动产，产权登记在出资人子女名下的，可按照婚姻法第十八条第（三）项的规定，视为只对自己子女一方的赠与，该不动产应认定为夫妻一方的个人财产。

由双方父母出资购买的不动产，产权登记在一方子女名下的，该不动产可认定为双方按照各自父母的出资份额按份共有，但当事人另有约定的除外。

一方在婚前购买的住房，会因结婚而转为夫妻共同财产吗？

曹先生与张女士因为感情不和离婚。张女士认为，双方结婚已有十年之久，婚后一直在曹先生婚前买的房子中居住，现在虽然房产证上写的房主为曹先生，但实际上应该算夫妻共同财产，因此要求对其进行分割。但曹先生不同意，声称双方从未有过将房屋作为共同财产这方面的约定，因此该房屋属于他的个人财产。一方在婚前买的住房会因结婚而转化为夫妻共同财产吗？

分析：

我国《婚姻法》规定："有下列情形之一的，为夫妻一方的财产：（一）一方的婚前财产；（二）一方因身体受到伤害获得的医疗费、残疾人生活补助费等费用；（三）遗嘱或赠与合同中确定只归夫或妻一方的财产；（四）一方专用的生活用品；（五）其他应当归一方的财产。"此外《最高人民法院关于适用〈中华人民共和国婚姻法〉若干问题的解释（一）》规定，夫妻一方所有的财产，不因婚姻关系的延续而转化为夫妻共同财产。据此，夫妻一方在婚前购买住房并且取得了所有权，如果当事人间没有关于该财产为双方共同所有的特殊约定，则该财产并不会因结婚而转化为夫妻共同财产，仍是属于一方的财产，离婚时不能作为共同财产进行分割。因此本案中房屋属于曹某的个人财产，而非其与妻子张某的共同财产。

相关法条：

《中华人民共和国婚姻法》

第十八条　有下列情形之一的，为夫妻一方的财产：

（一）一方的婚前财产；

（二）一方因身体受到伤害获得的医疗费、残疾人生活补助费等费；

（三）遗嘱或赠与合同中确定只归夫或妻一方的财产；

（四）一方专用的生活用品；

（五）其他应当归一方的财产。

《最高人民法院关于适用〈中华人民共和国婚姻法〉若干问题的解释（一）》

第十九条　婚姻法第十八条规定为夫妻一方所有的财产，不因婚姻关系的延续而转化为夫妻共同财产。但当事人另有约定的除外。

买了夫妻共有的房子过不了户怎么办?

李某在某中介看中了一处房产，后与卖方段某及中介公司签订了三方房屋买卖合同。合同约定：李某向卖方交付 1 万元购房定金，向中介公司交付 4000 元中介服务费。后在办理产权过户时，李某了解到该房产是段某婚姻存续期间的夫妻共有财产，由于段某夫妻离婚协议中未明确该房属谁，因此无法办理过户手续。李某要求中介退还收取的服务费并向段某追回定金，而中介认为责任应由段某承担，与自己无关。那么，李某该怎么办呢?

分析：

李某应向段某依法主张自己的权利，要回所交购房定金。根据我国《城市房地产管理法》规定，权属有争议的房地产不能转让。此外我国《合同法》

第五十八条规定："合同无效或者被撤销后，因该合同取得的财产，应当予以返还；不能返还或者没有必要返还的，应当折价补偿。有过错的一方应当赔偿对方因此所受到的损失，双方都有过错的，应当各自承担相应的责任。"本案中所交易的房屋是段某婚姻存续期间的夫妻共有财产，但双方在离婚协议中并没有明确规定该房屋归谁，因此，该房屋的所有权存在瑕疵，根据我国法律的规定此类房屋是不能进行交易的。因此，三方所签房屋买卖合同没有法律效力。由于段某的过错责任导致该合同无效，李某可要求其返还购房定金。

相关法条：

《中华人民共和国城市房地产管理法》

第三十八条　下列房地产，不得转让：

（一）以出让方式取得土地使用权的，不符合本法第三十九条规定的条件的；

（二）司法机关和行政机关依法裁定、决定查封或者以其他形式限制房地产权利；

（三）依法收回土地使用权的；

（四）共有房地产，未经其他共有人书面同意的；

（五）权属有争议的；

（六）未依法登记领取权属证书的；

（七）法律、行政法规规定禁止转让的其他情形。

《中华人民共和国合同法》

第五十八条　合同无效或者被撤销后，因该合同取得的财产，应当予以返还；不能返还或者没有必要返还的，应当折价补偿。有过错的一方应当赔偿对方因此所受到的损失，双方都有过错的，应当各自承担相应的责任。

夫妻共有的房产必须要两人同意才能抵押吗?

陆先生与董女士婚后省吃俭用，终于购得一套两居室商品房。房产证上登载的产权人为陆先生，共有人为妻子董某。后来，陆先生与几个朋友合伙开公司，因资金周转不过来，陆先生想用房屋作抵押从银行办理抵押贷款。但在与妻子商量时遭到妻子的坚决反对，无论陆先生如何解释其妻始终未同意。陆先生很生气，称房产证上是自己的名字，自己想怎么处置就怎么处置。陆先生能否不经妻子同意办理抵押贷款吗?

分析:

陆先生不经妻子同意是无法实现抵押贷款的。根据相关法律规定：在共有关系存续期间，部分共有人擅自处分共有财产，一般认定无效。陆先生与董女士是房产的共有人，是他们夫妻关系存续期间的共有财产。根据《婚姻法》规定：夫妻关系存续期间所得的财产，归夫妻共有，双方另有约定的除外。夫妻对共同所有的财产有同等的处分权。另根据《城市房地产抵押管理办法》规定：以共有的房地产抵押的应当先征得其他共有人的书面同意。因此，陆先生未征得妻子的同意，是无法办理抵押手续的，即使办理了抵押也是无效的。

相关法条:

《中华人民共和国婚姻法》

第十七条　夫妻在婚姻关系存续期间所得的下列财产，归夫妻共同所有:

（一）工资、奖金;

（二）生产、经营的收益;

（三）知识产权的收益;

（四）继承或赠与所得的财产，但本法第十八条第三项规定的除外;

（五）其他应当归共同所有的财产。

夫妻对共同所有的财产，有平等的处理权。

《最高人民法院关于贯彻执行〈中华人民共和国民法通则〉若干问题的意见（试行）》

第八十九条　共同共有人对共有财产享有共同的权利，承担共同的义务。在共同共有关系存续期间，部分共有人擅自处分共有财产的，一般认定无效。但第三人善意、有偿取得该财产的，应当维护第三人的合法权益，对其他共有人的损失，由擅自处分共有财产的人赔偿。

《城市房地产抵押管理办法》

第十九条　以共有的房地产抵押的，抵押人应当事先征得其他共有人的书面同意。

婚前一方向另一方承诺赠与房产，但在房产过户前又反悔的，房产应如何处理？

小王和小李经人介绍相识，二人一见钟情。2010年，小李向小王求婚并许诺将他所有的一套商品房赠送给小王，而且当面签署了赠与协议，但是二人一直没有办理过户登记。结婚后由于二人对生活琐事处理不好，夫妻感情出现危机，最后二人决定协议离婚。在财产分割时，丈夫小李要求收回自己的房子，并说这是属于他的婚前个人财产，与小王没有关系。请问：这套房子还是属于小李的吗？赠与协议在小王手上，丈夫小李还有权把房子收回去吗？

分析：

根据相关法律规定，丈夫小李有权收回自己的房子。所谓赠与合同是指赠与人将自己的财产无偿给予受赠人，受赠人表示接受赠与的合同。它是一种实践合同，动产是以交付给受赠人为实现；不动产则需要办理过户登记。在赠与财产转移之前，如果赠与人反悔，可以撤销赠与。我国《合同法》第一百八十七条规定："赠与的财产依法需要办理登记等手续的，应当办理有关手续。"同时，《赠与公证细则》第七条规定："办理不动产赠与公证的，经公证后，应及时到有关部门办理所有权转移登记手续，否则赠与行为无效。"因此，对于受赠人而言，要保证赠与发生法律效力，至少应采取如下两种方式中的一种。第一，在对方承诺赠与后，立即办理房产证的过户手续。这是最为现实有效的方式。第二，在对方不同意立即过户的情况下，双方到公证处就赠与协议办理公证手续，并保管好对方的房产证。这样，即使双方离婚了，受赠方亦可要求对方交付房产。

本案中虽然小王与小李签署了房屋赠与协议，但是二人没有办理过户登记，根据我国法律的规定这套房屋的所有权没有发生转移，即这套房子仍属于小李。

相关法条：

《中华人民共和国合同法》

第一百八十六条　赠与人在赠与财产的权利转移之前可以撤销赠与。

具有救灾、扶贫等社会公益、道德义务性质的赠与合同或者经过公证的赠与合同，不适用前款规定。

第一百八十七条　赠与的财产依法需要办理登记等手续的，应当办理有关手续。

《赠与公证细则》

第七条　办理不动产赠与公证的，经公证后，应及时到有关部门办理所有权转移登记手续，否则赠与行为无效。

婚后父母为子女购买的房屋应当归谁所有？

王强和赵丹结婚前没有买房，属于裸婚一族。婚后不久，王强的父母就自愿出资 60 万元，购进了一套两居室供其二人居住。房产证上登记的是王强的名字。妻子赵丹认为，她和王强已经结婚，该房是在二人结婚之后购买的，无论是谁出的钱，房产证上写的是谁的名字，都应该是夫妻共同财产。真的如此吗？

分析：

根据《婚姻法解释二》规定，当事人结婚后，父母为双方购置房屋出资的，该出资应当认定为对夫妻双方的赠与，但父母明确表示赠与一方的除外。同时我国《婚姻法解释三》第七条规定："婚后由一方父母出资为子女购买的不动产，产权登记在出资人子女名下的，可按照婚姻法第十八条第（三）项的规定，视为只对自己子女一方的赠与，该不动产应认定为夫妻一方的个人财产。"

本案中王强的父母在王强婚后出资60万元为其购买房屋。根据我国法律规定，如果王强的父母没有明确表示将房子赠与一方，则这套房子属于王强夫妻二人的共同财产。可是本案中王强的父母在房产证上登记的是王强的名字，这足以表明其父母是将房子赠与王强个人的。并且根据后法优先于前法的原则，婚姻法解释三的规定优先于婚姻法解释二的规定，所以无论怎么说，这套房子是王强个人财产而非夫妻共同财产。

相关法条：

《最高人民法院关于适用〈中华人民共和国婚姻法〉若干问题的解释（二）》

第二十二条　当事人结婚前，父母为双方购置房屋出资的，该出资应当认定为对自己子女的个人赠与，但父母明确表示赠与双方的除外。当事人结婚后，父母为双方购置房屋出资的，该出资应当认定为对夫妻双方的赠与，但父母明确表示赠与一方的除外。

《最高人民法院关于适用〈中华人民共和国婚姻法〉若干问题的解释（三）》

第七条　婚后由一方父母出资为子女购买的不动产，产权登记在出资人子女名下的，可按照婚姻法第十八条第（三）项的规定，视为只对自己子女一方的赠与，该不动产应认定为夫妻一方的个人财产。

由双方父母出资购买的不动产，产权登记在一方子女名下的，该不动产可认定为双方按照各自父母的出资份额按份共有，但当事人另有约定的除外。

登记在一人名下的共有房产，夫或妻一方能否单独出卖?

彭某和周某是夫妻，二人共有一处无人居住的房产，但是房产证上及房产局的登记簿上都只记载了彭某一个人的名字。现在彭某和周某二人闹离婚，一日，彭某背着周某将该房屋卖给了不知情的陶某，后陶某向彭某交付了房款，办理了过户登记。周某该如何维护自己的权益呢？

分析：

本案涉及不动产的公示公信原则。物权的公示是指物权的享有与变动可取信于社会公众的外部表现形式，不动产物权以登记为公示方式。物权的公信是指如果物权进行了合法的公示，即使公示出来的权利状态与实际的权利状态不同，对于信赖该公示而从事一定行为的人，法律对其行为进行保护。我国《物权法》规定：“不动产物权的设立、变更、转让和消灭，应当依照法律规定登记。动产物权的设立和转让，应当依照法律规定交付。”第九条规定：“不动产物权的设立、变更、转让和消灭，经依法登记，发生效力；未经登记，不发生效力，但法律另有规定的除外。”

本案中房产实际上是夫妻共有，但是只有彭某一人进行了登记，因此公示出来的权利状态是彭某一个人享有该房产的所有权。陶某由于信赖该公示出来的权利状态而与彭某进行交易，因此陶某的行为受到法律的保护，陶某取得该房产的所有权，周某可以向彭某就其应得的房款主张不当得利返还请求权，以此来维护自己的权益。

相关法条：

《最高人民法院关于贯彻执行〈中华人民共和国民法通则〉若干问题的

意见（试行）》

第八十九条　共同共有人对共有财产享有共同的权利，承担共同义务。在共同共有关系存续期间，部分共有人擅自处分共有财产的，一般认定无效。但第三人善意、有偿取得该财产的，应当维护第三人的合法权益；对其他共有人的损失，由擅自处分共有财产的人赔偿。

《中华人民共和国物权法》

第六条　不动产物权的设立、变更、转让和消灭，应当依照法律规定登记。动产物权的设立和转让，应当依照法律规定交付。

第九条　不动产物权的设立、变更、转让和消灭，经依法登记，发生效力；未经登记，不发生效力，但法律另有规定的除外。

妻子不知情，丈夫将房产抵押，银行可以行使抵押权吗？

刘某与张某（女）于 2005 年 6 月结婚，婚后二人购买房屋一套。房屋登记在刘某的名下。2008 年 2 月刘某为了经营饭店，以房屋做抵押从银行借款 20 万元，双方办理了房屋抵押登记。2011 年 9 月，张某向法院提起了离婚诉讼，在分割财产时发现房屋已办理了抵押登记。张某请求法院对抵押行为不予认可。而与此同时，银行也以借款到期为由对刘某的房屋请求行使抵押权。

分析：

建设部颁布的《城市房地产抵押管理办法》规定："以共有的房地产抵押的，抵押人应当事先征得其他共有人的书面同意。"此外本规定还规定，办理房地产抵押登记时应当提交《国有土地使用权证》、《房屋所有权证》或《房地产权证》，共有的房屋还必须提交《房屋共有权证》和其他共有人同意抵押的证明。本案中，刘某在办理抵押登记时，没有征得其妻张某的同意，向登记机关也并没有出示任何证明张某同意的证据。共有房屋抵押登记时登记机关并没有严格审查，抵押登记缺乏必要条件，根据我国的法律规定刘某所办的抵押不具有法律效力。因此法院应当认定，张某的请求是合法的，银行不得行使抵押权。

相关法条：

《城市房地产抵押管理办法》

第十九条　以共有的房地产抵押的，抵押人应当事先征得其他共有人的书面同意。

第三十二条　办理房地产抵押登记，应当向登记机关交验下列文件：

(一) 抵押当事人的身份证明或法人资格证明；

(二) 抵押登记申请书；

(三) 抵押合同；

(四)《国有土地使用权证》、《房屋所有权证》或《房地产权证》，共有的房屋还必须提交《房屋共有权证》和其他共有人同意抵押的证明；

(五) 可以证明抵押人有权设定抵押权的文件与证明材料；

(六) 可以证明抵押房地产价值的资料；

(七) 登记机关认为必要的其他文件。

第七章

咱们小区不和谐！

随着工业化和城市化进程的加快，传统的居住格局随着经济的发展被打破，现代人搬进了小区居住。小区虽然有小花园、大花园、中心湖、儿童游乐园、健身区等公共设施，但小区也常有不和谐因素。这些硬件设施看似完备，但时常有被毁坏的现象。随着生活节奏逐步加快，人们之间的交流也逐渐减少，邻里之间的关系越来越冷漠，甚至产生了很多问题。在建设社会主义和谐社会的大背景下，小区中人身财产安全问题，邻里情淡化问题，小区物业管理问题等等许多“不和谐”的地方，让人们颇感不安。

可以说，生活中的点滴疏漏都可能影响人们家庭财产安全甚至人身安全，进而影响整个小区的和谐。比如你家楼内的电梯是否会“咬人”、关人？小区内的消防设施是否完备？您所在的楼内是否经常有陌生人来往？小区里的机动车是否与您在楼下混行？小区内的宠物是否威胁您孩子的安全……

建设和谐小区是构建和谐社会的内容之一。而对于一个居住小区而言，和谐包括方方面面的内容：它包括人与人之间的和谐，如家庭内部的和谐、邻里之间的和谐，业主与物业的和谐等等；还包括人与物之间的和谐，如人与宠物的和谐，人与小区环境的和谐，人与公共设施的和谐等等。建设和谐社区，首先是对每个小区居民的道德要求。但每个人的修养不同，道德水准不一，重要的是，道德不具备法律上的强制力。因此和谐社区的建设需要法律的保障，真正实现小区的和谐，需要居民法律意识的提高。学习《婚姻法》、《继承法》、《妇女权益保障法》，就会促进家庭关系的和谐；学习《民法通则》关于相邻关系的规定，就会促进邻里关系和谐；学习《物权法》关于业主权利义务的规定，就会促进小区业主与物业之间的和谐……

和谐社会，是中国人自古以来就向往的大同世界。但是当我们小区不和谐时，我们每个居住在其中的一分子该怎么办？是任由不和谐现象造成恶性循环、甚至推动不和谐的恶化，还是一方面恪守道德不要让自己成为不和谐因素，另一方面学法用法，拿起法律武器保护小区的和谐？相信每一个愿意生活在安定和谐环境之中的人，都会做出明智的选择。

远亲不如近邻

俗话说："远亲不如近邻"，邻里之间虽然没有像亲戚之间的血缘关系，但是相处时间长了，也会有唇齿相依的关系。在生活中，邻里之间那种亲密的关系是很温馨的。但是，随着社会的发展，人们生活节奏的加快，邻居之间的交流也越来越少。交流少了，误会可能就多了，这样就可能导致邻里之间经常因生活中的琐事而发生纠纷。

人们之间性格各异，生活在一起难免会发生矛盾。大家可能都碰到或看到过邻里之间有时为了一些衣服滴水、噪音或者孩子打架的事情而大吵大闹；两家从此再不往来，彼此见面不是吐口水就是装作不认识，结果其实是两败俱伤。这使双方都心生烦恼，影响了工作、学习和生活。

"远亲不如近邻，近邻不如对门。"这句话差不多谁都会说，但真正把"近邻"处得比"远亲"还亲，并不是件容易事，这需要邻里之间共同努力，做到相互尊重、体谅和关心。

帮外出的邻居修房子，修理费谁来付？

高某外出打工，恰逢家乡所在地区遭遇暴雨天气，邻居张某看高某的房子有倒塌的危险，便雇人将高某的房子修好，其共花费了张某500元。高某回来后，感谢张某将自己的房子修好，但对张某雇工花费的500元，却拒绝给予。张某有权向高某索要房屋的修理费吗？

分析：

张某的行为构成无因管理。对于无因管理，我国《民法通则》是这样规定的，没有法定的或者约定的义务，为避免他人利益受损失进行管理或者服务的，有权要求受益人偿付由此而支付的必要费用。无因管理的构成要件有三个：(1)管理他人的事物；（2）为避免他人利益受损失而为管理；（3）无法律上或者约定的义务。此外我国最高人民法院关于贯彻执行《中华人民共和国民法通则》若干问题的意见（试行）第一百三十二条规定：“民法通则第九十三条规定的管理人或者服务人可以要求受益人偿付的必要费用，包括在管理或者服务活动中直接支出的费用，以及在该活动中受到的实际损失。”

本案例中，张某为避免高某的利益受到损失（房屋倒塌），在没有法定义务也没有与高某约定的情况下，雇人将高某房屋修好，符合无因管理要件。管理人（本案是张某）在管理高某的财产时支付了一定费用，根据我国法律规定，对于其为了管理财产而支付的合理费用财产的所有人（本案是高某）应予以偿还。

相关法条：

《中华人民共和国民法通则》

第九十三条　没有法定的或者约定的义务，为避免他人利益受损失进行管理或者服务的，有权要求受益人偿付由此而支付的必要费用。

《最高人民法院关于贯彻执行〈中华人民共和国民法通则〉若干问题的意见（试行）》

第一百三十二条　民法通则第九十三条规定的管理人或者服务人可以要求受益人偿付的必要费用，包括在管理或者服务活动中直接支出的费用，以及在该活动中受到的实际损失。

代他人卖东西造成损失的应否赔偿?

杜某的邻居李某出远门未归，杜某见李某家的樱桃熟了，就摘下来帮李某卖。刚开始卖时是和自己家的一个价格，后来自己家的卖完了，杜某无心再卖，就将李某家的所有樱桃便宜处理了，造成李某损失200元，问杜某应否赔偿李某的损失?

分析:

杜某应该赔偿李某的损失。我国《民法通则》规定:“没有法定的或者约定的义务，为避免他人利益受损失进行管理或者服务的，有权要求受益人偿付由此而支付的必要费用。”最高人民法院关于贯彻执行《中华人民共和国民法通则》若干问题的意见(试行)第一百三十二条规定，民法通则第九十三条规定的管理人或者服务人可以要求受益人偿付的必要费用，包括在管理或者服务活动中直接支出的费用，以及在该活动中受到的实际损失。

无因管理分为正当的无因管理与不当的无因管理。而本案中李某的行为构成不当无因管理。不当的无因管理是指管理行为违背了本人利益并违反可推知的本人意思。管理人因实施不当无因管理给本人造成损失的，应当赔偿本人的损失。本案中杜某自作主张帮李某卖樱桃，构成了无因管理。杜某刚开始时以和自己相同的价格卖李某家的樱桃是正当的无因管理，后来不耐烦了将李某家的樱桃便宜处理了，则构成不当的无因管理。因此对于杜某不当无因管理给李某造成的损失，杜某应当赔偿。

相关法条:

《中华人民共和国民法通则》

第四条　民事活动应当遵循自愿、公平、等价有偿、诚实信用的原则。

第九十三条　没有法定的或者约定的义务，为避免他人利益受损失进行管理或者服务的，有权要求受益人偿付由此而支付的必要费用。

最高人民法院关于贯彻执行《中华人民共和国民法通则》若干问题的意见（试行）

第一百三十二条　民法通则第九十三条规定的管理人或者服务人可以要求受益人偿付的必要费用，包括在管理或者服务活动中直接支出的费用，以及在该活动中受到的实际损失。

偷吃别人桃子导致中毒，只能自认倒霉吗？

李某在农田里干活，因口渴便到附近张某的果园里偷摘了几个桃子吃。吃完后，李某感觉身体不适，被紧急送往医院抢救，后经医院诊断为农药中毒。原来，张某为了杀虫在果园里喷洒了农药，但未设任何防护措施和安全警示。事后李某要求张某赔偿其损失，张某以李某偷吃自己的桃子为由拒绝赔偿。为此二人产生了纠纷，为了获得赔偿李某将张某告上了法庭。那么，张某是否为其给李某造成的损害承担责任呢？

分析：

根据我国《民法通则》第一百二十三条的规定，从事高空、高压、易燃、易爆、剧毒、放射性、高速运输工具等对周围环境有高度危险的作业造成他人损害的，应当承担民事责任；如果能够证明损害是由受害人故意造成的，不承担民事责任。

本案中，张某在自己的果园喷洒剧毒农药，属于从事高度危险作业，可是其未设任何防护措施和安全警示，以至于其行为给李某造成了损害。李某虽有过错，但显然不是自己故意要中毒，因此张某应当承担赔偿责任。此外我国《民法通则》同样规定，受害人对损害的发生也有过错的，可以减轻侵害人的责任。李某之所以中毒住院是因其偷吃张某果园中的桃子所致其自身存在过错，因此可以适当减轻张某的责任。

相关法条：

《中华人民共和国民法通则》

第一百二十三条　从事高空、高压、易燃、易爆、剧毒、放射性、高速运输工具等对周围环境有高度危险的作业造成他人损害的，应当承担民事责任；如果能够证明损害是由受害人故意造成的，不承担民事责任。

第一百三十一条　受害人对于损害的发生也有过错的，可以减轻侵害人的民事责任。

给别人帮忙的过程中造成他人损害，应由谁承担责任？

村民李某请了几个朋友来家里做客，因酒后不能驾车，李某遂请同村的田某开车将朋友送回家，田某同意。田某在送李某的朋友回家的途中发生车祸，导致李某的朋友孙某受重伤，田某在此次事故中负全部责任。受害人孙某后要求田某承担赔偿责任，田某认为自己是给李某帮忙，应由李某承担赔偿责任。孙某应该要求谁承担赔偿责任？

分析：

我国《民法通则》第一百一十九条规定："侵害公民身体造成伤害的，应当赔偿医疗费、因误工减少的收入、残废者生活补助费等费用；造成死亡的，并应当支付丧葬费、死者生前扶养的人必要的生活费等费用。"

本案中，孙某应要求李某与田某共同承担赔偿责任。田某应李某的请求帮其运送客人，属于无偿为李某提供劳务。因此，田某与李某应属帮工关系。我国最高人民法院《关于审理人身损害赔偿案件适用法律若干问题的解释》规定："为他人无偿提供劳务的帮工人，在从事帮工活动中致人损害的，被帮工人应当承担赔偿责任。帮工人存在故意或者重大过失，赔偿权利人请求帮工人和被帮工人承担连带责任的，人民法院应予支持。"本案中，田某是无偿为李某提供劳务，由此造成的损害本应由李某承担赔偿责任。但是田某对交通事故负全部责任，其本身也存在重大过失，如果孙某请求田某承担连带赔偿责任，人民法院会予以支持。

相关法条：

《中华人民共和国民法通则》

第一百一十九条　侵害公民身体造成伤害的，应当赔偿医疗费、因误工减少的收入、残废者生活补助费等费用；造成死亡的，并应当支付丧葬费、死者生前扶养的人必要的生活费等费用。

最高人民法院《关于审理人身损害赔偿案件适用法律若干问题的解释》

第十三条　为他人无偿提供劳务的帮工人，在从事帮工活动中致人损害的，被帮工人应当承担赔偿责任。被帮工人明确拒绝帮工的，不承担赔偿责任。帮工人存在故意或者重大过失，赔偿权利人请求帮工人和被帮工人承担连带责任的，人民法院应予支持。

孩子们共同玩耍中一人受伤，但不知谁是加害人，应该向谁要求赔偿？

小明、小亮、小虎、小帅四个6岁的小朋友一起玩掷石子，在玩耍的过程中，一枚石子打中了小帅的眼睛，小帅家长为此花去医药费2000余元。小帅不知道打中自己眼睛的石子是哪个小伙伴投掷的，另外三个小伙伴也不知道是谁打伤了小帅，同时他们也没法证明不是自己打伤了小帅。小帅的家长应向谁索要赔偿呢？

分析：

根据我国《民法通则》第一百三十条的规定，二人以上共同侵权造成他人损害的，应当承担连带责任。同时最高人民法院《关于审理人身损害赔偿案件适用法律若干问题的解释》第四条规定：“二人以上共同实施危及他人人身安全的行为并造成损害后果，不能确定实际侵害行为人的，应当依照民法通则第一百三十条规定承担连带责任。共同危险行为人能够证明损害后果不是由其行为造成的，不承担赔偿责任。”本案是共同危险的侵权行为。所谓共同危险行为，是指数人实施的危险行为都有造成对他人损害的可能，但不知数人中何人造成实际的损害。共同危险行为中，法律推定每个行为人都是致人损害的行为人，并对这些行为负责。但是，如果行为人能够证明自己的行为与损害结果之间不存在因果关系，则可以免责。

本案中，三个孩子都无法证明不是自己打伤小帅，因此他们的行为构成共同危险行为，应承担连带赔偿责任。由于他们年尚6岁，没有行为能力，应由其监护人承担相应的赔偿责任。

相关法条：

最高人民法院《关于审理人身损害赔偿案件适用法律若干问题的解释》

第四条　二人以上共同实施危及他人人身安全的行为并造成损害后果，不能确定实际侵害行为人的，应当依照民法通则第一百三十条规定承担连带责任。共同危险行为人能够证明损害后果不是由其行为造成的，不承担赔偿责任。

《中华人民共和国民法通则》

第一百三十条　二人以上共同侵权造成他人损害的，应当承担连带责任。

《最高人民法院〈关于民事诉讼证据的若干规定〉》

第四条　下列侵权诉讼，按照以下规定承担举证责任：

……

（七）因共同危险行为致人损害的侵权诉讼，由实施危险行为的人就其行为与损害结果之间不存在因果关系承担举证责任；

……

委托别人卖画，多卖出的钱应归谁？

甲的儿子欲出国求学，为了支付其高额的生活费和学费，甲决定将家中的一幅名人画作出售。经专家评估，这幅画价值30万元，甲便将该画委托给某书画店寄卖。双方约定：寄售价格为30万元，委托费为寄售价格的1%。书画店经大力宣传后，最终以35万元将该画卖出。甲要求书画店将35万元交付给自己，但书画店只同意交付30万元，并要求甲支付宣传费3万元。那么，多卖出的钱应当归谁？甲应支付书画店宣传费吗？

分析：

我国《合同法》第四百一十八条规定：“行纪人低于委托人指定的价格卖出或者高于委托人指定的价格买入的，应当经委托人同意。未经委托人同意，行纪人补偿其差额的，该买卖对委托人发生效力。行纪人高于委托人指定的价格卖出或者低于委托人指定的价格买入的，可以按照约定增加报酬。没有约定或者约定不明确，依照本法第六十一条的规定仍不能确定的，该利益属于委托人。委托人对价格有特别指示的，行纪人不得违背该指示卖出或者买入。”

本案中，甲与书画店之间的关系应是行纪合同关系，书画店为行纪人，甲为委托人。因此根据相关法律的规定，本案中书画店多卖出的5万元应当归甲所有。同时，我国《合同法》规定，行纪人处理委托事务支出的费用，由行纪人负责，但当事人另有约定的除外。由此可知，在甲未与书画店事先约定谁承担宣传费的情况下，该费用应依法由书画店自行承担。

相关法条：

《中华人民共和国合同法》

第四百一十四条　行纪合同是行纪人以自己的名义为委托人从事贸易活

动，委托人支付报酬的合同。

第四百一十五条　行纪人处理委托事务支出的费用，由行纪人负担，但当事人另有约定的除外。

第四百一十八条　行纪人低于委托人指定的价格卖出或者高于委托人指定的价格买入的，应当经委托人同意。未经委托人同意，行纪人补偿其差额的，该买卖对委托人发生效力。行纪人高于委托人指定的价格卖出或者低于委托人指定的价格买入的，可以按照约定增加报酬。没有约定或者约定不明确，依照本法第六十一条的规定仍不能确定的，该利益属于委托人。委托人对价格有特别指示的，行纪人不得违背该指示卖出或者买入。

被他人在屋内安装摄像头偷窥，可以索要赔偿吗?

某日李女士向从事电脑修理的邻居王某借用移动硬盘，当她打开硬盘时竟然发现硬盘内的录像竟是关于自己生活隐私的内容，李女士对此十分气愤，并立即在自己的房间内进行查找，结果发现自己床头的纸箱里不知什么时候被安装了一个摄像头，李某每日在家中的活动被王某尽收眼底。盛怒之下，李某将邻居王某告上了法庭。李某被王某长期偷窥，可以向其索要赔偿吗?

分析：

王某的行为侵犯了李某的隐私权。我国最高人民法院《关于确定民事侵权精神损害赔偿责任若干问题的解释》规定：“违反社会公共利益、社会公德侵害他人隐私或者其他人格利益，受害人以侵权为由向人民法院起诉请求赔偿精神损害的，人民法院应当依法予以受理。此外，我国《治安管理处罚法》规定，对于偷窥、偷拍、窃听、散布他人隐私的行为处五日以下拘留或者五百元以下罚款；情节较重的，处五日以上十日以下拘留，可以并处五百元以下罚款。”

本案中王某应当立即停止侵权活动、向李某赔礼道歉并赔偿李某精神损失。即李某可以针对王某侵犯隐私的行为索要赔偿。

相关法条：

最高人民法院《关于确定民事侵权精神损害赔偿责任若干问题的解释》

第一条第二款　违反社会公共利益、社会公德侵害他人隐私或者其他人格利益，受害人以侵权为由向人民法院起诉请求赔偿精神损害的，人民法院应当依法予以受理。

《中华人民共和国治安管理处罚法》

第四十二条　有下列行为之一的，处五日以下拘留或者五百元以下罚款；情节较重的，处五日以上十日以下拘留，可以并处五百元以下罚款：

（一）写恐吓信或者以其他方法威胁他人人身安全的；

（二）公然侮辱他人或者捏造事实诽谤他人的；

（三）捏造事实诬告陷害他人，企图使他人受到刑事追究或者受到治安管理处罚的；

（四）对证人及其近亲属进行威胁、侮辱、殴打或者打击报复的；

（五）多次发送淫秽、侮辱、恐吓或者其他信息，干扰他人正常生活的；

（六）偷窥、偷拍、窃听、散布他人隐私的。

用望远镜窥探他人家的活动构成侵权吗？

高某发现自家住宅对面楼的田某总拿高倍望远镜向自己家的方向窥视，起初高某对此并没有放在心上，可是后来她发现自家夫妻吵架、训孩子的情况经常被小区的居民在背后议论，经调查这些事是由田某宣讲给小区的居民。为此高某找到田某，要求其停止窥视，并赔偿自己因此而遭受的精神损失。但田某声称他在自己家用望远镜四处看，谁也管不着，无奈之下高某将田某告上了法庭。田某的行为构成侵权吗？

分析：

我国法律规定，公民的隐私受到法律保护，其他任何人都不得侵犯。我国最高人民法院《关于确定民事侵权精神损害赔偿责任若干问题的解释》第一条第二款规定：“违反社会公共利益、社会公德侵害他人隐私或者其他人格利益，受害人以侵权为由向人民法院起诉请求赔偿精神损害的，人民法院应当依法予以受理。”

本案中，田某经常用望远镜窥视高某家里的活动，其行为有违社会公德。田某辩称其在自己家里使用望远镜观望是个人自由，但我国《宪法》规定，公民在行使自由和权利的时候，不得损害国家的、社会的、集体的利益和其他公民的合法的自由和权利。田某的行为损害其他公民的合法权益，其行为超出了法律许可的限度，构成了对高某全家隐私权的侵犯，属于违法行为，高某有权要求田某立即停止窥视活动、赔礼道歉并赔偿精神损失。

相关法条：

《中华人民共和国宪法》

第五十一条　中华人民共和国公民在行使自由和权利的时候，不得损害国家的、社会的、集体的利益和其他公民的合法的自由和权利。

《最高人民法院〈关于确定民事侵权精神损害赔偿责任若干问题的解释〉》

第一条　自然人因下列人格权利遭受非法侵害，向人民法院起诉请求赔偿精神损害的，人民法院应当依法予以受理：

（一）生命权、健康权、身体权；

（二）姓名权、肖像权、名誉权、荣誉权；

（三）人格尊严权、人身自由权。

违反社会公共利益、社会公德侵害他人隐私或者其他人格利益，受害人以侵权为由向人民法院起诉请求赔偿精神损害的，人民法院应当依法予以受理。

宠物其实还是动物

从人类诞生开始，就有了饲养动物的历史。人类既养驯服的猫、猪、羊，也养凶猛的狗。由于动物伤害人的事件频频发生，因此，在古罗马《十二铜表法》中，饲养的动物致人损害就被规定为“私犯”之一种。《十二铜表法》第8表“私犯”第6条规定：“牲畜使他人受损害的，由其所有人负责赔偿，或把牲畜交与被害人。”

到了现代社会，除了有专业饲养动物的养殖场之外，还有许多人开始饲养宠物。饲养宠物可以培养耐心，联络感情，还可以缓解压力，增强心理承受力。所以，越来越多的人选择养宠物。但是宠物给主人带来快乐的同时也会给主人及周围的人带来各种麻烦，如随地大小便，污染小区环境；宠物走失；宠物伤人等。

狗走失了，历经几人之手，主人能否再要回？

张某有一只名贵的小狗，并将此爱犬取名贝贝。一天，贝贝跑丢了，被王某拾到，带到自己家里圈养了起来，后姚某将这条狗偷走，送给陈某，后被张某发现。张某可以从陈某那里要回贝贝吗？如果姚某不是将贝贝送给陈某，而是以合理的价格卖给不知情的陈某呢？

分析：

本案涉及物权的追及效力以及例外情况。物权的追及效力是指物权成立之后，无论该物辗转流于何人之手，权利人均可追及物之所在，直接行使权利。我国《物权法》规定："无处分权人将不动产或者动产转让给受让人的，所有权人有权追回；除法律另有规定外，符合下列情形的，受让人取得该不动产或者动产的所有权：（一）受让人受让该不动产或者动产时是善意的；（二）以合理的价格转让；（三）转让的不动产或者动产依照法律规定应当登记的已经登记，不需要登记的已经交付给受让人。受让人依照前款规定取得不动产或者动产的所有权的，原所有权人有权向无处分权人请求赔偿损失。当事人善意取得其他物权的，参照前两款规定。"

本案当中，张某是贝贝的所有人，其他人在没有通过合法途径得到贝贝之前，对贝贝的占有都是不合法的。这其中包括，王某的拾得遗失物的行为、姚某的盗窃行为以及陈某的受赠行为。因此张某作为贝贝的所有权人可以追到陈某之处，行使所有物返还请求权。但是如果姚某将贝贝以合理的价格卖给了不知情的陈某，并进行交付，陈某就根据善意取得制度取得了贝贝的所有权，张某就不能要回贝贝。

相关法条：

《中华人民共和国物权法》

第一百零六条　无处分权人将不动产或者动产转让给受让人的，所有权人有权追回；除法律另有规定外，符合下列情形的，受让人取得该不动产或者动产的所有权：

（一）受让人受让该不动产或者动产时是善意的；

（二）以合理的价格转让；

（三）转让的不动产或者动产依照法律规定应当登记的已经登记，不需要登记的已经交付给受让人。

受让人依照前款规定取得不动产或者动产的所有权的，原所有权人有权向无处分权人请求赔偿损失。

当事人善意取得其他物权的，参照前两款规定。

饲养的宠物致人伤害怎么办?

2012年7月21日晚，陈女士带自家小狗出去遛弯儿，为防止发生意外，特意给爱犬拴上犬链。大家见小狗可爱，都来逗它玩。谁料小狗一时性起，竟在一少女小腿上留下一个“吻痕”，少女赶紧去医院又是检查，又是打疫苗，一通折腾后花去不少医疗费。后来，少女找到陈女士家让其承担医疗费用，陈女士拒绝。少女的要求合理吗?

分析：

我国《民法通则》第一百二十七条规定：“饲养的动物造成他人损害的，动物饲养人或者管理人应当承担民事责任；由于受害人的过错造成损害的，动物饲养人或者管理人不承担民事责任；由于第三人的过错造成损害的，第三人应当承担民事责任。”此外我国《侵权责任法》第七十八条规定：“饲养的动物造成他人损害的，动物饲养人或者管理人应当承担侵权责任，但能够证明损害是因被侵权人故意或者重大过失造成的，可以不承担或者减轻责任。”同时本法第八十三条还规定:“因第三人的过错致使动物造成他人损害的，被侵权人可以向动物饲养人或者管理人请求赔偿，也可以向第三人请求赔偿。动物饲养人或者管理人赔偿后，有权向第三人追偿。”由此可见，我国法律规定了饲养的动物致人损害的侵权行为，应由饲养人或管理人承担赔偿责任。并且，饲养人的免责事由是：受害人自身的过错与第三人的过错导致损害发生的。本案中没有第三人或者是受害人的过错而引起损害的情形，因此小狗的主人陈女士应承担少女的医疗费，即少女的要求是合理的。

相关法条：

《中华人民共和国民法通则》

第一百二十七条　饲养的动物造成他人损害的，动物饲养人或者管理人应当承担民事责任；由于受害人的过错造成损害的，动物饲养人或者管理人不承担民事责任；由于第三人的过错造成损害的，第三人应当承担民事责任。

《中华人民共和国侵权责任法》

第七十八条　饲养的动物造成他人损害的，动物饲养人或者管理人应当承担侵权责任，但能够证明损害是因被侵权人故意或者重大过失造成的，可以不承担或者减轻责任。

第八十三条　因第三人的过错致使动物造成他人损害的，被侵权人可以向动物饲养人或者管理人请求赔偿，也可以向第三人请求赔偿。动物饲养人或者管理人赔偿后，有权向第三人追偿。

动物被他人饲养致人损害，受害者应向谁要求赔偿?

曲某养了一纯种狼狗看家护院，在一次外出旅游回到家中后，曲某发现狼狗不见了，遂四处打听，并张贴寻狗启示，但一无所获。随着时间的流逝，曲某渐渐淡忘了此事。可是，一年后的某一天，同村的马某领着孩子找到曲某，称曲某的狗将自己的儿子咬伤，让其赔偿损失。曲某称自己的狗早在一年前丢失，马某却说狗并没丢失，而是在同村的苗某家。曲某找到苗某，证明自己的狗一直在苗某家，而苗某却说自己只是替曲某代养的，现在愿意将狗归还。那么，谁应当对马某承担责任?

分析：

本案涉及动物致人损害的赔偿责任问题。根据我国《民法通则》第一百二十七条的规定，饲养的动物造成他人损害的，动物饲养人或者管理人应当承担民事责任；由于受害人的过错造成损害的，动物饲养人或者管理人不承担民事责任；由于第三人的过错造成损害的，第三人应当承担民事责任。此外，我国《侵权责任法》第七十八条规定：“饲养的动物造成他人损害的，动物饲养人或者管理人应当承担侵权责任，但能够证明损害是因被侵权人故意或者重大过失造成的，可以不承担或者减轻责任。”由此可见，如果在动物的饲养人和管理人不一致的情况下，发生动物致人损害的，应由实际的管理人即饲养人承担责任。

具体到本案中，由于苗某在长达一年多的时间里，一直是狼狗的实际管理人，因而负有看管约束狼狗的义务。所以，马某应向苗某主张自己的权利。

相关法条：

《中华人民共和国民法通则》

第一百二十七条　饲养的动物造成他人损害的，动物饲养人或者管理人应当承担民事责任；由于受害人的过错造成损害的，动物饲养人或者管理人不承担民事责任；由于第三人的过错造成损害的，第三人应当承担民事责任。

《中华人民共和国侵权责任法》

第七十八条　饲养的动物造成他人损害的，动物饲养人或者管理人应当承担侵权责任，但能够证明损害是因被侵权人故意或者重大过失造成的，可以不承担或者减轻责任。

第八十三条　因第三人的过错致使动物造成他人损害的，被侵权人可以向动物饲养人或者管理人请求赔偿，也可以向第三人请求赔偿。动物饲养人或者管理人赔偿后，有权向第三人追偿。

自家房屋被新建的楼房遮住阳光、挡住通风怎么办？

杨某与高某是邻居。2009 年 12 月，杨某翻盖房屋，在未与邻居高某打招呼的情况下杨某就在原址上盖起了一栋三层小楼。小楼盖起后，高家的采光、通风大受影响，夏天连续日照的时间还不到 4 个小时，而到了冬天，高某家更是陷入“黑暗”中，基本见不到阳光。为此，高某多次找杨某协商，但均没有结果。2011 年 1 月，高某提起诉讼，要求杨某赔偿。高某的诉讼请求能得到法院的支持吗？

分析：

高某的诉讼请求能得到法院的支持。我国《民法通则》第八十三条规定："不动产的相邻各方，应当按照有利生产、方便生活、团结互助、公平合理的精神，正确处理截水、排水、通行、通风、采光等方面的相邻关系。给相邻方造成妨碍或者损失的，应当停止侵害，排除妨碍，赔偿损失。"同时我国《物权法》第八十九条规定："建造建筑物，不得违反国家有关工程建设标准，妨碍相邻建筑物的通风、采光和日照。"

本案中，杨某建造的三层小楼影响了高某房屋的采光和通风，导致房屋使用价值降低，客观上也影响了高某正常的生活居住环境，根据我国相关的法律规定杨某应当赔偿高某损失。

相关法条：

《中华人民共和国民法通则》

第八十三条　不动产的相邻各方，应当按照有利生产、方便生活、团结互助、公平合理的精神，正确处理截水、排水、通行、通风、采光等方面的相邻关系。给相邻方造成妨碍或者损失的，应当停止侵害，排除妨碍，赔偿损失。

《中华人民共和国物权法》

第八十九条　建造建筑物，不得违反国家有关工程建设标准，妨碍相邻建筑物的通风、采光和日照。

花盆从楼上坠落砸伤路人，谁承担赔偿责任？

在一个大风天，宋某在经过一幢居民楼时，6层张某家阳台上的花盆被风吹落砸在宋某头上，宋某当即被砸昏。路人忙把其送到医院，经过抢救，宋某脱离危险，但共住院一个多月，花去医药费1万余元。出院后宋某找到花盆的主人张某要求其赔偿医疗费、护理费、误工费等损失，张某称他家的花盆是大风刮下的，属于不可抗力，不同意赔偿。二人遂诉至法院。

分析：

本案涉及建筑物致人损害的责任承担问题。依照《民法通则》的相关规定，建筑物或者其他设施以及建筑物上的搁置物、悬挂物发生倒塌、脱落、坠落造成他人损害的，它的所有人或者管理人应当承担民事责任，但能够证明自己没有过错的除外。我国《侵权责任法》第八十五条规定：“建筑物、构筑物或者其他设施及其搁置物、悬挂物发生脱落、坠落造成他人损害，所有人、管理人或者使用人不能证明自己没有过错的，应当承担侵权责任。所有人、管理人或者使用人赔偿后，有其他责任人的，有权向其他责任人追偿。”但是在以下三种情形下，建筑物致人损害可以免责：（1）不可抗力；（2）受害人的过错；（3）第三人的过错。

本案中显然不存在受害人自身过错及第三人过错的情形，而“不可抗力”是指不能预见、不能避免、不能克服的客观情况，大风可能吹落花盆并致人伤害，是任何一个稍具生活常识的人都能够预见到的，只要提前采取措施，就可以避免伤害事件的发生，因此张某关于“不可抗力”的说法是没有法律依据的，他理应赔偿受害人宋某的损失。

相关法条：

《中华人民共和国民法通则》

第一百二十六条　建筑物或者其他设施以及建筑物上搁置物、悬挂物发生倒塌、脱落、坠落造成他人损害的，它的所有人或者管理人应当承担民事责任，但能够证明自己没有过错的除外。

《中华人民共和国侵权责任法》

第八十五条　建筑物、构筑物或者其他设施及其搁置物、悬挂物发生脱落、坠落造成他人损害，所有人、管理人或者使用人不能证明自己没有过错的，应当承担侵权责任。所有人、管理人或者使用人赔偿后，有其他责任人的，有权向其他责任人追偿。

有些业主乱丢垃圾，其他业主怎样维权？

王小姐住进新新家园这个小区之后，发现小区的环境很差。小区里的有些业主经常乱堆垃圾，夏天的时候苍蝇满天飞。更为严重的是小区楼下的池塘由于住户乱扔垃圾已经成为了臭水沟，整个小区臭气熏天，小区的环境遭到了很大的破坏。王小姐可以怎样维权呢？

分析：

我国《物权法》规定，业主应当遵守法律、法规以及管理规约。业主大会和业主委员会，对任意弃置垃圾、排放污染物或者噪声、违反规定饲养动物、违章搭建、侵占通道、拒付物业费等损害他人合法权益的行为，有权依照法律、法规以及管理规约，要求行为人停止侵害、消除危险、排除妨害、赔偿损失。业主对侵害自己合法权益的行为，可以依法向人民法院提起诉讼。小区是业主共同的家园，为了便于小区管理，给业主提供一个方便和美好的环境，业主们会成立业主大会，选出业主委员会，并制定管理规约。每一个业主都要遵守法律、法规以及管理规约。如果业主不遵守这些规定，乱丢垃圾，制造噪声等影响其他业主的生活，那么根据《物权法》的规定，业主大会和业主委员会可以要求该业主停止侵害、消除危险、排除妨害、赔偿损失。受到侵害的业主为了维护自己的合法权益还可以依法向人民法院提起诉讼。本案中，其他业主乱丢垃圾的行为已经严重侵犯了王小姐的合法权益，因此王小姐可以请求业主大会或业主委员会出面处理，要求行为人停止侵害，王小姐也可以到法院对其他业主的侵权行为进行起诉。

相关法条：

《中华人民共和国物权法》

第八十三条　业主应当遵守法律、法规以及管理规约。业主大会和业主委员会，对任意弃置垃圾、排放污染物或者噪声、违反规定饲养动物、违章搭建、侵占通道、拒付物业费等损害他人合法权益的行为，有权依照法律、法规以及管理规约，要求行为人停止侵害、消除危险、排除妨害、赔偿损失。业主对侵害自己合法权益的行为，可以依法向人民法院提起诉讼。

业主对自己的房子进行装修，他人有权干涉吗？

曲先生购买了一套商品房，刚入住不久就发现房屋的水管漏水，墙体开裂。上楼一看原来是楼上的张先生在装修房屋时敲掉了承重墙，改变了建筑结构，并改变了原来的水管铺设线路，随后曲先生请人检验，证明是张先生的装修行为导致他的房屋出现了问题，并且有进一步扩大危险的可能性。曲先生要求张先生停止此种装修行为，张先生说："我自己的房子，爱怎么装修就怎么装修，别人管不着。"曲先生有权要求张先生停止装修吗？

分析：

我国《物权法》第七十一条规定："业主对其建筑物专有部分享有占有、使用、收益和处分的权利。业主行使权利不得危及建筑物的安全，不得损害其他业主的合法权益"此外，最高人民法院《关于审理建筑物区分所有权纠纷案件具体应用法律若干问题的解释》中规定，建筑物的基础、承重结构、外墙、屋顶等基本结构部分，通道、楼梯、大堂等公共通行部分，消防、公共照明等附属设施、设备，避难层、设备层或者设备间等结构部分应当认定为物权法第六章所称的共有部分。

本案中，张先生对自己的房屋拥有所有权，可以进行装修，但是张先生在装修的时候改变房屋的主体结构造成其他业主的房屋危险，张先生的这种装修行为已经超出了他行使权利的界限，是对他人权益的侵犯，因此曲先生有权要求张先生停止该种装修行为。

相关法条：

《中华人民共和国物权法》

第七十一条　业主对其建筑物专有部分享有占有、使用、收益和处分的权利。业主行使权利不得危及建筑物的安全，不得损害其他业主的合法权益。

最高人民法院《关于审理建筑物区分所有权纠纷案件具体应用法律若干问题的解释》

第三条　除法律、行政法规规定的共有部分外，建筑区划内的以下部分，也应当认定为物权法第六章所称的共有部分：

（一）建筑物的基础、承重结构、外墙、屋顶等基本结构部分，通道、楼梯、大堂等公共通行部分，消防、公共照明等附属设施、设备，避难层、设备层或者设备间等结构部分；

（二）其他不属于业主专有部分，也不属于市政公用部分或者其他权利人所有的场所及设施等。

建筑区划内的土地，依法由业主共同享有建设用地使用权，但属于业主专有的整栋建筑物的规划占地或者城镇公共道路、绿地占地除外。

业主“住改商”可以随意进行吗?

王先生年逾古稀，退休后为了安度晚年，购买了花园小区的住房。开发商在销售房屋时明确表示该小区的房屋全部都是家用住房，小区环境宁静，王先生正是看中了这一点才决定购买。可王先生入住不久后，有几位业主就将家住宅改成了经营性用房，现在小区内商店林立，外边的人也纷纷前来购物，小区的安静环境再也没有了，王先生非常苦恼。业主可以随意将住宅改成经营性用房吗?

分析：

我国《物权法》明确规定，业主不可以违反法律法规以及管理规约的规定将住宅改成经营性用房。业主将住宅改成经营性用房需要经过有利害关系的其他业主的同意，这是对业主行使所有权的一种限制。最高人民法院《关于审理建筑物区分所有权纠纷案件具体应用法律若干问题的解释》第十条规定："业主将住宅改变为经营性用房，未按照物权法第七十七条的规定经有利害关系的业主同意，有利害关系的业主请求排除妨害、消除危险、恢复原状或者赔偿损失的，人民法院应予支持。将住宅改变为经营性用房的业主以多数有利害关系的业主同意其行为进行抗辩的，人民法院不予支持。"业主对自己的房屋拥有所有权，原则上可以随意支配自己的房屋，但是当这种支配侵害到其他业主的权益的时候，就要受到法律的制约。法律之所以规定业主不可以随意地"住改商"就是为了保证小区有一个好的居住环境，建立一个良好的生活秩序。

本案中，一些业主"住改商"的行为没有经过王先生以及其他可能受到影响的业主的同意，因此王先生可以向法院起诉以维护自己的合法权益。

相关法条：

《中华人民共和国物权法》

第七十七条　主不得违反法律、法规以及管理规约，将住宅改变为经营性用房。业主将住宅改变为经营性用房的，除遵守法律、法规以及管理规约外，应当经有利害关系的业主同意。

最高人民法院《关于审理建筑物区分所有权纠纷案件具体应用法律若干问题的解释》

第十条　业主将住宅改变为经营性用房，未按照物权法第七十七条的规定经有利害关系的业主同意，有利害关系的业主请求排除妨害、消除危险、恢复原状或者赔偿损失的，人民法院应予支持。

将住宅改变为经营性用房的业主以多数有利害关系的业主同意其行为进行抗辩的，人民法院不予支持。

第十一条　业主将住宅改变为经营性用房，本栋建筑物内的其他业主，应当认定为物权法第七十七条所称“有利害关系的业主”。建筑区划内，本栋建筑物之外的业主，主张与自己有利害关系的，应证明其房屋价值、生活质量受到或者可能受到不利影响。

业主大会的决定，业主有义务服从吗?

快乐家园小区的业主对小区现有物业公司的服务不满意，因此决定更换物业公司。小区业主分成了两派，一派赞成新新物业公司，另一派赞成月月物业公司，两派坚持不下，后召开业主大会以投票的形式选出新新公司担任物业管理。新新物业公司的员工到任后，原先赞成月月公司的业主总是对工作人员恶言相向，并且以他们不同意新新物业管理为由拒绝缴纳物业费。业主对于业主大会的决议有义务服从吗?

分析：

我国《物业管理条例》规定，业主在物业管理活动中需要执行业主大会的决定和业主大会授权业主委员会作出的决定。物业公司的选择直接关乎业主的切身利益，我国《物权法》明确规定，业主有权选择物业公司，并且对于物业公司提供的服务不满意的时候，业主有权依照法定程序进行更换。业主可以通过业主大会来选择物业公司，业主大会是全体业主行使自治权的主要机构，一些重大事项都要经过业主大会审议通过。对于业主大会的决定，全体业主都要服从。本案中，新新公司担任物业管理公司是业主大会以投票的方式选出的，全体业主都有服从的义务，所以业主不能以他们不同意新新公司为由，拒绝缴纳物业费。

相关法条：

《中华人民共和国物权法》

第七十八条　业主大会或者业主委员会的决定，对业主具有约束力。

业主大会或者业主委员会作出的决定侵害业主合法权益的，受侵害的业主可以请求人民法院予以撤销。

《物业管理条例》

第七条　业主在物业管理活动中，履行下列义务：

（一）遵守管理规约、业主大会议事规则；

（二）遵守物业管理区域内物业共用部位和共用设施设备的使用、公共秩序和环境卫生的维护等方面的规章制度；

（三）执行业主大会的决定和业主大会授权业主委员会作出的决定；

（四）按照国家有关规定交纳专项维修资金；

（五）按时交纳物业服务费用；

（六）法律、法规规定的其他义务。

邻居噪音让人无法入睡，是环境污染吗？

某饭店租用一套三居室作为服务员宿舍，大概住了 20 多人。宿舍中全是年轻人，他们每天晚上一直闹到凌晨 1 点左右，噪音特别大。邻居王某因此不能入睡，王某让饭店进行有效管理，但是双方没有达成一致。邻居噪音让人无法入睡，属于环境污染吗？王某是否可以令饭店进行经济赔偿？

分析：

我国《环境噪音污染防治条例》规定，从室内或者公共区域发出严重干扰他人噪声的，由公安部门依据《中华人民共和国治安管理处罚条例》处罚。此外，我国《物权法》规定，不动产的相邻权利人应当按照有利生产、方便生活、团结互助、公平合理的原则，正确处理相邻关系。不动产权利人不得违反国家规定弃置固体废物，排放大气污染物、水污染物、噪声、光、电磁波辐射等有害物质。

本案中饭店服务员宿舍动静特别大，给邻居王某造成生活上不便，不属于环境污染，但是也违反了我国相关的法律规定，所以王某可以举报至公安机关，要求公安机关处理。

相关法条：

《中华人民共和国环境噪声污染防治条例》

第三十八条 违反本条例规定，有下列行为之一的，由公安部门依据《中华人民共和国治安管理处罚条例》处罚：

（一）在街道、广场、公园等公共区域以及疗养区、风景名胜区，未经县级以上人民政府批准，使用大功率的广播喇叭或者广播宣传车的；

（二）采用发出高大声响的方法招徕顾客的；

（三）从室内或者公共区域发出严重干扰他人噪声的；

（四）未按规定安装或者使用特种车辆警报器的；

（五）在禁止机动车、船行驶的地段和时间行驶机动车、船的。

《中华人民共和国物权法》

第八十四条 不动产的相邻权利人应当按照有利生产、方便生活、团结互助、公平合理的原则，正确处理相邻关系。

第九十条 不动产权利人不得违反国家规定弃置固体废物，排放大气污染物、水污染物、噪声、光、电磁波辐射等有害物质。

由于邻居挖地窖导致自家房屋损坏怎么办？

自2010年11月以来，孟某发现自己家新盖的房屋地基下沉，并且墙体裂缝一年比一年严重。孟家人经过仔细查看得知，原来是由于邻居唐某在其屋后挖地窖所致。于是孟某要求唐某赔偿，但唐某称，自己是在自家屋后挖地窖，并没有在孟家房屋范围内施工，因此不予赔偿。在与唐某协商无果的情况下，孟某向法院提起的诉讼。孟某能依法得到唐某的赔偿吗？

分析：

我国《物权法》第九十一条规定：“不动产权利人挖掘土地、建造建筑物、铺设管线以及安装设备等，不得危及相邻不动产的安全。”此外，我国《最高人民法院关于贯彻执行〈中华人民共和国民法通则〉若干问题的意见（试行）》第一百零三条规定：“相邻一方在自己使用的土地上挖水沟、水池、地窖等或者种植的竹木根枝伸延危及另一方建筑物的安全和正常使用的，应当分别情况，责令其消除危险，恢复原状，赔偿损失。”

本案中，孟家新盖的房屋之所以会出现地基下沉，墙体裂缝的情况源于唐某所挖的地窖。虽然唐某在自家院内挖地窖，行使自己的权利，但是根据我国相关法律的规定，其权利的行使不得危及相邻不动产的安全。而唐某在行使自己的权利时恰恰危害到了孟家房子的安全，违反了我国的相关法律规定，所以孟某能依法得到唐某的赔偿。

相关法条：

《中华人民共和国物权法》

第九十一条　不动产权利人挖掘土地、建造建筑物、铺设管线以及安装设备等，不得危及相邻不动产的安全。

《最高人民法院关于贯彻执行〈中华人民共和国民法通则〉若干问题的意见（试行）》

第一百零三条　相邻一方在自己使用的土地上挖水沟、水池、地窖等或者种植的竹木根枝伸延危及另一方建筑物的安全和正常使用的，应当分别情况，责令其消除危险，恢复原状，赔偿损失。

邻家房檐滴水引起自家房屋损坏怎么办？

吴某与刘某是邻居。最近吴某家新盖了一个竹楼，竹楼高出刘某的房屋。每到雨天，吴某家竹楼的房檐滴水就会滴到刘某家的房屋上，时间长了就造成了刘某房屋的损坏。刘某要求吴某采取措施并赔偿损失，吴某对刘某的要求却置之不理。无奈之下刘某将吴某告上了法庭，刘某有权要求吴某赔偿吗?

分析:

刘某有权要求吴某赔偿。本案涉及不动产相邻关系。我国《物权法》规定：“不动产的相邻权利人应当按照有利生产、方便生活、团结互助、公平合理的原则，正确处理相邻关系。”此外我国《最高人民法院关于贯彻执行〈中华人民共和国民法通则〉若干问题的意见（试行）》第一百零二条规定：”处理相邻房屋滴水纠纷时，对有过错的一方造成他方损害的，应当责令其排除妨碍、赔偿损失。”相邻关系的处理关系到社会的稳定，人民的团结。在社会实践中相邻关系的纠纷往往注重当事人的和解，只有在纠纷得不到解决的情况下当事人才会采取法律手段。相邻关系纠纷的解决不仅要考虑到案件的处理结果，还要注重当事人之间关系的处理，毕竟日后当事人之间还要有很多的往来。

本案中，吴某家房檐滴水造成了刘某家房屋的损坏，违反了我国物权法中所规定的不动产的相邻权利人应当按照有利生产、方便生活、团结互助、公平合理的原则，正确处理相邻关系。对于刘某所造成的侵害，吴某应当排除妨碍，赔偿损失。这不仅是我国法律明文规定的，更是我国道德规范所提倡的。

相关法条:

《中华人民共和国物权法》

第八十四条　不动产的相邻权利人应当按照有利生产、方便生活、团结互助、公平合理的原则，正确处理相邻关系。

《最高人民法院关于贯彻执行〈中华人民共和国民法通则〉若干问题的意见（试行）》

第一百零二条　处理相邻房屋滴水纠纷时，对有过错的一方造成他方损害的，应当责令其排除妨碍、赔偿损失。

因为装修而搬运建材，邻居不让通行怎么办？

杜某、刘某、肖某比邻而居。杜某要装修房屋，向刘某提出在其院内堆放一些建材，刘某不允许。于是杜某找到肖某，请求在肖某院内堆放建材，肖某答应了。但是在施工过程中，从肖家院内往杜家院内运送建材时，必须经过刘某的院子，刘某对杜家搬运建材通过他家院落进行阻拦。这时杜某应该怎么办？

分析：

刘某的做法是没有法律依据的。我国《物权法》第八十七条规定：“不动产权利人对相邻权利人因通行等必须利用其土地的，应当提供必要的便利。”本法第八十八条还规定：“不动产权利人因建造、修缮建筑物以及铺设电线、电缆、水管、暖气和燃气管线等必须利用相邻土地、建筑物的，该土地、建筑物的权利人应当提供必要的便利。”此外，我国最高人民法院关于贯彻执行《中华人民共和国民法通则》若干问题的意见（试行）第一百条规定：“一方必须在相邻一方使用的土地上通行的，应当予以准许；因此造成损失的，应当给予适当补偿。”

本案中，由于杜某从肖某家搬运建材必须经过刘某家，属于《物权法》中规定的“必须利用相邻土地、建筑物”的情况，因此杜某有权通行，刘某应该提供必要的便利。杜某可与刘某进行协商争取他的同意。如果刘某执意不肯，杜某可以请求村委会、居委会等部门出面予以协调，也可以通过诉讼途径解决。

相关法条：

《中华人民共和国物权法》

第八十七条　不动产权利人对相邻权利人因通行等必须利用其土地的，

应当提供必要的便利。

第八十八条　不动产权利人因建造、修缮建筑物以及铺设电线、电缆、水管、暖气和燃气管线等必须利用相邻土地、建筑物的，该土地、建筑物的权利人应当提供必要的便利。

《最高人民法院关于贯彻执行〈中华人民共和国民法通则〉若干问题的意见（试行）》

第一百条　一方必须在相邻一方使用的土地上通行的，应当予以准许；因此造成损失的，应当给予适当补偿。

小区内搬进加工作坊，居民不堪忍受噪声怎么办？

2011 年 5 月，某住宅小区 1 号楼底商搬进一个铝合金加工作坊，自从这个作坊搬来后，切割机、电锯的响声通宵达旦，居民根本无法入睡。业主们不堪其扰，于是一起找到作坊老板，要求作坊搬走。可是作坊老板声称自己有合法的租赁合同，且合同上写明租这个底商用来开铝合金加工作坊，业主们无权让自己搬迁。业主们对此就无可奈何了吗?

分析：

业主们有权要求作坊从小区内搬走。我国《物权法》明确规定，物权的取得和行使，应当遵守法律，尊重社会公德，不得损害公共利益和他人合法权益。不动产的相邻权利人应当按照有利生产、方便生活、团结互助、公平合理的原则，正确处理相邻关系。此外本法第九十条还规定：“不动产权利人不得违反国家规定弃置固体废物，排放大气污染物、水污染物、噪声、光、电磁波辐射等有害物质。”

本案中，铝合金作坊制造噪声，严重侵犯了小区居民的休息权，是违法的行为。根据《合同法》的规定，损害社会公共利益的合同无效。作坊主虽然有租赁合同，但因其损害社会公共利益，合同归于无效。因此，小区的业主有权要求作坊从小区内搬走。

相关法条：

《中华人民共和国物权法》

第七条　物权的取得和行使，应当遵守法律，尊重社会公德，不得损害公共利益和他人合法权益。

第八十四条　不动产的相邻权利人应当按照有利生产、方便生活、团结互助、公平合理的原则，正确处理相邻关系。

第九十条　不动产权利人不得违反国家规定弃置固体废物，排放大气污染物、水污染物、噪声、光、电磁波辐射等有害物质。

《中华人民共和国合同法》

第五十二条　有下列情形之一的，合同无效：

（一）一方以欺诈、胁迫的手段订立合同，损害国家利益；

（二）恶意串通，损害国家、集体或者第三人利益；

（三）以合法形式掩盖非法目的；

（四）损害社会公共利益；

（五）违反法律、行政法规的强制性规定。

门口堆放的木材倒塌致人受伤，应当由谁承担责任？

杨某为翻修房屋，准备了一些木材，由于家里没有更大的空间来存放这些木材，他就将这些木材堆放在门前的路边上。一场大风过后，木材堆出现松动，杨某由于忙其他事情并未在意。第三天，村民董某经过此地时，堆放的木材突然倾倒，董某的左脚被滑落的木材砸中致伤。对于董某的损害，是否应当由杨某承担赔偿责任？

分析：

董某的损害应当由杨某负责赔偿。我国《侵权责任法》规定：“堆放物倒塌造成他人损害，堆放人不能证明自己没有过错的，应当承担侵权责任。”此外我国《民法通则》及《最高人民法院关于审理人身损害赔偿案件适用法律若干问题的解释》对此问题做了类似的规定。由此说明，堆放物品致人损害采用过错推定原则，法律预先规定了堆放人是有过错的，一旦发生事故，堆放人就必须拿出证据来说明自己堆放物品是有依据的，或者要拿出受害人是故意造成事故的证据，才能证明自己是没有过错的，否则就必须承担赔偿责任。本案董某所遭到的损害是由杨某的过错造成的，所以杨某应当承担赔偿责任。

相关法条：

《中华人民共和国侵权责任法》

第八十八条　堆放物倒塌造成他人损害，堆放人不能证明自己没有过错的，应当承担侵权责任。

《中华人民共和国民法通则》

第一百二十六条　建筑物或者其他设施以及建筑物上的搁置物、悬挂物发生倒塌、脱落、坠落造成他人损害的，它的所有人或者管理人应当承担民事责任，但能够证明自己没有过错的除外。

《最高人民法院关于审理人身损害赔偿案件适用法律若干问题的解释》

第十六条　下列情形，适用民法通则第一百二十六条的规定，由所有人或者管理人承担赔偿责任，但能够证明自己没有过错的除外：

（一）道路、桥梁、隧道等人工建造的构筑物因维护、管理瑕疵致人损害的；

（二）堆放物品滚落、滑落或者堆放物倒塌致人损害的；

（三）树木倾倒、折断或者果实坠落致人损害的。

前款第（一）项情形，因设计、施工缺陷造成损害的，由所有人、管理人与设计、施工者承担连带责任。

“老婆嘴”容易侵犯名誉权

“老婆嘴”，其实就是“老婆婆的嘴”，一般情况下，是指某人爱说三道四，东家长西家短，没有她说不到的，而且总爱一个问题反复唠叨，生怕别人听不明白。俗话说：“好话说三遍，鸡狗不耐烦”，更何况她们大多数都是说别人的坏话，说的好话少之又少，经常会讨论某某夫妻闹不和啦，某某某生活作风有问题啦，某某家的孩子与父亲不像啦等诸如此类的问题，这样很容易侵犯他人的名誉权。

都说“三个女人一台戏”，茶余饭后，这些女人们聚到一起，唠唠家常，唠着唠着就容易说起别人家的事，而且越是别人的隐私越是聊得起劲，越是说得过瘾，甚至有的添油加醋修饰一番。

老婆嘴虽然叫做“老婆嘴”，可这并不是女人的专利，有的男人八卦起来一点不比哪些长舌妇差到哪去，说别人的家长里短仿佛是他们的一大乐趣，但是，请注意，聊天要有限度，就像言论自由有限度一样，否则很容易侵犯他人的隐私权。

被人捏造谣言诬为“有作风问题”该怎么办？

孙先生与潘女士是同事，二人志趣相投，关系一直比较好。本单位陆某因追求潘女士遭到拒绝而怀恨在心，于是散布谣言说孙先生与潘女士有不正当的男女关系，并给孙先生之妻写匿名信。不久此事传得沸沸扬扬，孙先生之妻也常因此事与孙先生吵闹并要求离婚。陆某的行为是否侵犯了孙先生与潘女士的名誉权？

分析：

我国《民法通则》规定：“公民、法人享有名誉权，公民的人格尊严受法律保护，禁止用侮辱、诽谤等方式损害公民、法人的名誉。”此外，我国最高人民法院《关于贯彻执行中华人民共和国民法通则若干问题的意见》规定，以书面、口头等形式宣扬他人的隐私，或者捏造事实公然丑化他人人格，以及用侮辱、诽谤等方式损害他人名誉，造成一定影响的，应当认定为侵害公民名誉权的行为。所谓名誉是指社会或他人对特定公民、法人的品德、才干、信誉、资历、成就和身份等各方面的评价，是一种社会评价的总和。公民的名誉受法律保护，而名誉权是否被侵害，关键就是看其主体的社会评价是否有所降低。

本案中，陆某为报复他人而恶意造谣诬蔑孙先生与潘女士有不正当男女关系，其行为严重侵害了孙先生与潘女士的名誉权，我国《民法通则》规定，公民的姓名权、肖像权、名誉权、荣誉权受到侵害的，有权要求停止侵害，恢复名誉，消除影响，赔礼道歉，并可以要求赔偿损失。所以二人有权要求陆某承担相应的法律责任。

相关法条：

《中华人民共和国民法通则》

第一百零一条　公民、法人享有名誉权，公民的人格尊严受法律保护，禁止用侮辱、诽谤等方式损害公民、法人的名誉。

第一百二十条第一款　公民的姓名权、肖像权、名誉权、荣誉权受到侵害的，有权要求停止侵害，恢复名誉，消除影响，赔礼道歉，并可以要求赔偿损失。

最高人民法院《关于贯彻执行中华人民共和国民法通则若干问题的意见》

第一百四十条第一款　以书面、口头等形式宣扬他人的隐私，或者捏造事实公然丑化他人人格，以及用侮辱、诽谤等方式损害他人名誉，造成一定影响的，应当认定为侵害公民名誉权的行为。

玩笑开得“过火”，算是侵犯名誉权吗？

秦某认识了护士小周，两人互有好感并确定了恋爱关系。秦某在与朋友高某一起聊天时将自己与小周的关系告诉了高某，高某当时也很高兴，称自己也认识小周，说小周人很不错。几天后秦某又去找小周，小周却对自己冷言冷语，并说两人的关系到此为止，秦某觉得莫名其妙。后几经打听得知是高某对小周说秦某是花心大萝卜，以追女孩为乐。秦某找高某理论，高某却说自己当时只是跟小周开玩笑的玩笑话。高某是否应为自己的“玩笑”承担由此给秦某造成的损失？

分析：

我国最高人民法院《关于贯彻执行中华人民共和国民法通则若干问题的意见》规定：“以书面、口头等形式宣扬他人的隐私，或者捏造事实公然丑化他人人格，以及用侮辱、诽谤等方式损害他人名誉，造成一定影响的，应当认定为侵害公民名誉权的行为。”

本案中高某应为自己的“玩笑”承担相应的民事责任。我国法律明确规定公民的姓名权、肖像权、名誉权、荣誉权受到侵害的，有权要求停止侵害，恢复名誉，消除影响，赔礼道歉，并可以要求赔偿损失。高某在小周面前捏造事实，对秦某进行中伤，虽然高某认为自己只是开玩笑，但却使小周对秦某的好感丧失，使二人关系破裂，给秦某造成了损失，侵犯了秦某的名誉权，所以理应承担相应的民事责任。

相关法条：

《中华人民共和国民法通则》

第一百零一条　公民、法人享有名誉权，公民的人格尊严受法律保护，禁止用侮辱、诽谤等方式损害公民、法人的名誉。

第一百二十条第一款　公民的姓名权、肖像权、名誉权、荣誉权受到侵害的，有权要求停止侵害，恢复名誉，消除影响，赔礼道歉，并可以要求赔偿损失。

最高人民法院《关于贯彻执行中华人民共和国民法通则若干问题的意见》

第一百四十条第一款　以书面、口头等形式宣扬他人的隐私，或者捏造事实公然丑化他人人格，以及用侮辱、诽谤等方式损害他人名誉，造成一定影响的，应当认定为侵害公民名誉权的行为。

公开别人家的私事算是侵犯名誉权吗？

张某和赵某是同事，又居住在同一个小区里，平日里两家往来密切，私交甚好，张赵两家有很多私事都是彼此知道的。但最近因为两人所在的单位改制，张某和赵某争夺一个晋升正处的名额，两人之间发生了一些不愉快。张某的妻子为自己的丈夫抱不平，就在与他人闲聊中故意说出了赵家的秘密。原来，赵某的父亲在年轻的时候曾经有过外遇，一度抛弃他们母子。张某的妻子借此由头大肆宣扬赵某肯定也和他父亲一样。这样一来，赵家在小区里的名声一落千丈，赵某觉得自己应该拿起法律武器来保护自己。

分析：

我国《民法通则》第一百零一条规定公民、法人享有名誉权，公民的人格尊严受法律保护，禁止用侮辱、诽谤等方式损害公民、法人的名誉。名誉权是公民重要的人格权利，名誉对每个人来说都是至关重要的。凡败坏他人名誉，损害他人形象的行为，都是对名誉权的侵犯，名誉侵权主要有下列几种方式：侮辱、诽谤、泄露他人隐私等。根据法律规定，公民的名誉权受到侵害的，有权要求停止侵害，恢复名誉，消除影响，赔礼道歉，并可以要求赔偿损失。

本案中，张家因为与赵家发生矛盾，公开赵家的秘密，并大肆宣扬、诽谤，严重影响了赵家在单位和小区里的名声，给赵家人的生活带来极大的消极影响。赵某可以拿起法律的武器，保护自己，到法院起诉张家，要求其停止伤害、赔礼道歉。

相关法条：

《中华人民共和国民法通则》

第一百零一条　公民、法人享有名誉权，公民的人格尊严受法律保护，禁止用侮辱、诽谤等方式损害公民、法人的名誉。

第一百二十条　公民的姓名权、肖像权、名誉权、荣誉权受到侵害的，有权要求停止侵害，恢复名誉，消除影响，赔礼道歉，并可以要求赔偿损失。

《中华人民共和国侵权责任法》

第三条　被侵权人有权请求侵权人承担侵权责任。

公共设施归谁管?

如今，走在城市的大街小巷，我们会发现，城市的绿化更美了；街道更整洁了；路灯更亮了……走进小区，还会发现有许多的健身器械和其他的便民设施。然而，由于个别市民的不文明行为，城市甚至小区内还存在着一些不和谐的画面：交通隔离栏被人为损坏、路边井盖不时丢失、小区内的对讲机被砸坏等。这些“伤痕”不仅令人痛心，也成了这座城市的“瑕疵”。

前两天回家的时候发现小区单元楼上贴着告示，寻找砸坏小区对讲机的目击者。在小区里，我们每位住户都是小区的业主，有很多财物都属于业主共有财产。根据我国相关法律规定，对于共有财产，共同共有人对共有的不动产或者动产共同享有所有权。因此，任何人未经其他共有人同意不能单独处分。现实中有多业主可能与物业公司就停车位、配套公共设施产生纠纷，但是不能因此而毁损公共设施，至于与物业的纠纷可以通过正当的途径来解决。

对共有财产的修缮行为如何进行?

张某、孙某、王某三人共同购买了一套两室一厅的住房。按照3:3:4的份额出资，房产证上记载了三个人的名字。后来孙某和王某搬出，房子留给张某一个人居住。张某找人对房子进行了两次修缮，一次是将整个房子铺上了地板砖，另一次是将房间的格局做了重大改变，将原本居住房改成了商住两用，将其中一间租给陈某当成旅行社的办公地点。后孙某、王某就张某擅自修缮的行为与之发生争议，张某有权擅自修缮吗?

分析：

我国《物权法》第九十七条规定："处分共有的不动产或者动产以及对共有的不动产或者动产作重大修缮的，应当经占份额三分之二以上的按份共有人或者全体共同共有人同意，但共有人之间另有约定的除外。"

本案是关于共有财产的处分行为的问题。案中张某、孙某、王某以3:3:4的比例购买了一处房产，并且房产证上登记的是三个人的名字，三个人没有就个人享有的份额另外做出约定，因此三人按照出资份额对该房子享有所有权，三个人是这所房子的按份共有人。本案中，张某有两个修缮行为，第一、将房屋铺上了地板砖；第二、将房屋的格局做了重大改变。依照法律规定，张某的第一种行为是一种改良行为，需要经过持有一半以上份额的人同意。张某的第二种行为是重大修缮行为，需要持有三分之二以上份额按份共有人同意。张某没有经过其他共有人的同意，擅自修缮，所以张某应该承担由此给其他共有人造成的损失。

相关法条：

《中华人民共和国物权法》

第九十七条　处分共有的不动产或者动产以及对共有的不动产或者动产作重大修缮的，应当经占份额三分之二以上的按份共有人或者全体共同共有人同意，但共有人之间另有约定的除外。

出卖共有财产，共有人能否优先购买？

潘某、杨某，陶某和孙某四个人按照3：2：2：3的份额合资购买了一辆卡车，四人约定按照出资比例对该卡车享有所有权。后潘某想要将自己的份额卖出去，在未与其他所有人商量的情况下和彭某签订了买卖合同，彭某拿着合同找到其他三个人时，其他人才知道潘某卖了他的份额的事实，杨某，陶某和孙某也想购买潘某的份额，并声称彭某给多少钱，自己就给多少钱。本案中潘某应把车卖给谁呢？

分析：

本案涉及的是按份共有人转让自己在共有财产中的份额的问题。我国《物权法》第一百零一条规定："按份共有人可以转让其享有的共有的不动产或者动产份额。其他共有人在同等条件下享有优先购买的权利。"《民法通则》中也规定，按份共有财产的每个共有人有权要求将自己的份额分出或者转让。但在出售时，其他共有人在同等条件下，有优先购买的权利。这里要注意的是，其他共有人必须在同等的条件下，才有优先购买权，所谓同等条件是指共有人开出的购买条件和其他购买人开出的条件是一样的。

本案中，潘某有权转让自己在共有财产中的份额。杨某，陶某和孙某三人也想购买，并且开出的条件和彭某一样，因此，他们三个人有优先购买权，至于潘某要卖给他们中的谁由潘某自己决定。另外，本案中，虽然彭某不能取得物权，但是买卖合同依然生效，彭某可请求潘某承担违约责任。

相关法条：

《中华人民共和国物权法》

第一百零一条　按份共有人可以转让其享有的共有的不动产或者动产份额。其他共有人在同等条件下享有优先购买的权利。

《中华人民共和国民法通则》

第七十八条第三款　按份共有财产的每个共有人有权要求将自己的份额分出或者转让。但在出售时，其他共有人在同等条件下，有优先购买的权利。

由共有财产引起的债权和债务如何处理？

张甲和张乙是兄弟，父母过世后留下了一套三室一厅的房子。两兄弟一直没有对该房子进行继承财产分割，现在这个房子张甲和张乙各住一间，另外的一间以两个人的名义出租给了陶某，租金一年10000元。某日，房子窗户的玻璃被大风吹落，砸伤了行人金某，花去医疗费700元。后来陶某不给房子的租金，金某向两兄弟主张因被房子的玻璃砸伤花去的医疗费以及误工费等费用。本案债权和债务如何承担呢？

分析：

我国《物权法》规定："因共有的不动产或者动产产生的债权债务，在对外关系上，共有人享有连带债权、承担连带债务，但法律另有规定或者第三人知道共有人不具有连带债权债务关系的除外；在共有人内部关系上，除共有人另有约定外，按份共有人按照份额享有债权、承担债务，共同共有人共同享有债权、承担债务。偿还债务超过自己应当承担份额的按份共有人，有权向其他共有人追偿。"

本案涉及共有人债权债务分配问题。对外来说，共有人对因共有物产生的债权是连带债权，即任何一个共有人都可以向债务人主张全部债权；共有人对因共有物产生的债务是连带债务，即债权人可以向任何一个共有人主张全部债权。因此本案中，由于该房屋产生的10000元的租金，张甲和张乙都可以向陶某主张该租金，而金某可以向张甲和张乙两人或其中一人主张医疗费等费用，金某主张医疗费时兄弟两人都不能拒绝，即使两人对债权和债务有约定，也不能以此来对抗不知情的第三人。

相关法条：

《中华人民共和国物权法》

第一百零二条　因共有的不动产或者动产产生的债权债务，在对外关系上，共有人享有连带债权、承担连带债务，但法律另有规定或者第三人知道共有人不具有连带债权债务关系的除外；在共有人内部关系上，除共有人另有约定外，按份共有人按照份额享有债权、承担债务，共同共有人共同享有债权、承担债务。偿还债务超过自己应当承担份额的按份共有人，有权向其他共有人追偿。

共有人分得的财产有质量问题，其他共有人要分担损失吗？

周某有三个儿子，周甲、周乙和周丙，周某的妻子早年过世，周某独自将三个儿子抚养长大。2010年周某过世后，留下了三间房子，没有留下遗嘱，也没有其他继承人。于是三个儿子在办理完父亲的丧事之后按照法定继承的规定分割了周某的三间房子，一人一间。房子刚分割完后两天，周甲就发现其分得的一间房子开裂了，有倒塌的危险，周甲于是找人对房子进行了修理，花去修理费若干。周甲可以请求周乙和周丙承担一部分修理费吗？

分析：

本案涉及共有财产的分割问题。我国《物权法》第一百条规定：“共有人可以协商确定分割方式。达不成协议，共有的不动产或者动产可以分割并且不会因分割减损价值的，应当对实物予以分割；难以分割或者因分割会减损价值的，应当对折价或者拍卖、变卖取得的价款予以分割。共有人分割所得的不动产或者动产有瑕疵的，其他共有人应当分担损失。”

本案中周某死后留下三间房子，周某没有其他继承人也没有留下遗嘱，因此三个儿子可以共同继承这三间房子。在房子没有被分割以前，兄弟三人共同拥有房子的所有权，由于对房子分割不影响其价值，因此三人一人一间的分割方式是正确的。但是周甲分得的房屋却是一间有质量问题的房屋，该质量问题不是周甲造成的，而是房屋在分割前就存在的，其他共有人应当分担损失。因此本案中周甲可以请求周乙和周丙承担部分修理费。

相关法条：

《中华人民共和国物权法》

第一百条　共有人可以协商确定分割方式。达不成协议，共有的不动产或者动产可以分割并且不会因分割减损价值的，应当对实物予以分割；难以分割或者因分割会减损价值的，应当对折价或者拍卖、变卖取得的价款予以分割。　　共有人分割所得的不动产或者动产有瑕疵的，其他共有人应当分担损失。

业主可以将与邻居共用的楼梯平台圈占吗?

蓝某与胡某同住某单元六楼，共用一个楼梯平台。胡某在进行房屋装修时，为了堆放装修材料，将楼梯平台圈占了起来。蓝某认为胡某圈占楼梯平台，侵犯了自己的合法权益，要求胡某恢复原状。胡某认为小区有电梯可供上下，并且蓝某平时很少使用楼梯平台，而且此处楼梯平台并非蓝某所有，自己圈占与蓝某个人无任何关系，自己圈占楼梯平台并未对蓝某构成妨碍，因此胡某不同意拆除。胡某的行为合法吗?

分析：

我国《物权法》规定："业主对建筑物内的住宅、经营性用房等专有部分享有所有权，对专有部分以外的共有部分享有共有和共同管理的权利。"本法第七十一条规定："业主对其建筑物专有部分享有占有、使用、收益和处分的权利。业主行使权利不得危及建筑物的安全，不得损害其他业主的合法权益。"由此可见业主对于自己专有部分以的外部分享有共有和共同管理权，每位业主对于共有部分不能占为己用，对共有部分的使用也不能侵犯其他共有人的合法权利

本案中胡某私自圈占楼梯的行为是非法的。其行为侵犯了共有人蓝某的合法权利。根据我国《物权法》的规定，本案中的楼梯平台为业主所共有，既不是蓝某个人的也不是吴某个人的。蓝某作为业主，享有与其房屋相毗连的楼梯共同部分的共有权。所以胡某占用楼梯平台的共有部分，将其作为自己的专有部分来使用，明显超出了合理的使用范围，构成了对蓝某共有权的侵害，因此胡某应当停止侵害，并将其恢复原状。

相关法条：

《中华人民共和国物权法》

第七十条　业主对建筑物内的住宅、经营性用房等专有部分享有所有权，对专有部分以外的共有部分享有共有和共同管理的权利。

第七十一条　业主对其建筑物专有部分享有占有、使用、收益和处分的权利。业主行使权利不得危及建筑物的安全，不得损害其他业主的合法权益。

物业管理，一本糊涂账

物业管理是随着房地产业的发展和产权主体的变更而发展起来的一种综合性经营服务，是房地产开发的延续和完善，也是房地产市场、房地产业体系的重要组成部分。业主和使用人需要有人来对其生活环境进行专门管理和维护，他们通过支付物业管理费的形式获得物业管理服务，而物业管理企业也是通过获得物业管理费来得到其劳动报酬。

物业管理既包括“硬”环境的管理，也包括“软”环境的管理。既要对物业范围内的建筑物、设施设备进行管理、维护，创造良好的生活环境，又要处理和协调物业范围内的各种公共关系，营造一种文明的睦邻关系。这种管理形式决定了物业管理的复杂性的特点，以及费时费力的特点，因此在管理过程中很容易出现这样那样的问题，如小区停车位的问题，业主权利的问题等。对于这些问题，我们将在以下的案例分析中涉及到。

小区的车位到底归谁？

张先生在幸福花园购买了一套三室一厅的住房。开发商在销售住房时承诺：花园庭院，人性化立体空间布局规划，附赠多个免费车位……但是张先生入住后却发现，只有购买车位才能取得停车权，于是张先生找到开发商理论，他们却说由于私家车的增多，小区设计的车位一时不能满足要求，只能出租。而事实上发生车位不足的情况是因为开发商以 7 万元的价格对外卖掉了三分之一的车位，其余车位以每月300元的租金租给了小区居民。开发商的这种行为违法吗？张先生可以免费使用车位吗？

分析：

在现实买房中，业主和开发商之间有关车位的纠纷时常发生。《物权法》第七十四条规定："建筑区划内，规划用于停放汽车的车位、车库应当首先满足业主的需要。建筑区划内，规划用于停放汽车的车位、车库的归属，由当事人通过出售、附赠或者出租等方式约定。占用业主共有的道路或者其他场地用于停放汽车的车位，属于业主共有。"即主要存在三种情况：第一，当事人通过出售、附赠或者出租等方式约定；第二，占用业主共有的道路或者其他场地用于停放汽车的车位，属于业主共有；第三，建筑区划内，规划用于停放汽车的车位、车库应当首先满足业主的需要。

本案中，开发商在销售住房时承诺附赠多个免费车位，因此双方当事人就车位的问题已经通过附赠的方式做了约定，所以张先生可以免费使用车位。为了避免这样的纠纷，建议消费者在买房时应该和开发商就车位和车库做出明确约定。

相关法条：

《中华人民共和国物权法》

第七十四条　建筑区划内，规划用于停放汽车的车位、车库应当首先满足业主的需要。

建筑区划内，规划用于停放汽车的车位、车库的归属，由当事人通过出售、附赠或者出租等方式约定。

占用业主共有的道路或者其他场地用于停放汽车的车位，属于业主共有。

《最高人民法院关于审理建筑物区分所有权纠纷案件具体应用法律若干问题的解释》

第五条　建设单位按照配置比例将车位、车库，以出售、附赠或者出租等方式处分给业主的，应当认定其行为符合物权法第七十四条第一款有关“应当首先满足业主的需要”的规定。

前款所称配置比例是指规划确定的建筑区划内规划用于停放汽车的车位、车库与房屋套数的比例。

业主可以炒物业鱿鱼吗?

周先生所在的温馨家园小区，环境实在太差了，垃圾随处都是，也没有人清理，小区的池塘成了臭水沟，门卫室成了小卖店，每天各种人来来去去。物业公司极度不负责，对这一切视而不见，每年只有在收物业费的时候才能见到物业公司人员。周先生以及小区的其他业主对物业公司的服务非常不满意，他们可以炒物业的鱿鱼吗?

分析：

根据我国《物权法》第七十六条的规定，选聘和解聘物业服务企业或者其他管理人需要由应当经专有部分占建筑物总面积 2/3 以上的业主且占总人数 2/3 以上的业主同意。此外本法第八十一条同时还规定：“业主可以自行管理建筑物及其附属设施，也可以委托物业服务企业或者其他管理人管理。对建设单位聘请的物业服务企业或者其他管理人，业主有权依法更换。”

物业公司是在业主大会会议通过的业主公约的指导下，依据与业主委员会签订的物业管理合同，提供与之相应的专业化、有偿服务的公司。因此物业公司是小区的服务提供者，业主和物业公司是委托与被委托的关系。当物业公司提供的服务业主不满意时，业主有权更换物业服务企业，更换物业服务企业需要经专有部分占建筑物总面积过半数的业主且占总人数过半数的业主同意。本案中物业公司严重不负责任，经过以上比例的业主同意，可以将其解聘。

相关法条：

《中华人民共和国物权法》

第七十六条 下列事项由业主共同决定：

（一）制定和修改业主大会议事规则；

（二）制定和修改建筑物及其附属设施的管理规约；

（三）选举业主委员会或者更换业主委员会成员；

（四）选聘和解聘物业服务企业或者其他管理人；

（五）筹集和使用建筑物及其附属设施的维修资金；

（六）改建、重建建筑物及其附属设施；

（七）有关共有和共同管理权利的其他重大事项。

决定前款第五项和第六项规定的事项，应当经专有部分占建筑物总面积三分之二以上的业主且占总人数三分之二以上的业主同意。决定前款其他事项，应当经专有部分占建筑物总面积过半数的业主且占总人数过半数的业主同意。

决定前款第五项和第六项规定的事项，应当经专有部分占建筑物总面积三分之二以上的业主且占总人数三分之二以上的业主同意。决定前款其他事项，应当经专有部分占建筑物总面积过半数的业主且占总人数过半数的业主同意。

第八十一条 业主可以自行管理建筑物及其附属设施，也可以委托物业服务企业或者其他管理人管理。

对建设单位聘请的物业服务企业或者其他管理人，业主有权依法更换。

底层住户可以拒绝缴纳电梯运行维修费吗？

孙小姐购买了某电梯公寓底层的一套住房，入住后孙小姐对该住房非常满意，房子所在地段交通便利，房子的采光、通风、供热、供水等都非常好。

但是当物业管理人员要求孙小姐和高层的其他业主平摊电梯运行的维修费用时，孙小姐高兴不起来了，孙小姐认为自己住在底层，根本就没有使用电梯，因此不需要缴纳电梯运行的维修费用。可是物业管理人员坚持要孙小姐交纳，双方因此而发生了争执。孙小姐的理由可以得到支持吗？

分析：

电梯作为现代高层住宅的必备设施，对其按期维护是保证其安全运行的前提条件。电梯作为建筑物规划范围内的公共设施，其维修保养费来自于业主。关于电梯维修保养费如何缴纳，我国《物权法》第八十条规定："建筑物及其附属设施的费用分摊、收益分配等事项，有约定的，按照约定；没有约定或者约定不明确的，按照业主专有部分占建筑物总面积的比例确定。"

由此可以看出，本案中孙小姐需要不需要缴纳电梯维护费用取决于物业合同或者业主公约中是否已经约定其不用缴纳该费用，否则孙小姐就要缴纳电梯维护费。在本案中，物业合同和业主公约并没有约定孙小姐不用缴纳，因此孙小姐不能以自己住在底层不用电梯为由拒绝缴纳该费用。

相关法条：

《中华人民共和国物权法》

第八十条　建筑物及其附属设施的费用分摊、收益分配等事项，有约定的，按照约定；没有约定或者约定不明确的，按照业主专有部分占建筑物总面积的比例确定。

业主家中财产被盗，物业公司要承担责任吗？

家住某市某小区的李小姐前不久家中被盗，至今没有找到盗窃者。李小姐突然想起了新龙物业公司在与该小区的业主签订物业服务合同的时候明确约定：本公司为小区的居民提供24小时保安，保证小区的居民在该小区内的人身和财产安全。而事实上新龙物业违反约定，根本没有配备24小时保安，导致李小姐财产被盗。因此李小姐找到物业公司，要求物业公司承担其财产被盗的责任。物业公司以财产不是被他们盗窃为由，拒绝承担责任。双方为此事争执不下，一怒之下李女士将物业公司告上了法庭，物业公司的理由可以得到支持吗?

分析：

我国《物业管理条例》第三十六条规定：“物业服务企业应当按照物业服务合同的约定，提供相应的服务。物业服务企业未能履行物业服务合同的约定，导致业主人身、财产安全受到损害的，应当依法承担相应的法律责任。”同时本法第四十七条规定：“物业服务企业应当协助做好物业管理区域内的安全防范工作。发生安全事故时，物业服务企业在采取应急措施的同时，应当及时向有关行政管理部门报告，协助做好救助工作。”物业公司接受业主的委托，为业主提供管理服务，物业公司究竟提供什么样服务，由业主和物业公司签订的物业服务合同来约定。物业公司应该履行物业服务合同，为业主提供符合合同约定的管理服务，否则就要承担违约责任。

本案中，新龙物业在与业主的物业服务合同中明确约定了配备 24 小时保安，以保障业主的人身和财产安全，而事实上其未按照合同的履行义务，所以新龙公司违反合同的约定，应该承担违约责任。

相关法条：

《物业管理条例》

第三十六条　物业服务企业应当按照物业服务合同的约定，提供相应的服务。

物业服务企业未能履行物业服务合同的约定，导致业主人身、财产安全受到损害的，应当依法承担相应的法律责任。

第四十七条　物业服务企业应当协助做好物业管理区域内的安全防范工作。发生安全事故时，物业服务企业在采取应急措施的同时，应当及时向有关行政管理部门报告，协助做好救助工作。

物业服务企业雇请保安人员的，应当遵守国家有关规定。保安人员在维护物业管理区域内的公共秩序时，应当履行职责，不得侵害公民的合法权益。

物业可以擅自处分小区内的公用设施吗?

某小区的物业公司想在离小区综合楼不到 40 米的一块空地上再盖两栋居民办公楼，用于物业公司的日常办公。但是土地测量后，物业公司感觉面积不足，为了确保新楼盘的顺利开发，物业公司在没有出示任何文件和告知的情况下，突然声称小区使用了两年的保安室和通道是违章建筑，予以拆除。没有了保安室，小区的安全出现了很大问题，偷盗现象时有发生，于是业主纷纷找物业公司理论，物业公司不顾业主的反对我行我素。物业公司的行为符合法律的规定吗?

分析:

根据我国《物业管理条例》中的规定，物业管理区域内按照规划建设的公共建筑和共用设施，不得改变用途。物业服务企业确需改变公共建筑和共用设施用途的，应当提请业主大会讨论决定同意后，由业主依法办理有关手续。业主、物业服务企业不得擅自占用、挖掘物业管理区域内的道路、场地，损害业主的共同利益。

本案中，物业公司在未经业主的同意下私自在小区的公共用地上建办公楼，严重违反了我国《物业管理条例》的相关规定。物业管理区域内按照规划建设的公共建筑和共用设施，不得改变用途，物业公司要想建办公楼首先应经业主大会讨论通过。另外，物业公司无权私自拆除“违规”建筑，如果真要拆除也要通过业主大会讨论通过。而本案中的物业公司的所作所为均未得到业主的同意，所以其行为是不符合我国法律规定的。

相关法条：

《物业管理条例》

第三十八条　物业管理用房的所有权依法属于业主。未经业主大会同意，物业服务企业不得改变物业管理用房的用途。

第五十条　物业管理区域内按照规划建设的公共建筑和共用设施，不得改变用途。

业主依法确需改变公共建筑和共用设施用途的，应当在依法办理有关手续后告知物业服务企业；物业服务企业确需改变公共建筑和共用设施用途的，应当提请业主大会讨论决定同意后，由业主依法办理有关手续。

第五十一条　业主、物业服务企业不得擅自占用、挖掘物业管理区域内的道路、场地，损害业主的共同利益。

因维修物业或者公共利益，业主确需临时占用、挖掘道路、场地的，应当征得业主委员会和物业服务企业的同意；物业服务企业确需临时占用、挖掘道路、场地的，应当征得业主委员会的同意。

业主、物业服务企业应当将临时占用、挖掘的道路、场地，在约定期限内恢复原状。

电力公司突然断电造成的损失由谁承担？

林某在自己村子里面经营一个小卖部，平时除了卖日杂用品外，还经营熟食、冷饮等。为此林某特意买了两个冰柜，一个用来装各种冷饮、冰激凌等，另一个用来装熟食。2011 年 6 月 25 日中午，由于电力线路检查维修，村里突然停电，直到 6 月 27 日晚才恢复供电。由于电力公司工作人员的疏忽，没有将停电的情况事先告知村民，因为天气炎热，林某小卖部里的冰激凌全部融化，熟食也因变质无法销售，造成了林某经济损失 1000 余元。林某可以找电力公司要求赔偿吗？

分析:

电力公司应当对林某小卖部的经济损失承担赔偿责任。我国《合同法》第一百八十条规定:“供电人因供电设施计划检修、临时检修、依法限电或者用电人违法用电等原因,需要中断供电时,应当按照国家有关规定事先通知用电人。未事先通知用电人中断供电,造成用电人损失的,应当承担损害赔偿责任。”即电力公司在因供电设备检修、依法限电等情况下需要中断供电的,应当事先对断电地区的居民、企事业单位发出通知,提醒大家做好断电后的准备工作,以免造成损失。

本案中,由于电力公司工作人员的疏忽,在停电前没有通知村民,导致林某小卖部的部分食品变质无法出售,给林某造成了一定的经济损失,根据法律规定电力公司应当承担赔偿责任。

相关法条:

《中华人民共和国合同法》

第一百八十条 供电人因供电设施计划检修、临时检修、依法限电或者用电人违法用电等原因,需要中断供电时,应当按照国家有关规定事先通知用电人。未事先通知用电人中断供电,造成用电人损失的,应当承担损害赔偿责任。

用户因暖气不够热而生病,应找谁赔偿?

2011年12月,某供热公司接到大量用户投诉,原因是用户家里的暖气不热,室内气温根本达不到国家规定的要求。由于供热不足许多用户家中已有人因室内温度太低而生病,所以这些用户要求供热公司对此承担相应的经济赔偿。供热公司对自己的供热设施做了检测,未发现异常情况,后经派人入户检查,发现真正原因是由于部分用户大量盗用采暖管道中的循环热水所致。于是供热公司拒绝承担赔偿责任,原因是损失不是因供热公司的过错所致。在此情况下，其他用户还能要求供热公司承担损失吗？

分析：

我国《合同法》第一百七十九条规定：“供电人应当按照国家规定的供电质量标准和约定安全供电。供电人未按照国家规定的供电质量标准和约定安全供电，造成用电人损失的，应当承担损害赔偿责任。”此外本法第一百八十四条规定：“供用水、供用气、供用热力合同，参照供用电合同的有关规定。”

由此可见，作为供热人，应当按照国家规定的供热质量标准向用户供热。在本案中，供热公司的供热质量没有达到国家的标准不是因其公司方面存在过错造成而是由他人人为所致，但是供热公司仍然要对用户的经济损失承担赔偿责任。至于部分用户盗用采暖管道中的循环水给供热公司造成的损失，供热公司可以依法向其追偿。

相关法条：

《中华人民共和国合同法》

第一百七十九条　供电人应当按照国家规定的供电质量标准和约定安全供电。供电人未按照国家规定的供电质量标准和约定安全供电，造成用电人损失的，应当承担损害赔偿责任。

第一百八十四条　供用水、供用气、供用热力合同，参照供用电合同的有关规定。

业主可以自行决定将露天的阳台封闭吗？

田某等10名业主在某小区购买了房屋，入住后，这些买主发现位于室外的阳台是露天的，认为这样的阳台设计不安全、不卫生、不保暖。于是他们协商一致决定将这些露天阳台统一封闭起来。就在阳台封好后没多久，小区的物业公司找到了他们，物业公司认为业主们此举没有经过他们同意，妨碍了他们对小区的正常管理，要求田某等业主拆除封闭的阳台，将其恢复原状。对物业公司的要求业主们拒绝履行。业主有权自行把阳台封闭起来吗?

分析:

我国《物权法》第七十条规定:“业主对建筑物内的住宅、经营性用房等专有部分享有所有权，对专有部分以外的共有部分享有共有和共同管理的权利。”本法第七十一条规定:“业主对其建筑物专有部分享有占有、使用、收益和处分的权利。业主行使权利不得危及建筑物的安全，不得损害其他业主的合法权益。”

本案中业主有权把阳台封闭起来。如果露天阳台是用户的专有部分，用户将其封闭起来是在行使自己的所有权，物业公司不得加以干涉。如果露天阳台是业主的共有部分，只要业主一致同意他们也可以将露天阳台封闭起来，因为我国《物权法》规定，业主对住宅的共有部分享有共有和共同管理的权利。物业公司是小区业主雇用的管理者，主要责任是监督，无权阻止业主们封闭阳台。

相关法条:

《中华人民共和国物权法》

第七十条　业主对建筑物内的住宅、经营性用房等专有部分享有所有权，对专有部分以外的共有部分享有共有和共同管理的权利。

第七十一条　业主对其建筑物专有部分享有占有、使用、收益和处分的权利。业主行使权利不得危及建筑物的安全，不得损害其他业主的合法权益。

小区的业主可以自行决定把绿地改建成停车场吗?

某小区的轿车越来越多，小区内停车位非常紧张。可是小区内除了一块绿地之外，已经没有可以建停车位的场所。为了解决车位紧张的现状，小区的业主决定将仅有的一块绿地改为停车场。可是物业管理公司对此提出了异议，称业主的独自决定影响到了其对小区的管理。小区的业主可以自行决定把绿地改建成停车场吗？

分析：

我国《物权法》第七十三条规定：“建筑区划内的道路，属于业主共有，但属于城镇公共道路的除外。建筑区划内的绿地，属于业主共有，但属于城镇公共绿地或者明示属于个人的除外。建筑区划内的其他公共场所、公用设施和物业服务用房，属于业主共有。”此外本法还规定，改建、重建建筑物及其附属设施的应当经专有部分占建筑物总面积三分之二以上的业主且占总人数三分之二以上的业主同意。

本案中小区的业主有权决定把绿地改建为停车场，但要由业主共同决定。具体而言，需要经过专有部分占建筑物总面积三分之二以上的业主且占总人数三分之二以上的业主同意。

相关法条：

《中华人民共和国物权法》

第七十三条　建筑区划内的道路，属于业主共有，但属于城镇公共道路的除外。建筑区划内的绿地，属于业主共有，但属于城镇公共绿地或者明示属于个人的除外。建筑区划内的其他公共场所、公用设施和物业服务用房，属于业主共有。

第七十六条　下列事项由业主共同决定：

……

（六）改建、重建建筑物及其附属设施；

……

决定前款第五项和第六项规定的事项，应当经专有部分占建筑物总面积三分之二以上的业主且占总人数三分之二以上的业主同意。决定前款其他事项，应当经专有部分占建筑物总面积过半数的业主且占总人数过半数的业主同意。

开发商可以不顾售楼广告的承诺而铲除小区内的绿地吗?

刘先生见某小区的售楼广告宣传单上及规划图都承诺有绿地，并现场看了该小区确实有大片绿地，虽然靠近绿地的楼房价格要比其他楼房每平方米多100元钱，刘先生还是决定在该小区购买靠近绿地的住房一套。可是入住后不久，刘先生见开发商在原绿地上铲草刨树，又要盖一座新楼。刘先生对开发商的行为提出质疑，开发商的工作人员称，售楼广告不属于合同内容，是没有法律效力的。开发商可以铲除小区内的绿地吗?

分析:

根据我国《物权法》第七十三条中的规定，建筑区划内的绿地，属于业主共有，但属于城镇公共绿地或者明示属于个人的除外。此外我国《最高人民法院关于审理商品房买卖合同纠纷案件适用法律若干问题的解释》第三条还规定:“商品房销售广告和宣传资料为要约邀请，但出卖人就商品房开发规划范围内的房屋及相关设施所作的说明和允诺具体确定，并对商品房买卖合同的订立以及房屋价格的确定有重大影响的，应当视为要约。该说明和允诺即使未载入商品房买卖合同，亦应当视为合同内容，当事人违反的，应当承担违约责任。”

本案中，开发商在商品房的销售广告和宣传材料中，对房屋及相关设施所作的说明和允诺是确定的，并对商品房买卖合同的订立及房屋价格的确定有重大影响的，这部分内容应当视为合同内容，对开发商有约束力。此外根据《物权法》的规定，小区的绿地属于小区业主共有，如果开发商要在绿地上盖新楼房，需要经专有部分占建筑物总面积三分之二以上的业主且占总人数三分之二以上的业主同意。因此，开发商不能随意铲除小区内的绿地。

相关法条：

《中华人民共和国物权法》

第七十三条　建筑区划内的道路，属于业主共有，但属于城镇公共道路的除外。建筑区划内的绿地，属于业主共有，但属于城镇公共绿地或者明示属于个人的除外。建筑区划内的其他公共场所、公用设施和物业服务用房，属于业主共有。

第七十六条　下列事项由业主共同决定：

……

（六）改建、重建建筑物及其附属设施；

……

决定前款第五项和第六项规定的事项，应当经专有部分占建筑物总面积三分之二以上的业主且占总人数三分之二以上的业主同意。决定前款其他事项，应当经专有部分占建筑物总面积过半数的业主且占总人数过半数的业主同意。

《最高人民法院关于审理商品房买卖合同纠纷案件适用法律若干问题的解释》

第三条　商品房销售广告和宣传资料为要约邀请，但出卖人就商品房开发规划范围内的房屋及相关设施所作的说明和允诺具体确定，并对商品房买卖合同的订立以及房屋价格的确定有重大影响的，应当视为要约。该说明和允诺即使未载入商品房买卖合同，亦应当视为合同内容，当事人违反的，应当承担违约责任。

小区内的商业广告收益，应该归谁所有？

纪小姐在市区购买了一套临街顶楼的房子。2011年春节期间，纪小姐发现，自家的楼顶竖起了一幅巨大的广告牌。纪小姐听朋友说，这种情况下如果有广告收益，自己是有权索要的，于是纪小姐找物业公司询问此事。物业公司工作人员回答，广告是物业公司联系的，收益归物业公司所有，与住户无关。物业公司的说法正确吗?

分析:

物业公司的说法是错误的。根据我国《物权法》中的相关规定，业主对房屋专有部分享有所有权，对专有部分以外的共有部分享有共有权和共同管理的权利。业主对建筑物专有部分以外的共有部分，享有权利，承担义务；不得以放弃权利不履行义务。业主转让建筑物内的住宅、经营性用房，其对共有部分享有的共有和共同管理的权利一并转让。

本案中所涉及的房顶，应属于专有部分以外的共有部分，纪小姐依法对其享有共有权。另据《物业管理条例》规定，利用物业共有部分、共用设施设备进行经营的，应当征得相关业主、业主大会及物业管理企业同意，并办理相关手续。经营收益应当主要用于补充专项维修资金，也可按照业主大会的决定使用。因此，本案中纪小姐可以享受楼顶广告的收益。非但如此，如果本纪小姐所在的楼层的墙面、电梯等设备上有商业广告，她也一样可以对收益主张权利。

相关法条:

《中华人民共和国物权法》

第七十条　业主对建筑物内的住宅、经营性用房等专有部分享有所有权，对专有部分以外的共有部分享有共有和共同管理的权利。

第七十二条　业主对建筑物专有部分以外的共有部分，享有权利，承担义务；不得以放弃权利不履行义务。

业主转让建筑物内的住宅、经营性用房，其对共有部分享有的共有和共同管理的权利一并转让。

《物业管理条例》

第五十五条　利用物业共用部位、共用设施设备进行经营的，应当在征得相关业主、业主大会、物业管理企业的同意后，按照规定办理有关手续。业主所得收益应当主要用于补充专项维修资金，也可以按照业主大会的决定使用。

物业管理费应从何时交？

2009年，戴女士购买了一套全装修期房。2009年11月开发商通知戴女士去办理验、收楼手续。戴女士办理了相关手续，领取了房屋钥匙，后在物业公司工作人员的带领下进行房屋验收。在验收过程中，戴女士发现有30多处装修质量问题，而工作人员也对此做了记录，因此戴女士拒绝收楼并交还了钥匙。2010年1月初，物业公司告知戴女士维修结束，要其再次验收。戴女士发现大部分质量问题已解决，但仍有3处未使自己满意，直到当年6月问题解决后戴女士才入住。物业公司要求戴女士支付2010年1月起的物业费，而戴女士认为自己应从6月入住开始交物业费。那么，物业费应以何标准开始起交呢？

分析：

我国《物业服务收费管理办法》规定，业主应当按照物业服务合同的约定按时足额交纳物业服务费用或者物业服务资金。业主违反物业服务合同约定逾期不交纳服务费用或者物业服务资金的，业主委员会应当督促其限期交纳；逾期仍不交纳的，物业管理企业可以依法追缴。物业管理费的交纳时间应以购房人验收合格之日起算，而不以实际入住时间为准，所以戴女士应交纳自2010年1月起的物业费。虽然在2010年1月物业维修结束，戴女士仍发现有3处未达到自己满意，但房屋已经不存在影响实现合同的质量瑕疵，也就是说，戴女士应按照《商品房预售合同》的约定接收房屋而不得拒绝。所以，戴女士应按接收房屋的时间（2010年1月）向物业交付管理费。

相关法条：

《物业服务收费管理办法》

第十五条 业主应当按照物业服务合同的约定按时足额交纳物业服务费用或者物业服务资金。业主违反物业服务合同约定逾期不交纳服务费用或者物业服务资金的，业主委员会应当督促其限期交纳；逾期仍不交纳的，物业管理企业可以依法追缴。

业主与物业使用人约定由物业使用人交纳物业服务费用或者物业服务资金的，从其约定，业主负连带交纳责任。

物业发生产权转移时，业主或者物业使用人应当结清物业服务费用或者物业服务资金。

未签订物业服务合同，业主能否拒交物业服务费？

2010年年初，某物业管理公司与某住宅小区业主委员会商定，由该物业管理企业对小区进行物业管理，双方口头说明了管理事项，但未签订物业服务合同。当年7月的一天，因狂风袭击，导致小区内花草树木受到严重损坏，物业公司为此花费了大笔的维护费用。物业公司随后贴出公告称要增收物业服务费，而业主以没有委托物业管理这么多事项为由拒交增收的服务费。业主能否以未委托物业管理的事项而拒交增收的服务费呢？

分析：

业主不能以未委托物业管理的事项为由而拒交增收的服务费。我国《合同法》规定，当事人订立合同有书面形式、口头形式和其他形式，而《物业管理条例》也规定业主委员会应当与业主大会选聘的物业管理企业订立书面的物业服务合同。所以，该物业公司应当与业委会签订书面的服务合同。但是，对于未以书面形式签订物业服务合同的法律后果，我国《合同法》规定，当事人未采用书面形式订立合同，但一方已经履行主要义务，对方接受的，该合同成立。也就是说，合同形式违法并不必然导致合同无效。所以，物业管理企业实际上已经履行了服务，而业主也已接受，所以理应承担增收的物业服务费用。

相关法条：

《中华人民共和国合同法》

第十条 当事人订立合同，有书面形式、口头形式和其他形式。

法律、行政法规规定采用书面形式的，应当采用书面形式。当事人约定采用书面形式的，应当采用书面形式。

第三十六条 法律、行政法规规定或者当事人约定采用书面形式订立合同，当事人未采用书面形式但一方已经履行主要义务，对方接受的，该合同成立。

《物业管理条例》

第三十五条 业主委员会应当与业主大会选聘的物业服务企业订立书面的物业服务合同。

物业服务合同应当对物业管理事项、服务质量、服务费用、双方的权利义务、专项维修资金的管理与使用、物业管理用房、合同期限、违约责任等内容进行约定。

业主与前物业公司的约定对新物业还有效吗？

2011年，杨某购买某小区住房一套，该小区可以自行供暖，由A物业公司负责该小区的物业服务，代收供暖费。杨某与A物业公司签订服务合同：不接受小区的集中供暖。后物业公司将杨某的供暖阀门关闭，并加设一明锁，钥匙由物业公司保管。2012年，B物业公司与该小区签订新的物业服务合同，并代收小区供暖费，杨某未交纳2011年至2012年的供暖费。B公司要求杨某支付自2011年起的供暖费被拒。杨某称B物业公司不是供暖单位，无权要求其支付供暖费，且自己在入住之初已经约定不接受小区供暖。杨某的理由能否成立呢?

分析:

根据我国《物业服务收费管理办法》第十五条中的规定，业主应当按照物业服务合同的约定按时足额交纳物业服务费用或者物业服务资金。业主违反物业服务合同约定逾期不交纳服务费用或者物业服务资金的，业主委员会应当督促其限期交纳；逾期仍不交纳的，物业管理企业可以依法追缴。

本案中，杨某与A物业公司约定自行供暖，A物业公司将杨某家暖气阀门关闭，并加设了明锁，而杨某实际也未接受供暖，所以可不支付其房屋专有部分的供暖费，但对共有部分仍需交纳。鉴于杨某与A物业公司有约定，所以，杨某无需交纳2011年的供暖费，B物业公司也无权再追索。从另一个层面上来讲，杨某与A物业公司的约定虽对B公司不具有约束力，但实际上杨某专有部分未接受供暖，所以，杨某只需交纳2012年B物业公司共有部分的供暖费即可。

相关法条:

《物业服务收费管理办法》

第十五条第一款 业主应当按照物业服务合同的约定按时足额交纳物业服务费用或者物业服务资金。业主违反物业服务合同约定逾期不交纳服务费用或者物业服务资金的，业主委员会应当督促其限期交纳；逾期仍不交纳的，物业管理企业可以依法追缴。

业主家漏水导致电梯停运，物业应承担责任吗?

2011年2月，贺某与居住小区的A物业服务公司签订前期物业服务协议。贺某在填写了装修申请表后对房屋进行了装修。2011年5月，A物业公司为贺某出具了装修验收表，验收项目中暖气设备一栏为空白，并注明所有拆改部分出现问题造成损失由业主承担。某天夜里，贺某家暖气跑水，贺某向物业公司报修，工作人员赶到现场，但漏水部位难以修理，无法及时控制，导致水漏至电梯，造成两部电梯无法运行。事后，物业公司要求贺某承担电梯的维修费用，贺某以物业自身处理不当造成电梯受损为由拒绝。物业应否为此承担责任呢？

分析：

物业应当与贺某共同承担责任。根据我国《住宅室内装饰装修管理办法》第三十三条中的规定，因住宅室内装饰装修活动造成相邻住宅的管道堵塞、渗漏水、停水停电、物品毁坏等，装修人应当负责修复和赔偿；属于装饰装修企业责任的，装修人可以向装饰装修企业追偿。

本案中，贺某应当为其拆改行为所造成的损害后果承担相应的赔偿责任。而电梯是物业设备管理中重要的一部分，物业服务公司作为服务性经营单位，应对电梯的日常运行、管理、养护及维修承担责任。贺某在通知物业公司房屋漏水后，物业公司应该意识到电梯被淹的可能，应采取紧急措施，比如关闭阀门，但物业工作人员却在无法及时控制的情况下才关闭电梯总阀，其采取措施不当，理应承担部分责任。

相关法条：

《住宅室内装饰装修管理办法》

第三十三条　因住宅室内装饰装修活动造成相邻住宅的管道堵塞、渗漏水、停水停电、物品毁坏等，装修人应当负责修复和赔偿；属于装饰装修企业责任的，装修人可以向装饰装修企业追偿。

装修人擅自拆改供暖、燃气管道和设施造成损失的，由装修人负责赔偿。

业主轿车被盗，物业公司应否赔偿？

2012 年 1 月，张某入住某小区，并按规定每季度向物业公司交纳停车占地费600元。2012年5月的一天早上，张某上班取车时发现停放在固定车位处的轿车被盗，于是向物业公司反映，并报案，但公安机关侦查后未查出犯罪嫌疑人。后来，张某以物业公司未尽到保管义务为由要求其承担赔偿责任，物业公司以双方未签订保管合同为由拒绝赔偿，无奈之下张某将小区的物业公司告上了法庭。那么，物业收了停车费是否与张某形成保管关系呢？

分析：

张某不能以保管合同关系向物业公司主张赔偿权。根据《合同法》规定：保管合同是保管人保管寄存人交付的保管物，并返还该物的合同。也就是说保管合同的成立不仅需要双方当事人的意思表示一致，还需有交付保管物并返还的行为。因此，张某交纳停车占地费并不能默认为物业公司负有保管义务，而以此追究物业公司的保管合同责任。我国《物业管理条例》第三十六条规定："物业服务企业应当按照物业服务合同的约定，提供相应的服务。物业管理企业未能履行物业服务合同的约定，导致业主人身、财产安全受到损害的，应当依法承担相应的法律责任。"物业公司作为小区的实施管理者，应当负责小区的安全工作，但其却在小区的安全管理上存在漏洞，导致张某的车丢失，理应根据其职责适当予以赔偿。

相关法条：

《中华人民共和国合同法》

第三百六十五条　保管合同是保管人保管寄存人交付的保管物，并返还该物的合同。

《物业管理条例》

第三十六条　物业服务企业应当按照物业服务合同的约定，提供相应的服务。

物业管理企业未能履行物业服务合同的约定，导致业主人身、财产安全受到损害的，应当依法承担相应的法律责任。

业主违约，物业就可以停水停电吗?

2011 年 8 月，业主李某入住自己新购的商品房。入住后，李某加装了阳台遮阳篷。该小区物业发现后，认为李某加装遮阳篷的行为造成其总体规划不协调，影响美观。物业在多次要求李某自行拆除遮阳篷未果的情况下，决定对其罚款 1000 元，如其三天之内未交纳，将采取停电、停水的措施进行制裁。物业有权对李某采取如此制裁吗?

分析:

物业公司无权对李某进行处罚，更无权对其采取停水、停电的措施。根据我国《行政处罚法》第十五条规定：“行政处罚应由具有行政处罚权的行政机关在法定职权范围内实施。”物业公司不是行政机关，不具有行政处罚权，因此，无权对业主采取罚款措施。

我国《合同法》第一百八十二条规定：“用电人应当按照国家有关规定和当事人的约定及时交付电费。用电人逾期不交付电费的，应当按照约定支付违约金。经催告用电人在合理期限内仍不交付电费和违约金的，供电人可以按照国家规定的程序中止供电。”用电人逾期不交付电费的，经催告用电人在合理期限内仍不交付电费的，供电人可以按照国家规定的程序中止供电。而物业公司是无权作出中止供电的决定的。

相关法条:

《中华人民共和国行政处罚法》

第十五条　行政处罚由具有行政处罚权的行政机关在法定职权范围内实施。

《中华人民共和国合同法》

第一百八十二条　用电人应当按照国家有关规定和当事人的约定及时交

付电费。用电人逾期不交付电费的，应当按照约定支付违约金。经催告用电人在合理期限内仍不交付电费和违约金的，供电人可以按照国家规定的程序中止供电。

房子空置也要交物业费吗?

杨女士于2010年初买下某小区的一处住宅。因为此小区离她工作的地方很远，所以她一直没有入住。为了增加家庭收入，2011年初杨女士决定把房子租给别人。最近，物业公司找到杨女士要求她补交2010年的物业管理费。对此杨女士很不理解，她认为自己的房子当年是空置的，没有享受到物业管理服务，所以不应该交纳物业管理费。此案中杨女士是否应该缴纳物业费?

分析:

我国最高人民法院《关于审理物业服务纠纷案件具体应用法律若干问题的解释》第六条规定："经书面催交，业主无正当理由拒绝交纳或者在催告的合理期限内仍未交纳物业费，物业服务企业请求业主支付物业费的，人民法院应予支持。物业服务企业已经按照合同约定以及相关规定提供服务，业主仅以未享受或者无需接受相关物业服务为抗辩理由的，人民法院不予支持。"

实际上，物业合同是物业公司与业主委员会签订的合同，合同的效力涉及每一位业主。即使某个业主一段时间不在小区居住，但物业服务使小区建筑物及其附属设施正常运行，仍然间接地为业主提供了服务。

本案中杨女士是物业公司的业主，因为其是小区的一员。无论其是否事实上在本小区居住都不会影响到他业主的身份。虽然杨女士没在小区居住，但是物业服务企业已经按照合同约定以及相关规定提供了服务。其实际上已经间接享受到了物业公司所提供的服务。所以杨女士不能以此来拒绝缴纳物业费。

相关法条：

最高人民法院《关于审理物业服务纠纷案件具体应用法律若干问题的解释》

第六条　经书面催交，业主无正当理由拒绝交纳或者在催告的合理期限内仍未交纳物业费，物业服务企业请求业主支付物业费的，人民法院应予支持。物业服务企业已经按照合同约定以及相关规定提供服务，业主仅以未享受或者无需接受相关物业服务为抗辩理由的，人民法院不予支持。

物业服务期满是否还有权利收物业费？

2010年底，国典华园小区与某物业公司的服务期限已经到期。由于在以前的合作过程中，该区业主对该物业公司提供的物业服务不是十分满意，所以业主们在业主委员会的组织下，一致通过了期满后不再聘用该物业公司的决定。但是，该物业公司在没有获得续聘的情况下，不仅没有退出小区，年初又开始向业主收取2010年的物业费，业主拒绝交付，称该物业公司已被该小区的业主解聘，其无权再向业主收取物业费。物业公司这样做合理吗？

分析：

我国最高人民法院《关于审理物业服务纠案纷件具体应用法律若干问题的解释》第十条规定："物业服务合同的权利义务终止后，业主委员会请求物业服务企业退出物业服务区域、移交物业服务用房和相关设施，以及物业服务所必需的相关资料和由其代管的专项维修资金的，人民法院应予支持。物业服务企业拒绝退出、移交，并以存在事实上的物业服务关系为由，请求业主支付物业服务合同权利义务终止后的物业费的，人民法院不予支持。"

本案中，因物业公司提供的服务不能使小区的业主满意，双方已经不再续订物业服务合同，物业服务合同的权利义务已经在2010年底终止。根据法律的规定，物业服务合同的权利义务终止后，业主请求物业服务企业退还已经预收但尚未提供物业服务期间的物业费的，人民法院应予支持。所以物业公司的做法是不合理的，其不可以再要求住户缴纳物业费。

相关法条：

最高人民法院《关于审理物业服务纠案纷件具体应用法律若干问题的解释》

第十条 物业服务合同的权利义务终止后，业主委员会请求物业服务企业退出物业服务区域、移交物业服务用房和相关设施，以及物业服务所必需的相关资料和由其代管的专项维修资金的，人民法院应予支持。

物业服务企业拒绝退出、移交，并以存在事实上的物业服务关系为由，请求业主支付物业服务合同权利义务终止后的物业费的，人民法院不予支持。

图书在版编目（CIP）数据

家法伺候：献给所有正为家庭、婚姻、子女、财产烦恼的你/徐宪江编著．—哈尔滨：黑龙江教育出版社，2012.12

ISBN 978-7-5316-6795-7

Ⅰ．①家… Ⅱ．①徐… Ⅲ．①家庭关系—法律关系—中国—通俗读物 Ⅳ．①D923.905

中国版本图书馆 CIP 数据核字(2012)第 282804 号

家法伺候

JIAFA CIHOU

——献给所有正为家庭、婚姻、子女、财产烦恼的你

——XIANGEI SUOYOU ZHENGWEI JIATING、HUNYIN、ZINV、CAICHAN FANNAODE NI

作　　者	徐宪江
选题策划	彭剑飞
责任编辑	宋舒白　彭剑飞
装帧设计	冯军辉
责任校对	石　英
出版发行	黑龙江教育出版社(哈尔滨市南岗区花园街 158 号)
印　　刷	山东临沂新华印刷物流集团有限公司
开　　本	700×1000　1/16
印　　张	20.5
字　　数	181 千
版　　次	2013 年 1 月第 1 版　2013 年 1 月第 1 次印刷
书　　号	ISBN 978-7-5316-6795-7
定　　价	39.80 元